인문 여행 길잡이

인문학 깨알 상식을 찾아서

인문 여행 길잡이

인문학 깨알 상식을 찾아서

성도용 지음

한국문화사

인문 여행 길잡이

— 인문학 깨알 상식을 찾아서

1판 1쇄 발행 2021년 12월 20일

지 은 이 | 성도용
펴 낸 이 | 김진수
펴 낸 곳 | 한국문화사
등   록 | 제1994-9호
주   소 | 서울시 성동구 아차산로49, 404호(성수동1가, 서울숲코오롱디지털타워3차)
전   화 | 02-464-7708
팩   스 | 02-499-0846
이 메 일 | hkm7708@daum.net
홈페이지 | http://hph.co.kr

ISBN 978-89-6685-055-4 03000

· 이 책의 내용은 저작권법에 따라 보호받고 있습니다.
· 잘못된 책은 구매처에서 바꾸어 드립니다.
· 책값은 뒤표지에 있습니다.

오류를 발견하셨다면 이메일이나 홈페이지를 통해 제보해주세요.
소중한 의견을 모아 더 좋은 책을 만들겠습니다.

머리말

정년퇴직하고 주위를 돌아보니 전공 외에 모르는 것이 너무 많았고, 그중에서 인문학이 남은 삶을 풍요롭게 해줄 것 같아 공부를 시작했는데, 좀 더 내실 있게 공부하려다보니 지인들과 우리나라 문화를 답사하며 해설도 하게 되었다. 이 책은 문화 해설을 진행하면서 정리한 다양한 인문학 분야의 깨알 상식을 엮은 것이다.

우리 조상들은 술 한 잔을 하면서도 풍류를 즐겼고, 영국의 기네스는 술집에서 사소한 내기나 논쟁에 도움을 주고자 세계적인 흥미와 관심거리를 모아 '기네스북'을 발행했다고 한다. 『인문 여행 길잡이』가 차 한 잔이나 술 한 잔을 기울이며 흥미롭게 나눌 수 있는 자료가 됨은 물론, 국내 문화 답사 여행을 하려는 분들에게 자그마한 길잡이가 되길 바란다.

김형석 교수께서 인생의 가장 행복한 나이가 65~75세이며 기억력은 떨어져도 사고력은 올라가니 60세부터는 그동안 배우지 못한 분야의 공부를 시작하고 봉사하며 살아가라 하시기에, 이제라도 용기 내어 인문학과 함께 하는 행복하고 즐거운 여행을 떠나보려 한다.

사랑하는 손녀 홍세인과 손자 성시환이 성년이 되어 인문학 소양을 넓히는 데 도움이 된다면 이 또한 얼마나 기쁜 일인가! 기대해 보면서 그동안 부족한 문화 해설 답사에 참여해 주었던 주변 분들과 인문학 공부에 흠뻑 빠져 책을 내도록 용기를 준 아내와 가족에게 감사의 인사를 드린다. 마지막으로 이 책이 출간될 수 있도록 애써주신 한국문화사 관계자들께 감사의 마음을 전한다.

2021년 11월 수서 대모산 자락에서, 성도용 씀

차례

1장

⚘

불교 문화유산을 찾아서

사찰에 숨겨진 비밀

유네스코는 우리나라 7대 사찰을 세계문화유산으로 지정하였고, 불교 문화재는 1,500여 년 동안 종교를 넘어 정치, 문화, 예술, 정신 분야에 우리의 삶과 함께한 문화유산으로, 전국 명승지마다 잘 보존되어 있어 사찰에 자주 갔었다.

부처님이 석가모니 부처님 한 분에서 언제부터 어떻게 많은 부처님으로 발전하였는지 늘 궁금하던 차에 불교의 탄생 배경, 부처님의 가르침, 불교의 발전 과정과 사찰에 배어 있는 여러 의미 및 생활 속 불교문화를 이해하게 되었다.

20세기 최고의 학승 탄허 스님은 유교 불교 도교 기독교 사상이 하나로 조화를 이룰 때, 한국이 세계 문명의 주도적 역할을 한다고 예언하였다. 모든 분야의 한류 문화가 온 세상 뻗어 나가길 바라고 다문화 사회에서 서로 다른 종교의 이해를 넓히며, 부처의 가피력加被力으로 행복한 삶에 도움이 되길 바라면서 불교 문화답사 여행을 출발하고자 한다.

불교의 일반

가. 종교의 정의 및 분류

종교란 무한無限·절대絕對의 초인간적인 신을 숭배하고 신성하게 여겨 선을 권하고 악을 경계하며 행복을 얻고자 하는 일로, 종교라는 말은 원래 '근본이 되는 가르침'을 의미하는 불교 용어를 'religion'의 번역어로 쓰이게 되면서 일반화된 것이다. 'religion'의 어원은 라틴어의 'religio'로서, 초자연적인 존재에 대한 경외심敬畏心(공경하고 두려워하는 마음)과 그것을 표현하는 의례 등의 행위를 의미한다.

종교의 기본요소는 신神·영靈의 유신론적 믿음과, 법·부처·원리·도의 무신론적 인정 등으로 불리는 초월적·절대적 존재에 대한 체험이다.

종교의 종류 중 '민족종교'는 특정한 민족이나 국가에 국한되어 나타나는 유대인만이 구원받을 것이라는 선민사상을 강조하는 유대교, 엄격한 신분제인 카스트제를 지키고 있어 인도인의 생활에 큰 영향을 미치고 있는 힌두교, 중국 도교, 일본 신도 등이다.

'세계종교'는 지역이나 민족의 차이를 초월해서 퍼진 종교로 불교, 그리스도교, 이슬람교 등을 말하고 세계 3대 종교라고 한다.

유신론의 유일신 '계시종교'는 선지자에 의해 계시를 받아 믿는 유대교, 기독교. 이슬람교가 있고, 다신 종교는 힌두교와 일본 신도가 있으며 '무신론적 종교'로는 인간 중심의 불교, 유교, 도교가 있다.

우리나라의 신앙 문화는 무속, 유교, 불교, 도교, 성리학, 기독교, 유불선의 신흥종교 순으로 서로 영향을 주고받으면서 발전하였다.

- 토템이즘totemism(우상숭배偶像崇拜) : 신석기시대에 형성된 토속적 신앙으로 각 씨족이 인간 생명의 기원이 동물이나 식물에 있다는 생각에서, 어떤 동물이나 식물을 인간의 조상 혹은 지배자로 받들어 숭배하는 사상으

로 '인디언'의 출입문 옆에 세운 totem pole에서 유래하였다.

- 샤먼이즘shamanism : 신령 · 정령 · 사령死靈 따위와 영적으로 교류하는 능력을 갖추며, 예언 · 치병治病 · 악마 퇴치 · 공수 따위의 행위를 하는 사람 즉 무당巫堂을 말하며 '만주지방'의 '살만'薩蔓에서 유래하였다.

- 애니미즘animism : 애니미즘이란 '라틴어'의 아니마靈魂에서 나온 말로 물신 숭배物神崇拜 · 영혼신앙靈魂信仰 또는 만유 정령설萬有精靈說이라고도 한다.

영국의 인류학자 E.B.타일러가 종교의 기원을 설명하는 동시에 나아가서는 종교의 근본 원리로, 생물은 물론 무생물 같은 모든 사물에 생명과 영혼이 존재한다고 믿는 정령 신앙精靈信仰으로 다신교와 일신교로 발전하였다.

나. 불교의 탄생

석가모니를 교조로 붓다의 가르침을 따르며 수행하는 종교로 석가모니불은 북인도(네팔)의 카필라성의 왕자(크샤트리Kshatriya)로 태어났다. 성은 고따마Gautama, 이름은 싯다르타Siddhārtha로 호화로운 생활을 하던 그는 사문유관四門遊觀(동 · 서 · 남 · 북문으로 나감)으로 생 · 노 · 병 · 사라는 인간 존재의 괴로운 현상을 실감하고, 이를 벗어날 해답을 구하기 위해 출가하였다.

6년간의 설산 고행을 경험한 끝에 35세에 보리수 아래서 49일의 깊은 명상에 빠지며 마침내 고뇌가 일어나는 원인과 극복에 관한 연기緣起(인연의 법칙)의 이치 즉 진리法에 대한 깨달음正覺(오도悟道)을 성취하여, 부다가 된 후 뒤 80세에 입적할 때까지 45년간 교설하여 교단을 만든다. 그러므로 그를 깨달은 존재 곧 불타佛陀, 佛 또는 석가 족의 성자라는 뜻으로 석가모니釋迦牟尼, Śakyamuni 곧 석존釋尊으로 우러러 부른다.

서기전 5세기 인도는 브라만의 각종 횡포와 카스트제도의 불평등 사회로 석가모니는 브라만교의 비판과 자비와 인류의 평등을 주장하였다.

　불교는 스스로 지혜와 의지로 법法(진리)을 통하여 궁극의 이상에 이르려는 즉, 현세적인 마음의 고통에서 안락을 구하려는 종교로 인도에서뿐 아니라, 널리 다른 민족들에게도 받아들여 세계로 발전해갔다.

다. 불교의 주요 교리

　주요 교리는 성도 후 사르나트 녹야원에서 5 비구에게 최초로 하신 설법이며 열반 시 바이샬리에서 마지막 제자 수바트라에게 하신 설법인 연기법緣起法 중심의 사성제·팔정도이다.

- 십이인연十二因緣은 부처님이 성도成道하여 처음 설법한 교리로, 중생 세계의 삼세과거·현재·미래에 대한 생·노·병·사라는 인간의 고통은 번뇌煩惱로부터 고苦에 이르는 12가지 인과관계因果關係다. 이는 무명無明, 無知에서 시작해서 노사老死로 끝나는 생사유전生死流轉(윤회 사상)의 인과구조를 분석 정리한 법칙으로, 생로병사라는 고통에서 해탈할 것을 지향하는 실천적 법칙이다.

- 사성제四聖諦(진리)는 십이인연을 설명하는 4가지의 진리로 연기적 관찰로 괴로움을 극복하는 실천적 교리를 말한다.
  ▷ 고지苦諦 : 현실 세계에서의 삶은 번뇌라는 생로병사 등 8가지 '고뇌'가 있다는 진리
  ▷ 집제集諦, 集는 원인起因 : 괴로움의 원인은 쓸데없는 욕망에 '집착'하는 갈애渴愛(목말라함)라는 진리
  ▷ 멸제滅諦 : 이상 세계로 갈애渴愛를 남김없이 '소멸'하면 괴로움이 소멸하여 열반에 이른다는 진리
  ▷ 도제道諦 : 열반에 이르는 길은 '팔정도' 수행방법이라는 진리

- 팔정도八正道, 中道는 고통을 소멸하여 깨달음을 얻기 위한 중도中道 8가지

수행 길로 정견正見, 정사正思, 정어正語, 정업正業, 정명正命, 정근正勤, 正精進, 정념正念, 정정正定이다.

- 삼법인三法印(불법의 진리)

  ▷ 제행무상인諸行無常印 : 우주 만물은 시시각각으로 변화하여 한 모양으로 머물러 있지 아니하다는 것인데, 사람은 상常을 바라면서 모순이 있고 고苦가 있어 무상無常(덧없음, 헛됨)을 강조한다.

  ▷ 제법무아인諸法無我印 : 이 세상에 존재하는 모든 사물은 인연으로 생겼으며 변하지 않는 참다운 자아의 실체는 존재하지 않는다는 생각으로 아我에 대한 집착을 버리라.

  ▷ 열반적정인涅槃寂靜印 : 탐욕貪과 노여움嗔과 어리석음痴이 소멸한 안온한 마음 상태이다.

- 5온蘊 12처處 18계界(일체법一切法, 三科) : 존재의 연기적 구조는 일체의 사물, 모든 현상, 정신적 물질적인 것 등의 모든 존재를 말하며 가장 많이 설법하였다.

  ▷ 5온蘊은 인간 구성은 5가지로 하나의 물질과 네 가지의 정신적 집합 구성 요소로 모든 것을 총괄하여 '아'我 · '자기'自己라고 부르며, 오온은 현상적인 존재로서 끊임없이 생멸 · 변화하기 때문에, 언제나 머물러 있는 불변의 실체는 존재하지 않는다.

  색온色蘊(육체, 물질) · 수온受蘊(지각, 느낌) · 상온想蘊(표상, 생각) · 행온行蘊(욕구, 의지) · 식온識蘊(마음, 의식)이라고도 부른다.

  ▷ 12처處는 무아無我, 고정불변의 인식 주체我가 없음을 설명하기 위하여 마음과 심리 현상을 발생 · 성장시켜 주는 것을 의미한다.

  6가지 인식능력 : 눈眼, 귀耳, 코鼻, 혀舌, 몸身, 마음

  6가지 인식대상 : 색깔 · 형태色 · 소리聲 · 냄새香 · 맛味 · 감촉觸 · 법法

  ▷ 18계界는 인간과 그 밖의 모든 존재 속의 인식작용을 18가지 범주로 나눈 것으로 육근六根 · 육경六境 · 육식六識을 합한 것이다. 즉, 눈 · 귀 · 코 · 혀 · 피부(살) · 마음(뜻)의 6종의 감각 기관, 즉 육근과 그 대상인 물질色

· 소리聲 · 냄새香 · 맛味 · 촉감觸 · 현상法의 6경, 그리고 이 6근 · 6경을 연緣으로 하여 생기는 6가지 마음의 활동, 즉 안식眼識 · 이식耳識 · 비식鼻識 · 설식舌識 · 신식身識 · 의식意識 등의 6식을 말한다.

· 연기緣起 : 모든 것은 서로 관계적 의미를 투사하고 있다는 것.

· 공空 : 고정된 실체는 없지만, 현상은 존재하는 것.

· 중도中道 : 팔정도의 실천을 통해 고와 낙의 양면을 떠나 심신의 조화를 얻는 길을 말한다.

· 육 바라밀彼岸(열반)은 대승 불교의 실천덕목이다. '위로는 깨달음을 구하고 아래로는 중생을 교화하는, 상구보리 하화중생'上求菩提, 下化衆生(自 利와 利他)을 몸소 실천하는 대승 불교의 이상적 인간상이라고 할 수 있는 보살의 덕목으로, 보시布施 · 지계持戒 · 인욕忍辱 · 정진精進 · 선정禪定 · 지혜智慧를 말한다.

· 대자대비大慈大悲는 부처님과 보살이 중생衆生(윤회 사상에 따르는 모든 생물체)에게 즐거움을 주고 괴로움을 덜어주려는 지극한 사랑의 의미이다. 자慈란 상대방에게 이익과 안락을 보태주는 것이고, 비悲란 고통받는 사람의 불이익과 괴로움을 덜어주는 것으로 모든 불자가 갖기를 염원하는 이상理想이며 숭고한 마음이다.

· 부처님의 마지막 유언은
그대들이여, 방일放逸(방종)하지 말지어다.
나는 방일하지 않음으로써
스스로 정각正覺에 이르렀나니,
나의 한량없는 모든 올바름도
방일하지 않음에서 연유하였을 따름이다
모든 존재는
끊임없이 변화하는 무상無常일 뿐이 나니,
그대들이여, 이것을 언제나 유념할지어다.

이것이 나의 마지막 당부이니라.

• 후계자 지명을 질문받고 하신 말씀은
  自燈明自歸依 法燈明法歸依 : 자등명 자귀의 법등명 법규의
  나아가라 게으르지 말고 나아가라, 부지런히 나아가라.
  자기 자신을 등불로 삼고 자기를 의지하여라,
  진리를 등불로 삼고 진리를 의지하여라.

• 황금율黃金律

  ▷ 불교 : '너 자신이 해롭다고 생각되는 방식으로 다른 사람을 해하지 말라'

  ▷ 유교 : '너 자신에게 가해지기를 원치 않는 것을 타인에게 행하지 말라'

  ▷ 유대교 : '너에게 증오스러운 것은 너의 이웃에게도 하지 마라'

  ▷ 기독교 : '남에게 대접을 받고자 하는 대로 너희도 남에게 대접하라'

  ▷ 힌두교 : '누구도 자신에게 혐오스러운 것은 다른 사람에게 행하지 말라'

라. 불경佛經

불교의 가르침인 '경장'經藏은 석가모니의 설법 내용을 부처 열반涅槃 후 1차 결집結集(모여 암송) 시 마하가섭을 우두머리로 500여 명의 장로 비구가 모여 7개월 동안 편찬하였다.

아난다가 법法을 송 하면 장로들이 협의하여 불설佛說임을 승인하였으나 완전하고 신령스러운 것을 성문화할 수 없어, 200여 년 동안 모여 암송되어 오던 것을 아소카왕조에서 제3차 결집(BC 250년경) 후 집성하여 문자화한 것으로 추정된다. 스리랑카에서 처음으로(BC 29년) 패엽貝葉(나뭇잎)에 성문화成文化로 기록하였다.

• '율장'律藏은 대개 부처님에 의해 제정된 것으로 율장의 조직은 금지조항에 해당하는 지지계止持戒와 준수사항에 해당하는 작지계作持戒로 대별되며, 지지계는 비구比丘의 250계, 비구니比丘尼의 348계 등을 가리킨다.

- '논장'論藏은 불교가 전국으로 전파되어 지역별 혼란 방지를 위한 3차 결집 시 부처의 가르침인 經과 그가 제정한 律을 주석·연구·정리·요약한 문헌을 통틀어 말한다.

650여 개의 불경 중에서 가장 핵심 경전은 소승불교 경전인 아함경阿含經과 대승 불교大乘佛教 경전으로 1~2세기 성립된 화엄경華嚴經·법화경法華經·반야경般若經·무량수경無量壽經 등을 말한다.

팔만대장경은 경·율·론經律論을 새긴 세계에서 가장 오래된 대장경판으로, 팔만대장경이 보존된 해인사 장경판전과 함께 유네스코 세계 문화유산으로 지정되어 그 가치를 인정받고 있다.

마. 인도불교의 발전

- 근본불교根本佛教 : 근본불교는 석가모니 부처님의 말씀이 생생하게 전해져 그 말씀대로 실행하던 시절을 말하며, 부처님께서 석가의 성도成道로부터 불멸佛滅 30년까지의 불교로 부처님 말씀을 담은 아함경전阿含經典(傳承 : 口傳의 가르침)이 전승된 초기불교를 말한다.

- 부파 불교部派佛教(상좌부 불교 : 小乘佛教) : 붓다 입멸 후 100년에서 400년 사이에 분열된 중기 초반 불교로 오직 사원에 머물러 부처님의 말씀, 즉 법에 관한 철학적인 연구로 불교 교학의 발전에 많은 이바지하고 자신의 번뇌를 없애는데 골몰하였다. 출가자出家者 스님들만 아라한阿羅漢(소승의 이상상 : 理想 像)의 경지에 오를 수 있다고 하는 불교이다. - 미얀마, 태국, 캄보디아

- 대승 불교大乘佛教(대중부 불교) : 붓다 입멸 후 500년경(BC 100년)에 사리탑 관리자인 재가자在家者를 중심으로, 신분과 지식, 연종과 남녀의 구분과 관계없이 모든 사람을 피안彼岸의 언덕으로 실어 날라주는 큰 불교로, 널리 민중에게까지 개방하려는 좀 더 쉽고 진보적 사상이다.

부처가 종래의 고타마 붓다 한 부처에서 신격화神格化하여 삼세불三世佛,

삼신불三身佛, 삼계불三界佛인 다불 사상多佛思想과 '보살 사상'菩薩 思想(누구나 부처가 될 수 있음)으로 발전하였다. - 한국, 중국, 일본, 티베트, 몽골, 베트남

• 교종敎宗 : 불교의 경典, 논論 등을 소의所依(근원, 기반)로 하여 사상적인 이론을 세우는 종파로 형식과 교리를 중시하여 이것을 이해하고 실천하는 데 주력하는 것을 말한다.

　교종의 가르침에는 인간과 자연이 현실적으로 연기의 법칙에 따라 서로가 원만한 관계를 맺고 있으며, 이를 깨닫고 실천하면 누구나 성불할 수 있다는 사상을 담고 있고, 대표적인 승려로 화엄종의 원효와 의상 등이 있다.

• 선불교禪佛敎(선종) : 선禪은 동양에서 고요히 앉아서 참선(좌선)하는 것을 말하며, 인도에서 오래전부터 요가 등에서 행하던 수행법으로, 석가모니가 이후 불교의 실천 수행법으로 발전시켜, 중국 양나라 때 '달마대사'가 중국에 전한 대승 불교의 한 종파다.

　선종禪宗에서 중요시하는 수행법은 참선으로 자신의 본성을 구명하여 깨달음의 묘경妙境을 터득하고, 부처의 깨달음을 교설敎說 이외에 이심전심으로 중생의 마음에 전하는 것을 종지宗旨로 하는 종파이다.

• 선종의 교의 성격을 띠며 실천하는 특징을 잘 드러내는 문구는
　▷ 이심전심以心轉心 : 불타의 마음을 마음으로 전한다.
　▷ 견성성불見性成佛 : 본성을 발견하거나 구명究明하여 득도한다.(돈오점수頓悟漸修, 돈오돈수頓悟頓修 본성을 보는 것이 곧 득도이다.)
　▷ 불입문자不立文字 : 경전의 문자에 구애拘礙하지 않는다. 보통, 불립문자는 경전 암송이나 정독보다 불타의 뜻을 좇는 수행 중시로 이해한다.
　▷ 교외별전敎外別傳 : 조사에서 조사로 이어지는 법통의 전수를 말한다.
명상과 선의 경계는, 일반적으로 선(참선)이 고요한 마음의 작용을 통해 깨달음이나 종교적인 경지의 도달 등을 의미한다고 할 때, 명상은 '마음을 평안하게 갖는 것' 그 자체에 목적을 두고 있다고 할 수 있다.

• 밀교密敎 : 인도에서 7세기경 부파 불교가 실천보다는 전문적 이론과 승려 중심으로 대중화가 어려웠다. 이슬람의 상업 억제로 살아남기 위해, 농업과 유목민 문화의 민간 신앙과 브라만교와 힌두문화까지 받아들여, 주술성, 의식화, 성적 향락의 악풍이 교단을 풍미하며 발전한, 대승 불교의 한파로 티베트 불교(라마교)에 많은 영향을 주었다.

바. 동아시아의 불교 전파

인도의 불교는 카스트제도의 바이샤 계급인 상인들이 선호한 종교로, 서역 무역에 의한 서역불교(호탄 지역 : 화엄경 및 지장경이 완성된 곳)가 대승 불교의 꽃을 피워, 실크로드를 통하여 중국에 전파한 시기는 기원전후(전한 및 후한)이다.

인도의 불교가 500년 후로 전파로 늦어진 이유는 고비사막(풀이 자라지 않는 거친 땅), 타클라마칸 사막(들어가면 못 나온다)과 톈산산맥, 히말라야산맥(눈의 거처, 만년설의 집)을 지나야 하는 여건으로 어려웠다.

인도의 불교는 이미 기원전 250년경의 아소카 왕(재위 BC 265~238) 시대에 인도의 북쪽 국경을 넘어 전파되기 시작하였다. 중국과는 실크로드를 통한 서역불교와 남부 해로를 통하여 전파되었으나, 유교의 충효 사상과 불교의 출가出家와 자비 사상과는 잘 안 맞았다.

위진 남북조시대 혼란 시기에, 북조는 북방 유목 왕조가 먼저 불교를 믿고 한족의 중화주의(한족과 오랑캐로 차별)를 견제할 목적으로 불교를 진흥하였다. 남조의 한족은 염세주의 정신적 혼란과 도교 신선 사상을 격의 불교格義佛敎(불교를 노장사상 등 다른 이론을 인용하여 설명하는 불교)로 위안을 받았다.

전진前秦 왕 부견(불도징, 도안, 혜안 스님)의 불교장려와 현생이 전생의 업보에서 비롯된다는 가르침으로, 하층민에게 차별과 고통을 감내하게 하였고, 지배층은 승려들의 견문과 지식의 조언을 구하면서 자연히 전파되었다.

한반도로의 불교 전파(4세기)는 삼국이 중앙 집권 체제를 정비하면서 사상을 통일하고, 왕즉불王卽佛(왕이 부처)로 왕권 강화의 수단이 되며, 왕실의 귀의歸依를 받아 호국적護國的성격이 강하였다.

고구려는 소수림왕 2년(372년) 전진前秦의 왕 부견이 순도 승려를 통해 불상과 경전을 전하고, 백제는 침류왕 원년(384년) 인도의 마라난타가 동진(5호 16국 : 317~419)을 거쳐 영광 법성포法聖浦 상륙하고, 백제의 성왕(전륜성왕에서 따옴)은 538년 일본에 불교를 전파하였다.

신라는 법흥왕 14년(527년) 이차돈의 순교로 법흥왕, 진흥왕, 진지왕, 진평왕, 선덕여왕, 진덕여왕까지 왕권 강화 차원에서 불교식 왕호를 사용하였다. 전사한 병사들의 명복을 빌거나 토속신을 섬기는 의식으로 행해졌으며, 이러한 이념이 가장 강하게 나타난 것은 원광의 세속오계世俗五戒이다.

자장율사慈藏律士(선덕여왕 친족)는 선덕여왕 때 진골로 중국 청량산에서 꿈에 '문수보살'을 접견 진신사리를 모셔와 통도사, 월정사, 황룡사 구층탑, 태화사를 창건하고 신라 불교계를 정비하였다.

의상대사義湘大師는 귀족 출신으로 선덕여왕 때 당나라에 유학하여 신라에 화엄종을 전하여 해동화엄海東華嚴의 초조初祖로 전하며 부석사, 낙산사, 해인사, 범어사 등 10여 사찰을 창건하며 '관음'觀音 신앙과 '미타'彌陀(극락) 신앙을 중심으로 불교를 널리 보급하는 데에도 이바지했다.

원효대사元曉大師는 평민 육두품으로 의상과 함께 해로를 통하여 입당入唐하기 위하여 가던 중, 해골에 괸 물을 마시고 '진리는 결코 밖에서 찾을 것이 아니라, 자기 자신에게서 찾아야 한다'는 깨달음을 터득하고 의상과 헤어져서 돌아왔다.

일심一心과 화쟁和諍(調和, 通佛敎 : 모든 불교가 하나로 통함)사상을 중심으로 불교의 대중화에 힘썼으며, 수많은 저술을 남겨 불교 사상의 발전에 크게 이바지하였고, 요석공주와의 사이에서 설총을 낳았다.

고려 시대는 불교가 국교國敎로 태조의 훈요 십조에 불교(1조) 및 사찰 보호(2조)와 연등회(6조)를 권장하고, 몽골에 대항하여 부처님의 가호를 기원하며 고려대장경을 조판하였으며, 고려 말에는 신진사대부가 불교의 타락을 비판하며 성리학을 내세웠다.

의천義天은 문종의 넷째아들로 천태종을 세워 교단의 통일과 국가 발전을 도모하였으며, 천태의 근본 사상인 회삼귀일會三歸一과 일심삼관一心三觀의 교의敎義(교리)로써 국가적 기반을 공고히 하고 선禪과 교敎의 화합을 도모였다.

조선 시대에는 유교 국가이면서 왕실은 불교를 믿고 왕릉에 원찰願刹을 두었으며, 세종·세조 때는 간경도감刊經都監을 설치, 불경을 간행하였다. 특히 세종은 불교 종파의 정비를 단행하여, 조계·천태·총남의 3종을 선종禪宗으로, 화엄·자은·시흥·중신의 4종을 교종敎宗으로 통합하여, 선·교 양종을 성립시켰다.

숭유억불 정책에 따라 불교의 수난 시대로 승려는 조선 초기 10만 명에서 일제 강점기 8,000명 정도로 줄고, 사찰도 고려말 3000개에서 세종대에 36개의 사찰만 공식적으로 인정하였다. 노비와 토지를 몰수하고, 신분도 팔천八賤 취급으로 도성 출입이 금지되고, 매골승埋骨僧은 시신을 처리하며, 사찰에서 한지를 만들고 도성을 축조하는 노역을 하였다.

한국불교는 일제 강점기의 대처승 중심에서 1954년부터 1962년까지 대처승의 배제, 비구승에 의한 종단 재건, 한국불교 전통 재건, 불교 근대화 운동을 내용으로 하는 불교 내 자정 운동이 일어났다. 1962년 4월 비구·비구니만을 인정하는 통합종단으로서 대한불교조계종이 재발족하였다. 2019년 기준 주요 18개 종파로 480 교단에 약 760만(15.5%) 신도로 국내 2위 종교이다.

- 전륜성왕轉輪聖王 : 인도 신화에서 통치의 수레바퀴를 굴려 세계를 통일 · 지배하는 이상적인 제왕이다. 금륜 · 은륜 · 동륜 · 철륜왕의 네 왕이 있으며, 인간의 수명이 2만 세에 도달할 때에, 먼저 철륜왕이 출현하여 일一천하의 왕이 된다. 2만 년마다 동륜왕 · 은륜왕 · 금륜왕의 차례로 나타나므로, 8만 세에 달할 때는 금륜왕이 나와 사방 천하를 다스린다.

- 조계종(선종) : 달마대사에서 6조 혜능 선사로 이어지고 소의所依(근본) 경전은 금강경이며 본사는 조계사이다.

- 천태종(선종) : 고려 대각국사 의천이 창시하였으며, 소의 경전은 법화경이고 본사는 충주 구인사이다.

- 화엄종(교종) : 의상이 창시하였으며, 소의 경전은 화엄경이고 본사는 익산 석불사이다.

- 태고종(대처승) : 소의 경전은 금강경이며 본사는 순천 선암사이다.

사찰의 배치계획

석가모니의 전도傳道 초기인 BC 6세기 무렵, 인도의 출가자出家者은 무소유無所有 걸식乞食(탁발)하며 수도修道하고 유행遊行(돌아다니며 수행함)을 통하여 불법佛法을 전하였다.

인도의 기후적 특성상 석가모니는 하안거夏安居 정하여 불교 최초로 죽림정사竹林精舍에서 기거하였다.

부처의 사리舍利나 불아佛牙는 부처 자신의 진신眞身 그 자체로서 부처님 입멸 후 사리를 나누어 시가지 중심지에 탑(탑파)塔婆을 세웠다.

사원은 마을 변두리에 생기며 여기에 탑과 불상을 모시는 전각殿閣이 배치되어 지금의 사찰로 발전하였다.

• 불상佛像 : 부처님이 돌아가신 후 약 500년 동안은 완전하고 신성함을 표현하는 것은 불경不敬하다 하여 무 불상 시대無 佛像 時代이다.

청정淸淨한 연꽃蓮花은 석가세존의 탄생을, 보리수菩提樹(깨달음)는 해탈解脫(속세적인 모든 속박에서 벗어나 자유롭게 되는 상태)을, 법륜法輪은 불법佛法을 영원히 전파된다는 의미이다.

불탑은 열반涅槃(불어서 끄는 것, 번뇌의 소멸, 영원한 평안, 완전한 행복)의 상징으로서 신앙 되었으며, 부처 자신의 존재는 불족적佛足跡이나 빈 의자로 표현하였다.

불상은 1세기경 쿠샨 왕조 시대에 인도 서북부 '간다라' 지방(파키스탄 지역)은 헬레니즘Hellenism 문화의 영향을 받아 신격神格을 인체의 형상을 빌려서 표현하고, 인도 중북부의 '마투라' 지방은 약간 늦게 불상 표현이 등장하였다고 추측된다.

불상은 불격佛格(부처님의 자격)에 따라 불타, 보살, 천, 나한으로 소승 불교에서는 석가모니불뿐이었으나 대승 불교에 이르면 교리가 발전하여, 비로자나불, 아미타불, 약사불, 미륵불 등이 있다.

'보살'은 대승 불교의 이상적인 수행자 상으로 미륵보살, 관음보살, 대세지보살, 문수보살, 보현보살, 지장보살이 있다.

'천天'은 불교를 수호하는 신들로 인도의 고대신앙에 있던 토착 신들이 불교에 흡수된 범천, 제석천, 사천왕, 인왕(금강역사), 팔부중, 비천 등이 있다.

불상의 신격神格이 인도는 머리에 있다 하여 계주髻珠(부처님 상투 가운데 있는 보배 구슬 넣는 곳)에 구슬을 모시었으며, 동아시아는 복부에 있다 하여 복장腹藏(후령통後鈴筒 : 금·은·칠보 등의 보물과 오곡五穀·오향五香·오약五藥을 넣은 통)과 불경 등을 모시었다.

- 금동金銅 불상의 금도금金鍍金비밀 : 강한 산인 매실로 닦아내어 부식시킨 후 금·수은의 아말감amalgam(합금) 합금재료를 손으로 도금한 후 380℃~400℃로 구우면 수은이 날아가고 금이 청동에 스며들어 금빛을 발휘한다.

가. 사찰寺刹이란?

불상, 탑 등을 모셔놓고 승려와 신자들이 거처하면서 불도를 닦고 교리를 설파하는 건축물 혹은 그 소재 영역으로, 절·사원寺院·정사精舍·승원僧院·가람伽藍 등으로 불린다. 인도 최초의 사찰은 죽림정사竹林精舍이고, 중국의 최초 사찰은 영빈관인 백마사白馬寺이며, 우리나라는 고구려 초문사肖門寺(소수림왕 5년 375년)이다.

고대의 한국사찰은 주로 시가지의 중심부에 건립되다 시대 상황과 사회적 여건 및 수행이나 포교, 입지조건에 따라, 왕실의 원당, 능의 원찰, 산성축조와 관리 및 사찰의 추가 역할로 역참, 병원, 학교, 시장, 목욕탕 기능도 하였다.

- 평지가람형平地伽藍型 : 왕실王室의 원당願堂이나 국찰國刹 등이 많고, 동시에 교통의 편리함 때문에 대중적 불교형성에도 큰 영향을 끼쳤다.
- 산지가람형山地伽藍型 : 신라 말기에 도입된 선종禪宗의 영향과 풍수지리설風水地理說에 따라 수행에 적합하도록 설계된 특징을 지닌다.
- 비보裨補(도와서 모자람을 채움) 사탑설寺塔說(사찰과 탑)은 신라말 고려 초의 격변기에 '도선道詵 스님이 불교 교단을 재정비하고, 나아가 전 국토를 재개발하기 위해 수립한 사상체계이다.

불교의 밀교 사상密敎思想(禪 중심)과 도참사상圖讖思想(풍수신앙과 음양 복술陰陽卜術이 합쳐진 예언豫言을 믿는 사상)이 결합 되어 형성된 것으로,

전국에 비보소裨補所 3800개소를 지정하여 사탑寺塔을 건립하였다.

불국토佛國土사상은 우리나라의 산 이름을 불교와 관련된 산으로 월정사가 있는 오대산五臺山(문수보살), 통도사가 있는 영취산靈鷲山(법화경 설한 산), 송광사가 있는 조계산曹溪山(혜능 선사의 별호) 등이 있고,

주요 산의 최고봉을 비로봉毗盧峯로 명칭하고(백두산, 금강산, 묘향산, 속리산, 오대산) 명승지에 사찰을 건립하였다.

나. 수미산須彌山 우주론 및 왕즉불王卽佛

수미산은 고대 인도의 우주관에서 세계의 중심에 있다는 상상의 산으로, 신라 박제상 부도지符都志 마고성麻姑城 조선의 태백산, 중국의 곤륜산, 그리스의 올림포스산과 같은 신성한 산이다.

수미산 정상은 사각평지四角 平地로 제석천帝釋天(불법佛法과 부처님을 수호하는 신)이 주인인 도리천忉利天(33天인 신이 있다) 궁전이 있다.

수미산 중턱의 사방四方에는 사왕천四王天(사천왕)이 있으며, 해와 달은 수미산의 허리를 돌고, 하계下界에는 지옥이 있으며, 가장 낮은 곳에는 인간계가 있다.

사찰 배치계획은 사찰 입구의 일주문一柱門은 천상계天上界(하늘 위 세계)를 넘어서고, 사천왕문四天王門은 수미산 중턱까지 올라왔음을, 불이문不二門은 수미산 정상에 이르렀음을 상징하며, 부처는 그 위에 있다고 하여 대웅전은 법당 안의 불단을 수미단須彌壇이라고 한다.

사찰 건축에 있어 삼중문三重門, 山門은 수미산과 삼해탈문三解脫門(해탈에 이르기 위해 닦는 세 가지 선정禪定)의 형태로 건축 시작은 고려 중기 이후로 추정한다.

전각殿閣은 왕즉불王卽佛(왕이 부처, 성인군주론聖人 君主論, 내성 외왕內聖外王) 사상의 영향으로, 명당明堂(왕궁 정전, 남향에 높은 건물), 수미단, 달

집, 황색, 단청丹靑(왕 상징과 벽사闢邪 : 사악함을 막음), 빗살문(벽사 의미), 쌍룡雙龍과 종과 북이 있으며, 건물 규모도 99칸 수의 제한이 없다.

다. 당우堂宇와 가람 배치

당우는 정당正堂과 옥우屋宇라는 뜻으로, 규모가 큰 집과 작은 집을 말함] 불전佛殿 · 강당講堂 · 승당僧堂 · 주고廚庫(식당과 창고) · 욕실浴室 · 동사東司 (뒷간) · 산문山門, 三門이라는 칠당가람七堂伽藍의 원칙에 따라, 시대별, 종파별, 지형에 따라 다르게 건립되었다.

이들 당우와 사찰의 중요한 구조물은 탑으로, 탑의 배치형식에 따라 탑이 불전과 일직선 위에 놓이도록 배치한 일탑식一塔式(백제 부여 정림사), 3탑 3금당(익산 미륵사지), 2개의 탑이 불전 앞 동서 대칭으로 세워지는 쌍탑식雙塔式(통일신라 불국사), 1개의 탑에 금당金堂이 3일 때에는 일 탑 삼 금당식一塔三金堂式(고구려) 가람 배치라고 한다.

전각구성은 상단, 중단, 하단으로 구분할 때, 상단을 주요 불전으로 대웅전, 대적광전, 극락전, 약사전, 보광전과 보살단의 원통전 등이며, 중단은 보살단으로 관음전, 문수전, 명부전 등과 영산전, 천불전, 나한전 등의 불전이 포함되며, 하단은 독성각, 칠성각, 산신각, 천왕문 등 토속적 신앙과 신중단이 이에 해당한다.

주불전 내에서도 중앙(남향)이 상단(불 · 살단)이 되고 왼쪽(동향)이 중단(신중단神衆壇)이 되고 오른쪽(서향)이 하단(영가단靈駕壇)이 된다.

고려 시대에는 1개의 단일 금당만을 갖는 것이 아니라 불격佛格에 따라 다양한 부처상을 하나의 절 안에 봉안하면서 사찰의 구성 요소가 복잡하여졌다.

조선 시대에도 임진왜란 이후 종파의 개념이 희박해지고 '통불교'적通佛教的 성격을 띠었으나 법통은 희미하게 남아있어, 다양한 불전의 형식이 한 사찰 내에 건립되어 지금의 대부분 사찰은 조선 후기 형태이다.

- 통 불교通佛敎 : 인도는 원천불교源泉佛敎, 중국은 분파불교分派佛敎라 할 때 '통 불교'는 우리나라 전통으로, 원효萬法一心, 의천(천태종) 지눌(조계종) 의해 모든 종파, 사상과 관계없이, 모두가 성불의 길로 회통會通 한다는 결론적 교리를 말한다.

라. 극락교極樂橋, 해탈교, 피안교

불교의 최고의 목표인 해탈을 위해 나아가는 길로, 수미산을 가기 위한 8개의 바다를 건너는 것을 의미하며, 구조적으로는 이상의 나라를 상징하여 무지개 교량(홍예교)으로 설치한다.

마. 당간지주幢竿支柱

당간지주는 통일신라 시대부터 사찰에서 기도나 법회 등 의식이 있을 때 당幢(불화를 그린 기)을 달아두는 기둥으로, 신성한 영역을 표시하는 구실을 하였던 것으로 생각되며, 시내 사찰에서 삼문 구조 이전부터 사용하였고, 선사시대의 '솟대'와도 일맥상통한다.

바. 부도浮屠

부도는 원래 불타佛陀와 같이 붓다Buddha 및 솔도파率屠婆, stupa, 답파塔婆라고 하여 묘탑墓塔, 승려의 사리탑을 말한다. 선종에서는 부도를 만들고, 교종은 책이나 제자를 남기었다. 왜정시대에는 전국 주요 사리탑, 석탑, 석등, 불상을 경복궁에 모았던 것을 지금은 용산 국립박물관 야외에 모셔져 있다.

부도 형태는 BC 3세기 아소카 왕이 세운 인도 최초의 사리탑인 '산치' 탑인 묘墓 모양의 석종형 부도石鐘形浮屠와 불교가 중국으로 넘어와, 높은 누각樓閣 모양의 전시형展示形 팔각 원당형八角圓堂形으로 발전하여 사찰 내 탑으로 발전하였다.

사. 일주문一柱門

사찰에 들어서는 첫 문으로, 천상계天上界를 넘어선 불지佛地를 향해 나아가는 자의 일심一心을 상징하고, 일직선의 기둥 위에 맞배지붕을 한 삼문의 독특한 양식으로, 편액에는 사찰의 이름을 내거는 경우가 많고, 이 문에 들어설 때는 합장한다.

산치 대탑 : Sānchī大塔

일주문 유래는 인도 '산치' 탑의 신성한 구역을 나타내는 문에서 시작하여, 중국의 석패방石牌坊(문형식 건축물), 홍살문(월정사 일주문은 홍살문이었음), 관아 및 사당의 삼문三門(正門과 협문夾門), 일본 신사神社의 '도리이'鳥居로 발전하였다.

아. 사천왕문四天王門과 금강문金剛門

사찰의 두 번째 문으로, 수미산須彌山의 중턱 사방四方을 지키며, 수미산 정상의 중앙부에 있는 제석천帝釋天을 섬기고, 불법佛法과 불법에 귀의하는 사람들을 수호하는 호법신護法神인 사천왕을 모시는 곳으로, 검, 비파, 탑, 용을 쥐고 있는 험악한 모습의 조상彫像을 봉안하게 된다.

보통 사천왕문이나 금강문은 소승불교의 오분율五分律(율장律藏)에 따라, 금강역사가 수문守門 역할로 불법을 훼방하려는 사악한 세력과 사찰로 들어오는 모든 잡신과 악귀를 물리친다는 의미로 세운 문이다.

자. 불이문不二門

사찰로 들어가는 3문三門 중 마지막 문으로, 해탈문, 자하문紫霞門, 안양문安陽門이라고도 부르며, 불이不二는 진리 그 자체를 달리 표현한 말로 이 문을 통해야만 진리의 세계인 불국토佛國土가 전개된다. 부처와 중생, 생과 사, 만남과 이별의 근원은 모두 하나의 의미이고, 문루 아래에는 계단을 설치하여 허리를 굽히고 올라가게 되어있다.

차. 불전사물佛殿四物, 범종루梵鐘樓

종과 북은 왕실 및 관아에서 제사나 주술용 및 전쟁 시 신호의 도구로 사용하였다. 목어木魚는 목욕탕에서 더운물 달라는 신호용('사찰의 美' : 자현 스님 저)과 고사庫司의 방 앞이나 식당에 걸어 놓고 행자行者를 부를 때 두들기는 명고鳴鼓(북을 침)이다. 운판雲板은 부엌에서 공양 시간을 알리고 화재 예방의 주술적 용도로 사용하였다.

범종각梵鐘閣을 사천왕문과 불이문 사이에 세우거나 불이문 옆에 건립하여, 불전 사물(범종·운판·목어·법고의 4가지 불구)을 울려서 수미산을 중심으로 한 모든 중생에게 불음佛音을 전하고자 하는 법구法具이다.

• 범종은 법구사물法具四物 중의 하나로 중생들에게 부처님의 가르침을 전하는 도구이며, 시간을 알리거나 공양과 예배를 알리는 기구이다.

　조선의 궁궐에서는 밤에 인정人定(인경)이라 하여 오후 10시경(1경 3점) 종을 28번 쳐 성문을 닫았고, 새벽에는 파루罷漏라 하여 오전 4시경5경 3점 33번 쳐 성문을 열었다. 한국의 범종은 학명學名으로 '한국 종'이라고 불릴 만큼 독자적인 양식을 지니고 있다.

　▷ 도리천 : 忉利天 : 33 : 과거시험 합격자 수, 독립운동 민족대표 수, 불국사 청운교와 백운교 계단 수를 말한다.

• 법고法鼓는 법을 전하는 북으로, 특히 축생들에게 전한다는 의미를 담고 있고, 북을 칠 때는 채로 '마음 심心'를 그리며 두드린다. 한쪽은 숫소, 다른 쪽은 암소의 가죽을 대여 음양의 조화가 잘 이루어져 좋은 소리가 난다고 한다.

• 목어木魚는 물속에 사는 모든 중생을 제도한다는 상징적인 의미를 포함하고 있고, 고기의 배 부분을 비워 나무막대기로 고기 배의 양쪽 벽을 쳐서 소리를 내게 하였다.

　전설은 승려가 스승의 가르침을 어기다 죽어 물고기가 되고 등에는 나무가 나서 고통을 당하곤 하였는데, 마침 그 스승이 수륙재水陸齋를 베풀어 물고기를 해탈하게 하였다. 스님은 등에 있는 나무를 고기 모양으로 만들어 모든 사람이 경각심을 일으키게 하고, 물고기는 언제나 눈을 뜨고 깨어 있으므로 수행자의 잠을 쫓고 혼미함을 경책警責(꾸짖음)했다고 하였다.

　목탁은 목어에서 유래된 것으로 포단蒲團(부들 풀로 만든 방석) 위에 놓고 치는 큰 목탁과, 작은 모양으로 단순화한 목탁木鐸은 예불, 공양, 대중을 부를 때에 사용하였다.

• 운판雲板은 허공에 날아다니는 짐승들을 제도하기 위하여 치며 뭉게구름 모양의 얇은 청동 또는 철제 평판으로 두드리면 맑고 은은한 소리가 나는 불교 공예품이다.

카. 불탑佛塔(탑파塔婆 : 파고다)

사리佛身骨,眞身舍利를 봉안하는 부도가 높은 누각 모양으로 발전하여, 사찰에서 예배의 대상이자 그 자체가 불심佛心 혹은 부처를 뜻하는 상징적인 의미가 있다.

중국은 '전탑'塼塔(벽돌), 일본은 '목탑', 한국은 '석탑'의 나라이다. 탑의 구조로 기단부는 탑신을 올려놓는 기초이며, 탑신부는 기단 위에 몸돌과 지붕돌(옥개석屋蓋石)로 구성된 부분이고, 상륜부는 노반露盤을 기초로 해서 보륜寶輪,九輪 및 산개傘蓋 등 여러 가지 장식이 수직으로 꿰여 있는 부분을 말한다. 사리는 기단지하 또는 탑신에도 모시며, 탑신에는 불경 및 탑지塔誌 등도 모신다.

층수는 옥개석의 수로 동북아는 주역을 근거하여 층수는 양의 완전수인 홀수(3, 5, 7층)로 하고 수평은 짝수(4, 8각)로 하는데 불교는 짝수 층도 많다. 옥개석의 모양은 백제는 처마가 곡선(미륵사 석탑, 정림사 5층 탑)이나, 신라는 수평 일직선(석가탑)이다. 경천사, 원각사, 조계사의 탑은 10층이다.

- 동아시아 최초의 석탑 : 목탑양식의 미륵사지 석탑 - 무왕, 639년
- 신라 최초의 모전 석탑 : 분황사 모전 석탑 - 선덕여왕, 634년

타. 괘불대掛佛臺

기우제祈雨祭나 수륙제水陸齊, 영산재靈山齋 등 불교도들이 야외에서 지내는 대규모 법회나 의식에서, 예배 대상물이 되는 괘불을 걸기 위한 목적으로 건립하는 시설물로, 사찰의 주요 불전佛殿 앞에 자리한다.

파. 석등石燈

등으로의 역할과 4각의 사성제와 8각의 팔정도의 부처님 가르침을 세상에 비춘다는 의미로 세웠다.

하. 요사寮舍

승려들이 식사를 마련하는 부엌과 식당, 숙소, 등 생활에 필요한 모든 시설을 말한다.

불전과 불상

초기불교 및 부파 불교에서 부처님은 석가모니불 한 분이었으나, 대승불교에서는 삼세불三世佛로 과거불은 과거 칠 불 중 연등불練燈佛·현세불은 석가모니불·미래불은 미륵불이며 삼신불三身佛로는 법신불法身佛·화신불化身佛·보신불報身佛을 말한다.

삼계불三界佛로는 아미타불·석가모니불·약사여래를 모시며, 타시불他時佛 및 타방불他方佛은 다불교多佛敎로 발전하고, 우리나라만의 독특한 '통불교'通佛敎는 한 사찰에 여러 불상佛像을 모신다.

부처님과 보살상의 구분은 부처님은 수인手印이라 하여 빈손 모양이 다르며, 머리가 나발螺髮(소라껍데기)이다. 보살은 몸에 많은 장식을 하여, 천의天衣, 목걸이, 귀걸이, 팔찌와 머리에는 보관을 쓰고 손에는 연꽃, 정병, 전륜, 구슬 등을 가졌다.

가. 적멸보궁寂滅寶宮

석가모니 부처의 진신사리眞身舍利를 모신 불전佛殿으로 불상을 별도로 모시지 않으며, 한국에서는 643년 신라의 승려 자장慈藏 대사가 당나라에서 귀국할 때 가져온 부처의 사리와 정골頂骨을 나누어 봉안한 5대 적멸보궁 (열반 세계)이 있다.

경남 영축산(양산) 통도사通度寺, 강원도 오대산 상원사上院寺, 설악산 봉정암鳳頂庵, 태백산 정암사淨巖寺, 사자산(영월) 법흥사法興寺에 적멸보궁이 있다.

나. 대웅전大雄殿, 大雄寶殿

'석가모니불'을 본존불로 모시는 사찰 중심 불전으로 대웅은 위대한 영웅이라는 석가모니를 말한다. 석가모니불은 머나먼 과거세過去世(장엄겁莊嚴劫)에 계시다, 연등불練燈佛로부터 수기授記(豫言記 : 설법 말씀)를 받아 중생을 교화하기 위하여 '법화경'의 사바세계娑婆世界(인내가 요구되는 세계) 즉 우리가 사는 현 세계에 태어나신 화신불化身佛(應身佛 : 아바타)로, 모든 불교의 교주이다.

불상은 수미단上壇에 모시며 협시보살은 문수 · 보현보살이 대표적이고 삼세불三世佛과 삼신불三身佛도 모시며, 탱화로는 대웅전 후불과 신중단神衆壇 (호법선신護法善神 : 中壇) 및 영가단靈駕壇(제사 단으로 2拜 함 : 下壇)에 모신다.

부처님 5대 수인手印은 항마촉지인降魔觸地印(성도成道), 전법륜인轉法輪印 (설법인說法印), 선정인禪定印(선정), 통인通印(시무외인施無畏印 : 두려움 제거와 여원인與願印 : 자비), 천지인天地印(탄생)이며 인도는 최초로 설법할 때의 수인인 설법인說法印, 轉法輪印을 선호하나, 우리는 성도成道 의미인 항마촉지인을 선호한다.

대웅보전은 석가모니 부처님(사바세계)의 협시 부처님으로 아미타 부처님西方極樂 淨土과 약사여래東方淨瑠璃世界를 모실 때 격을 높여 대웅보전大雄

寶殿이라고 한다.

- 영가단靈駕壇 : 임진왜란과 병자호란 이후 중창된 사찰에서 모시며, 스님은 독경讀經하고 절은 하지 않으며, 용주사 대웅보전의 영가단 탱화에는 축구공이 그려져 있다.

다. 대적광전大寂光殿 비로전, 화엄전 : 화엄종

'비로자나불'을 본존불로 봉안하는 '화엄경'의 연화장세계蓮華藏世界(더러움에 물들지 않는 연꽃으로 장식된 세계로 온갖 분별과 대립이 극복된 이상적인 불국토) 교주이다. 사찰 내에서 가장 큰 본전으로 대웅전과 동등한 위치를 차지하는 경우가 많다.

비로자나불은 모든 부처님의 진신眞身(육신이 아닌 진리의 모습)인 법신불法身佛로 빛깔이나 형상이 없는 우주의 본체이다. 보통 사람의 육안으로는 볼 수 없는 광명光明의 부처로 천엽연화千葉蓮華의 단상에 지권인智拳印을 하고 결가부좌結跏趺坐(발바닥과 발등) 하며, 협시 불로 아미타불(또는 노사나불)·석가모니불을 봉안하는 것이 상례이다.

- 화엄사상華嚴思想은 법계연기法界緣起(전 우주의 조화와 통일) 개념을 기초로 하여, 우주의 모든 사물은 그 어느 하나라도 홀로 있거나 일어나는 일이 없이, 모두가 끝없는 시간과 공간 속에서 서로의 원인이 되며, 대립을 초월하여 하나로 융합하고 있다는 사상으로 성리학의 '이기론'으로 이어졌다.

라. 극락전極樂殿, 무량수전無量壽殿 : 정토종

'무량수경'의 서방세계西方世界 극락정토極樂淨土, 安養의 교주인 '아미타불'을 모시는 불전이다. 극락이 서쪽에 있으므로 극락전은 보통 동쪽을 향하고 있어, 예배하는 이들은 서쪽으로 향하게 된다.

극락세계는 고통이 전혀 없고 즐거움만 있는 이상적인 세계로, 부처와 장차 부처가 될 보살, 중생이 함께 거주한다는 청정한 국토이다. 극락왕생 極樂往生(마음속 현 세계나 내세來世로 환생 시 왕생함) 기원을 위해 원효는 "나무아미타불 관세음보살"경문經文을 퍼트려 유명하다. 수인은 설법인, 항마촉지인을 하며 협시 불은 관세음보살과 대세지보살(또는 지장보살)을 둔다.

- 아미타불 : 무량수경에 의하면 본래 한 나라의 왕이었는데 발심發心 출가하여 이름을 법장法藏이라 하며, 서방정토西方淨土 극락세계에서 중생을 교화하며, 항상 법法을 전하고 있다.

마. 약사전藥師殿

'약사여래불'을 봉안해 놓은 불전으로 약사여래藥師如來는 중생의 모든 질병을 치료해주고 고통을 없애주는 동방 정유리 세계東方淨瑠璃世界를 관할하는 부처이다. 전각은 동향東向으로 하고, 수인은 선정인禪定印을 취한 수인手印 위에 약함藥函을 들고 있는 경우가 많으며, 협시보살은 일광보살日光과 월광보살月光을 둔다.

바. 미륵전彌勒殿, 용화전龍華殿

'미륵불'彌勒佛을 봉안하는 불전으로 미륵보살은 현재 도솔천兜率天에서 수행하시다, 석가모니불이 입멸入滅한 뒤 56억7000만 년이 되는 때 사바세계에 오신다. 석가모니 부처님이 구제할 수 없었던 중생들을 남김없이 구제하시어 성불하시고 용화세계龍華世界를 이룬다.

수인은 항마촉지인降魔觸地印을 취하는 경우가 많으나, 입상立像을 봉안하는 경우가 많고, 협시 불로는 법화림 보살과 대묘상 보살 또는 묘향 보살과 법륜 보살을 세우며, 미륵상은 마을신앙, 가정신앙, 개인 신앙에서도 모신다.

사. 관음전觀音殿, 원통전圓通殿, 보타전菩陀殿

'관세음보살'을 주불主佛로 모신 불전을 관음전이라 하고, 사찰의 주主 불전이면 '원통전'이라 하며, 관세음보살은 보타락산補陀落山(섬 또는 뒤는 산 앞은 바다)에 머물러 계신다.

자비로 중생의 괴로움을 구제하고 왕생의 길로 인도하는 보살로, 법화 경에 "고통에 허덕이는 중생이 일심으로 그 이름을 부르기만 하면 즉시 그 음성을 관하고 해탈시켜 준다."라고 되어있다.

왼손에 연꽃이나 '감로 병'을 들고 연화 좌 위에 앉은 관음상을 안치하 는 것이 일반적이며, 재가자在家者(출가하지 아니한 승려)로 보관寶冠 위에 11개의 다른 모습을 가진 십일면관음·해수관음海水觀音·백의관음白衣觀音 ·용두관음龍頭觀音·천수관음千手觀音 등을 모시기도 한다.

천관天冠, 寶冠에 '아미타불' 화신을 표시하고, 중앙의 아미타불과 좌우에 관세음보살·대세지보살을 모시거나, 협시보살로 남순 동자와 해상용왕을 후불탱화에 그려진다.

아. 지장전地藏殿, 명부전冥府殿, 시왕전十王殿

저승의 유명계를 상징하는 불전으로 '지장보살'地藏菩薩을 주불主佛로 봉 안하여 지장전地藏殿, 유명계의 심판관인 시왕十王을 봉안하여 시왕전十王殿, 염라대왕 봉안한 명부전은 조상의 천도를 위한 근본 도량으로 널리 이용되 고 있다.

지장보살은 삭발한 출가자로 석가여래가 입멸한 뒤부터 미륵불이 출현 할 때까지 무불시대無佛時代 천상에서 지옥까지의 일체중생을 교화하는 대 자대비의 보살로, 현세(산모와 태아)와 내세(지옥) 관장에서 내세 중심이다.

도교의 토착 신앙을 불교가 수용하여 사람이 죽으면 그날로부터 49일 까지는 7일마다, 그 후 100일·소상小祥·대상大祥까지 열 번에 걸쳐 각 왕에게 살아있을 때 지은 선악의 업을 심판받게 된다고 한다. 명복을 위해 절에서 재齋를 모시게 되며 지장전과 시왕전이 합한 명부전은 임진왜란 이후 승병의 활약으로 앞 다퉈 건립되어 오늘에 이른다.('49재' 참조)

지장보살을 중심으로 좌우에 도명존자道明尊者와 무독귀왕無毒鬼王을 협시脇侍로 봉안하고 좌우에 명부 시왕 상十王像을 안치한다. 수인은 삭발한 머리에 지옥문 여는 석장錫杖(지팡이)을 짚고, 중생의 선善을 보는 보석 구슬인 장상명주掌上明珠(여의주)를 들고 있는 모습이다.

자. 조사전祖師殿

선종禪宗(참선) 사찰에서 그 종파를 연 조사祖師를 봉안한 전각으로 교종이 소의경전所依經典(근본 경전)에 근거를 두고 있는 데 반하여 선종은 이심전심以心傳心의 심법心法에 의지한다.

조사에 대한 존숭은 부도浮屠, 舍利塔를 세우고 탑비를 건립하는 외에 사찰 경내에 따로 전각을 지어 영정을 봉안하고 제의를 받들었다. 사찰 내의 가장 깊은 곳에 자리 잡고 있는데, 가묘家廟나 유교 서원의 후묘선학後廟先學 배치법을 근거로 한다.

- 등신불等身佛
  ▷ '모형 등신불'은 불상을 공양하는 사람의 모습으로 석조·목각·청동 불상 공양을 하면 본인이 공덕을 받는다 하여 만든 불상으로, 낙양 용문 석굴 봉선사의 노사나불이 '측천무후' 등신불이다.
  ▷ '몸 등신불'(진신 불)은 수행을 오래 하여 사기邪氣가 없어 앉은 상태로 열반하시면, 소금을 채운 항아리에 넣고 3년간 두었다가 등신불이 되었다면, 몇 차례 옻칠을 한 뒤 금을 입혀 완성한다.

한국인은 신라의 고승으로 중국 구화산 화성사 지장보살의 화신으로 숭앙받는 김교각金喬覺이 계시고, 중국에는 선종 6대조 혜능 스님 등 여러분

불국사 전각 배치도

이 계시다.

　해인사 '쌍둥이 비로자나불상'은 연인이던 통일신라 진성여왕과 대각
간 위홍(숙부인 남편)이 영원한 사랑과 영생을 염원하며 각각 조성한 것으
로 추정되어 유명하다.

차. 칠성각七星閣

　도교에서 유래한 칠성신을 모신 전각으로 칠성신은 토속 신앙으로 재
물과 재능을 주고, 아이들의 수명을 늘려주며, 비를 내려 풍년이 들게 해주
는 신으로 믿어왔다.

・삼성각三聖閣 : 불교가 도교와 융합 토착화하여, 칠성七星(북두칠성)은 손
　에 금륜金輪을 든 치성광여래熾盛光如來를 주 존으로 인간의 복과 무병장수,
　풍년, 자손의 번성을 기원한다.

독성獨聖은 우리나라만 있는 나반존자那畔尊者로 십이인연十二因緣의 이치를 홀로 깨달아서 말세 중생에게 복을 주며, 희고 긴 눈썹을 드리운 비구가 오른손에는 석장錫杖, 왼손에는 염주 또는 불로초를 들고 있다. 반석 위에 정좌한 모습이며, 산신山神은 산신령으로 인격 신인 도사와 화신인 호랑이다.

불교의례

가. 예불禮佛

붓다를 공경하고 따르겠다는 마음의 표시로 불상 앞에 드리는 조석 예불로, 아침 3시에 차를 올리는 '다게례'茶偈禮는 대법당에서 시작하여 각 전각에서 마친다.(마지摩旨 : 부처님께 올리는 밥. 밥은 사시巳時(오전 10시) 사이에 올린다. 부처님이 생전에 한 끼 드셨음.)

저녁 6시에는 향을 올리는 '오분 향례'五分香禮는 각 전각에서 시작하여 대법당에서 반야심경을 봉독하면서 마치는 예배 의식을 가리키며, 예물로는 향과 차와 지화紙花를 올리고 절을 한다.

나. 천도재薦度齋

재齋(명복을 비는 불공)는 재가자在家者가 언행을 조심하고 재계를 잘 지키고 신심을 청정히 하여 지극한 마음으로, 부처님께 재물을 바치어 공덕을 쌓고, 영가가 각성覺性(지혜의 눈을 떠)하여 극락왕생하도록 비는 의식으로勸供, 신령神靈에게 음식을 바치며, 기원을 드리거나 추모하는 유교의 제사祭祀의식과는 다르다.

천도재는 망자의 영혼을 부처님께 천거薦擧하여 좋은 곳으로 안내하는 것으로, 이승의 미련이나 집착을 끊어 버리고, 각성覺性(깨달음)이라는 법문

法門을 들려준다. 살아남은 자들의 정성과 선신善神의 위신력威神力과 부처님의 가피력加被力으로, 왕생극락往生極樂하도록 안내하고 기원하는 의례로, 인도의 조령제祖靈祭와 윤회 사상과 중국의 조상숭배인 유교의 제사와 융합한 불교 의례이다.

- 우란분절盂蘭盆節 : 불교에서 우란분재盂蘭盆齋(거꾸로 매달림)를 지내는 날을 중국에서 명절화한 것으로, 여름 안거安居를 끝내고 자자自恣를 하는 날인 음력 7월 15일百中에 지옥에 떨어진 조상의 영혼을 구하기 위해 올리는 재이다.

  양梁나라 무제 때 동태사東泰寺에서 시작하여 도교 행사와 융합된 것으로, 요즘은 부처의 위신력威神力과 승려들의 수행력, 신도들의 공덕을 합친 생명 해방의 날로 기념하려는 추세이다.

- 수륙재水陸 : 바다와 육지에 있는 고혼孤魂과 잡귀들을 천도하기 위해 재를 올리고 경문을 읽는 법회다. 규모가 큰 수륙재는 처음에 절에서 행하고 나중에 강이나 바다로 나가 방생재放生齋를 함께 행한다. 중국 양 무제 때 처음 시작되었다고 하고 우리나라에서는 고려 광종 때부터 지내기 시작했다.

- 영산재靈山齋 : 석가가 영취산에서 설법하던 영산회상을 상징화한 의식절차로 영산회상을 열어 영혼을 발심시키고 그에 귀의하게 함으로써, 극락왕생하게 한다는 의미가 있다. 국가의 안녕과 군인들의 무운장구와 큰 조직체를 위해서도 행하며, 세계문화유산으로 지정되었다.

- 49재(미결수), 시왕전十王殿 : 사후 심판의 개념은 인도 고대 사상에서 발원하여 불교로 유입되었고, 이어 6세기경 중국에서는 도교(시왕 신앙)와 유교의 조령숭배가 불교의 윤회 사상과 결합 되어 독특한 사후 심판 관념을 형성하였다. 8세기 티베트의 '사자의 서'에서 정리된 불교의식으로, 대승 경전에는 별다른 언급이 없고, 민간 신앙으로 전수되어 조선 시대부터 시작된 의식이다.

불교의 내세관에는 극악極惡과 극선極善은 중음中陰(죽은 후 다음 생을 받기까지의 기간)이 없으나, 보통 사람은 이 중음에 있을 동안 다음 생의 과보果報가 정하여진다고 한다.

사람이 죽으면 7일마다 한 번씩 7번(인도 7진법으로 완전한 수) 49일 동안 부처님께 공양하는 재齋를 올려 공덕을 쌓고(유교 개념), 영가靈駕(영혼)가 각성覺醒(불법을 깨달아)하여 삼악도三惡道(지옥도·아귀도·축생도)에 들어가지 않고, 좋은 곳에 사람으로 태어나기를 비는 사후 처음 올리는 의식이다.

유교는 살아서 부모한테 받은 백일상과 생일상같이 죽어서도 백일 만에 한 번, 1년 만에 한 번, 3년 만에 한 번 제사를 지내어, 불교에서도 49재 이후 윤회하지 못하였거나 삼악도에 계신 영가가 극락왕생하도록, 시왕十王에게 3번 더 재를 지낸다.

- 한용운韓龍雲은 '조선불교유신론'에서 시왕은 우리 민족의 고유한 내세관과 조화를 이루면서 독특한 신앙형태의 한 전형으로 이어져 온 것으로, 불교 고유의 신앙이 될 수 없음을 강조하였다.

  무속적이며 기복적인 성향을 유발하는 불교의 퇴보 원인이라고 규정하고, 시왕 신앙을 칠성·산신 등의 신앙과 마찬가지로 저급한 불교문화의 형태라고 주장하기도 하며, 명부전 등의 무용론과 철폐론을 주장하기도 하였다.

- 예수재預修齋 : 49재나 천도재가 죽은 자의 명복을 빌고, 그 고혼이 극락왕생할 수 있도록 하는 불교의식이다. 이에 반하여, 예수재는 살아있는 동안에 공덕을 미리 닦아, 사후에 지옥 등 고통의 세계에 떨어지지 않고, 극락에 왕생하고자 하는 신앙에 따른 불교의식으로, 자신의 노력으로 구제하는 자력 수행을 실천할 수 있는 의례로 보험 성격이다.

다. 다비식茶毘式

화장火葬의 장례법으로 스님이 죽으면 원래의 자리로 돌아간다는 입적入

寂 혹은 열반涅槃으로, 불가佛家에서는 죽음 자체가 생의 끝이 아니며, 다음 생애로 태어나기 위한 일련의 과정이라고 인식한다. 따라서 이 생애 자신의 흔적을 남길 필요가 없어 육신을 태우는 불교적 의미의 의례로, 신라 자장율사가 최초로 화장하여 점차 확대되었다.

라. 연등회燃燈會

신라 진흥왕 시대에서 시작되어 고려 시대에 국가적 행사로 자리 잡은 불교 행사이다. 연등은 정월 대보름에 등에 불을 켜 놓음으로써 번뇌와 무지로 가득 찬 어두운 세계를 밝게 비춰주는 부처의 공덕을 기려, 자신의 마음을 밝고 맑고 바르게 하여 불덕佛德을 찬양하고, 대자대비한 부처에게 귀의하려는 의미를 지니고 있다. 요즘은 석가탄신일에 거행하며 2020년 세계무형문화유산으로 등재되었다.

마. 팔관회八關會

신라 진흥왕 시대에 시작되어 고려 시대 국가행사로 치러진 종교행사이며 가을의 추수를 천신天神에 감사하기도 하고, 호국의 뜻을 새기며, 복을 비는 종합적인 종교행사며 문화제文化祭였다.

'관'은 금禁한다는 의미로 불가에서 말하는 살생·도둑질·간음·헛된 말·음주를 금하는 오대계五大戒에, 사치하지 말고, 높은 곳에 앉지 않고, 오후에는 금식해야 한다는 세 가지를 덧붙인 8가지의 계율로, 하룻낮 하룻밤 동안에 한하여 엄격히 지키게 하는 불교의식의 하나였다.

바. 불교의 결혼식華婚式

결혼식장은 절의 본당에 마련하는 것이 상례이며 불단 앞에 향촉과 향로를 놓고 그 뒤에 집전 스님이 자리한다. 집전 스님 자리 뒤에 신랑·신부의 자리가 있고, 그 옆이 양측 부모의 자리, 신랑·신부 뒤는 내빈들의 자리가 된다.

일반적으로 부처를 향해 오른쪽이 신랑, 왼쪽이 신부의 자리가 된다. 의식이 시작되면 집전 스님은 향을 피운 다음 불전佛前에 앉아 3번 절하고 독경을 한다. 이어서 경백문敬白文을 읽는데, 이것은 두 사람의 결혼을 불전에 고하고 가호를 비는 것인데, 신랑·신부는 공손히 경청한다. 그밖에 사소한 절차가 있으나 사찰마다 약간씩 다르다.

- 헌화獻花 : 신랑은 꽃 다섯 송이, 신부는 두 송이를 부처님께 올리는 헌화는 부처님 본 생담의 선혜 보살과 구리 선녀가 혼인을 약속하고, 각각 꽃 다섯 송이와 두 송이를 연등부처님에게 바친 것에서 유래했다.

불교 예절 및 상징

가. 합장 반배合掌半拜

합장은 흩어진 마음을 일심一心으로 모은다는 뜻과 연화합장蓮花合掌으로 더러움 속에 있으면서도 항상 맑고 깨끗함을 유지하는 연꽃의 의미를 상징화한 것으로, 이 예법은 승려와 신자 사이에 행하는 인사법이었으며 불타와 보살에 대한 예법이다.

사찰은 부처님 모시는 성스러운 곳으로 바르고 경건한 마음가짐을 가져야 한다. 일주문부터 사천왕문, 불이문을 지날 때는 법당을 향하여 반배하고, 법당 출입 시는 좌우 문을 이용하고 부처님을 향하여 반배 하며, 탑돌이 할 때는 오른쪽 어깨가 탑을 향하게 시계 방향으로 돈다.

나. 오체투지五體投地

　전통적으로 인도 사회에서 내려오는 인사법으로 불교는 삼 보三寶:佛·法·僧에 귀의歸依 및 순응 의미로 큰절인 오체투지(두 팔꿈치, 두 무릎, 이마)를 한다. 먼저 가슴 쪽에 손바닥을 마주 대어 합장하고, 몸을 구부려 무릎을 구부린 다음, 양손을 바닥에 댄 후 상체를 숙여, 이마를 땅이나 예경禮敬 받는 사람의 발에 대는 접족례接足禮를 행한다.

　반대 순서로 일어나며 마지막 절은 절을 마침에 아쉬워해 합장하고, 한 번 더 머리를 대는 고두례叩頭禮로 마치고, 티베트에서는 성지 순례를 할 때 보통 3보 1배를 행한다.

다. 불교상징

- 卍 : 부처님 가슴의 길상으로 아리안족의 문양이다.
- 연꽃 : 사찰의 기본 문양으로 인도는 고대부터 연꽃을 우주 창조와 생성의 의미를 지닌 꽃이다. 서방정토에서 왕생할 때 연꽃 속에서 다시 태어난다는 연화 화생蓮華化生(극락왕생)의 의미로, 모든 불·보살의 정토를 연화장세계蓮華藏世界라고 한다.
- 법륜法輪 : 수레바퀴 : 부처님의 가르침을 의미하는 보물
- 수인手印 : 서원을 나타내는 손의 모양으로 부처님을 구분하며 보살은 복장, 장신구, 손에 쥔 물건으로 구분한다.
- 조계종 로고 : 삼보륜 : 佛, 法, 僧 : ☸ : 圓伊三點 : '∴'字

생활 속 불교 언어

- 해탈解脫 : 번뇌煩惱(괴로움)의 얽매임에서 풀리고 미혹迷惑(헷갈림)의 괴

로움에서 벗어남 : 완전한 자유

- 열반涅槃 : 수행으로 진리를 체득하여 촛불을 불어 끄듯이 번뇌를 소멸시킨 상태로 성도成道, 즉 진리를 깨달은 상태인 최고의 경지로, 몸이 필요 없는 영원한 평화며, 불교의 실천목적으로 의역意譯 시 멸도滅度 · 적멸寂滅 : 완전한 행복을 의미한다.

- 아라한阿羅漢 : 소승불교의 수행자 가운데서 가장 높은 경지에 오른 이로, 온갖 번뇌를 끊고, 사제四諦의 이치를 바로 깨달아 세상 사람들의 존경을 받을 만한 공덕을 갖춘 성자를 말한다.

- 보살菩薩 : '보리 살타'의 준말로 대승 불교의 이상적 수행자 상으로 깨달음을 구해서, 위로는 보리(지혜)를 구하고 아래로 중생을 제도하려는 수도하는 구도자를 말한다.
  한국불교는 여자 신도를 보살, 남자 신도를 처사處士 또는 거사居士라고 부르고, 법사法師는 부처의 가르침을 전파하려는 교육 받은 사람을 말한다.

- 보살피다 : 보살이 가피加被를 통해 중생에게 도움을 주는 행위를 말한다.

- 건달乾達 : 아무 일도 하지 않고 빈둥빈둥 노는 사람이나 인도 신화는 음악 담당 신으로 향만 먹는 식향食香을 말한다.

- 비구 : 구족계具足戒(완전히 구비 된 계율)인 250계戒를 받고 수행하는 남자 승려를 말한다.

- 비구니 : 구족계인 348계를 받고 수행하는 여자 승려를 말한다.

- 대처승帶妻僧 : 아내를 두고 있는 승려이다.

- 이판사판理判事判 : 막다른 궁지 또는 끝장을 뜻하는 말로 조선 시대 폐사廢寺를 막기 위해 기름이나 종이 신발을 만드는 제반 잡역雜役에 종사하는 승려를 '사판승'이라 하고, 은둔隱遁하여 참선 등을 통한 수행으로 불법을 잇는 승려들을 '이판승'이라 하였다.

- 아사리阿闍梨판 : 덕망 높은 스님들의 격한 논쟁하는 모습

- 애꾸 : 부처님 제자 중 '애꾸다나' 장로가 외눈이다.

- 대중大衆, 四部 大衆 : 불교 신도로 비구, 비구니, 처사, 보살(여신도)을 말한다.

- 장로長老 : 힌두교·불교 등에서 덕행이 높고 나이가 많은 비구比丘에 대한 통칭을 말한다.

- 공空 : 인간을 포함한 일체 만물에 고정불변하는 실체가 없다는 사상인 색즉공色卽空으로 인도 수학에서는 영零으로 사용하였다.

- 기특奇特 : 부처님이 이 세상에 온 일을 가리키는 말로서, 매우 드물고 특이한 일을 가리킨다.

- 나무南無 : 돌아가 의지한다는 뜻으로, 믿고 받들며 순종함을 이르는 말 : '나무아미타불 관세음보살'

- 옴마니 반메훔 : 육자대명왕진언六字大明王眞言 : 관세음보살의 자비를 나타내는 주문으로, 모든 죄악이 소멸하고 모든 공덕이 생겨난다를 의미하는 불교 진언이다.

- 출세出世 : 보통 세상에 잘 알려지고 높은 지위에 오르는 것을 가리키며 불, 보살이 중생의 세계에 출현하여 중생을 교화敎化하는 것으로 출가出家와 같은 뜻이다.

- 다반사茶飯事 : 늘 있는 예사로운 일로 선종禪宗에서 참선 수행을 밥 먹듯이 일상생활이 곧 선禪으로 연결된다는 의미이다.

- 명복冥福 : 죽은 뒤 저승에서 받는 복을 말한다.

- 시달림尸陀林, 屍茶林 : 인도 원주민 공동 묘寒林, 鳥葬에서 망자를 위한 불교 의식으로 악취와 질병에 의한 어려움이 많다.

- 극락極樂 : 아미타불이 상주하고 아라한과 보살이 행복을 누리며 부처가 되기 위한 수행의 세계로, 삼계(욕계, 색계, 무색계)에 속하지 아니한 독립된 공간 : 서방정토 : 안양安養

- 무진장無盡藏 : 엄청나게 많아 다함이 없는 상태로 덕이 광대하여 '다함이 없는 창고'라는 뜻이다.

- 나락奈落 : 도저히 벗어날 수 없는 극한 상황으로 지옥地獄을 달리 부르는 말이다.

- 아비규환阿鼻叫喚 : 차마 눈 뜨고 보지 못할 참상이라는 말로, 아비지옥은 8대 지옥 중 가장 아래에 있는 지옥으로 잠시도 고통이 쉴 날이 없다.

- 아귀餓鬼 : 목마름과 배고픔 등 고통으로 가득 찬 세상에 사는 중생으로 탐욕이 많은 자가 사후에 떨어지는 생존상태로서, 불교에서 육도六道(지옥·아귀·축생·修羅·인간·天) 중 하나인 아귀도에 있는 자를 말한다. - 아귀탕, 아구탕

- 중유中有 : 사람이 죽은 뒤 다음 생生을 받을 때까지의 49일 동안을 이르며 이 동안에 다음 삶에서의 과보果報가 결정된다고 한다. - 中陰

- 강당講堂 : 학교, 관공서 등에서 의식이나 강연 등을 들을 수 있는 큰 장소로 인도에서 설법을 강講하던 장소이다.

- 야단법석野壇法席 : 떠들썩하고 시끄러운 모습이라는 뜻으로 야외에 세운 단에서 불법을 펴는 자리로 사람이 많이 모여 질서가 없는 모습을 말한다.

- 염불念佛 : 불보살에 의지하여 가피력加被力을 기원하는 불교 수행법 - 타력 신앙이다.

- 묵인墨印 : 전수傳受한 불법을 먹 글로 마음에 새긴다는 의미이다.

- 윤회輪回 : 중생이 번뇌와 업에 의하여 삼계 육도三界六道(불교의 세계관)의 생사 세계를 돌고 도는 일을 말한다.

- 업業 : 미래에 선악의 결과를 가져오는 원인이 된다고 하는 몸과 입과 마음으로 짓는 선악의 소행을 말한다.

- 이심전심以心傳心 : 스승과 제자가 마음으로 불법의 도리를 주고받는다는

의미이다. - 염화미소拈花 微笑

- 주인공主人公 : 중생이 부처가 되어 우주의 주인이 된 경지이다.

- 전도傳道 : 종교적인 가르침을 널리 전파하는 일로 부처님이 처음 설법을 마치고 제자들에게 전도를 떠나라 하신 말씀이다.

- 탁발托鉢 : 승려들의 생활 방식이자 수행방식으로 출가 수행자가 무소유 계를 실천하기 위해서 음식을 얻어먹는 것이다.

- 보시布施 : 자비심으로 남에게 재물이나 불법을 베풂을 말한다.

- 점심點心 : 스님은 사시巳時(10시~12시 전)에 한 끼 식사만 하여 간식으로 마음에 점 찍듯이 적게 먹는다는 말로, 당나라 덕산 선감 스님이 865년에 점심을 처음 사용하였다. 조선 시대 백성은 조석朝夕으로 두 끼 먹다가 태종실록 3년(1403년)에 관원의 점심이 처음 나오며, 중식中食은 일본식 한자어이다.

- 찰나札刹 : 순간瞬間(눈 깜박할 시간)의 음역으로 불교 시간의 최소단위이다.

- 겁劫 : 시간의 단위로 가장 길고 영원하며, 무한한 시간
  정사각형 1유순由旬(약 15㎞)의 철성鐵城 안에 겨자씨를 가득 채우고, 100년마다 겨자씨 한 알씩을 꺼내는 시간이다.
  정사각형 1유순이나 되는 큰 반석盤石을 100년마다 한 번씩 흰 천으로 닦는 시간이다.

- 금강산金剛山 : 금강경金剛經에서 번뇌를 자름(다이아몬드 수트라)

- 유리琉璃 : 아미타경에 나오는 보석의 하나이다.

- 좌우지간左右之間, 좌우 당간 : 절의 좌우 당간幢竿 크기가 같다.

- 남사당놀이男寺黨(바우덕이, 꼭두쇠) : 삼국시대 이래 사찰 연희演戲를 열 어 포교하던 남성 중심 유랑예인집단으로 재승才僧 계통 연희자들의 후예 로 안성 청룡사와 하동의 쌍계사 주변에 근거지를 두었고, 사당패는 여자

중심이며 세계문화유산으로 지정되었다.

▷ 풍물놀이(농악) : 남사당패男社黨牌의 여섯 놀이 종목 중에서 첫 번째 놀이로 꽹과리(천둥 번개), 북(땅과 구름), 장구(비), 징(바람), 나발, 태평소 따위를 치거나 불면서 춤추고 노래하며 세계문화유산으로 지정되었다.

▷ 걸립패乞粒牌 : 동네의 경비를 마련하기 위하여 집집마다 다니면서 풍악을 울려 주고 돈이나 곡식을 얻기 위하여 조직한 무리다. 잡귀 잡신을 쫓는 일종의 송구영신送舊迎新 의례인 섣달그믐의 '나례'에서 정초의 '매구(꽹과리)', '지신밟기', '마당밟기' 등이라 불린 우리나라의 정초 집돌이 풍물을 말한다.

• 사물四物놀이 : 불전 사물과 풍물놀이에서 북, 장구, 징, 꽹과리의 네 악기로 1978년 남사당패 후예 김덕수가 한 실내무대 연주를 말한다.

• 탱화幀畵 : 부처, 보살, 성현들을 그려서 벽에 거는 그림이며 괘불掛佛은 야외행사 시 걸도록 한 큰 탱화를 말한다.

• 범패梵唄 : 절에서 주로 재齋를 올릴 때 부르는 소리로 가곡·판소리와 더불어 우리나라 3대 성악곡 중의 하나이다.

• 단청丹靑 : 궁궐과 사찰의 목조 건축물에 청색·적색·황색·백색·흑색 등 다섯 가지 색을 기본으로 사용하여, 장엄함과 방습, 방풍, 방충, 재질의 조악성粗惡性을 은폐하고, 그 대상물이 지닌 특수성과 위계성位階性을 강조하는 구실을 한다.

• 아궁이 : 인도 불의 신 '아그나'

• 캐논 : 관세음보살의 일본어 Kanon : かんぜ おん

• 아바타 : 분신分身은 내려온다는 응신應身 : 화신化身의 부처님 의미이다.

• 복장 터지다 : 많은 물건을 넣어 답답하다.

• 늦깎이 : 나이 들어서 스님이 된 사람으로 남보다 늦게 사리를 깨우치다 의미이다.

- 집도 절도 없다 : 죽어서 절에 위패를 모시지도 못하는 가난함을 말한다.

불교 및 인도문화

- 절拜 : 인도의 오체투지五體投地(접족례接足禮)가 발전된 형태의 예법으로, 시대와 절하는 사례에 따라 조금씩 변하였으며, 인조는 삼전도에서 3배 9 고두례를 하였다.

  ▷ 절의 가일법加一法 : 산사람은 홀수, 죽은 사람은 짝수로 하여 산사람 간의 절은 1배, 죽은 사람은 2배, 부처님은 3배, 죽은 임금은 4배가 원칙이나 산 임금에게도 국궁사배를 한다.

  ▷ 국궁사배鞠躬四拜 : '종묘'의 경우 엎드린 국궁 상태에서 네 번을 반복(팔굽혀펴기 형태의 몸동작)하여 절하고 일어나는 데 반해서, '문묘'의 경우는 국궁하여 궤(꿇어앉는다)를 한 상태(손을 공수한다)에서 읍揖하고 절拜하고 또 읍하고 절하는 동작을 네 번을 반복하고 일어난다.

  ▷ 사은숙배謝恩肅拜 : 왕조시대에 신민들이 궁정에서 감사의 뜻으로 국왕이나 그 밖의 왕족에게 절하던 의식으로, 조선 시대에는 돈수사배頓首四拜(국궁사배 : 머리가 땅에 닿도록 고개를 숙여 네 번 절함)를 행하였다.

- 삭발削髮 : 출가 정신의 상징으로 세속적 번뇌와 단절하고 신분제를 넘어 모두가 평등하다.

- 제야除夜의 종(33) : 완전한 수, 모두 의미로 도리천忉利天, 帝釋天, 파루罷漏(5경), 과거시험 합격자 수, 3·1운동 민족대표 수

- 향香 : 향의 신성神聖으로 신과 소통 및 냄새 제거와 그리스도교에서는 회중과 장소를 성별聖別하고 그리스도의 내림을 봉청奉請하는 의례이다. (이집트에서 시작하여 유대, 페르시아, 인도, 중국으로 전파되었다.)

- 화장火葬 : 이승의 육신이 부정하여 영혼을 깨끗이 하고자 부정을 씻고

정화하고자 화장으로 시신을 처리하였다. - 다비식

- 설날 불교식 빗살 떡국 : 사찰 창문 무늬인 빗살이 벽사闢邪 의미로 설날에 빗살 떡(타원형)을 먹고, 유교는 원형 동전 모양으로 바른 마음과 재복財福을 의미한다.

- 대중목욕탕 : 목욕은 BC 1800년 메소포타미아에서 시작하여 힌두교, 유대교, 불교, 로마 시대, 중국 은나라에서 시행하였다. 우리나라는 신라 박혁거세가 처음으로 목욕하고 불교의 목욕재계 계율이 유입되어, 목욕이 주술적, 치료적, 예방의학적으로, 사찰에는 대중목욕탕이 설치되었고, 고려 시대는 하루에 서너 번 목욕과 남녀혼욕도 성행하였다.(고려도경)

  인도불교 목욕문화는 부처님이 성도 및 열반 전에 목욕하여, 종교적 의미와 수행방법으로 율장律藏에 있으며, 선불교 칠당七堂 가람으로 욕실이 있다. 삼묵당三黙堂으로 식사(승당), 배설(화장실), 욕실에서는 침묵하였고, 사찰에는 욕두浴頭(목욕담당) 스님을 두어 대중 목욕을 담당하였다.

- 사찰음식 : 6세기 초 중국 남북조시대에 양 무제가 육식을 금지하는 소식素食을 하여 한국의 사찰 음식은 고기와 오신채를 사용하지 않는다. 산채 · 들채 · 나무뿌리 · 나무 열매 · 나무껍질 · 해초류 · 곡류만을 가지고 만들며, 인공조미료 대신 다시마 · 버섯 · 들깨 · 날콩가루 등의 천연 조미료와 산약초山藥草를 사용한다.

  ▷ 오신채五辛菜 : 우리나라 사찰에서 특별히 먹지 못하게 하는 음식으로 마늘 · 파 · 부추 · 달래 · 흥거이다.(쪽파 모양의 무릇)

  ▷ 면생(국수) : 불교국가인 고려에서는 산짐승을 죽여 제물을 삼았던 '희생犠牲' 대신, 국수로 제물을 삼았던 '면생麵牲'의 불교 전통이 조선 시대에도 왕릉과 종묘 및 제사음식으로 면麵을 올렸다.

- 문지방 밟지 말라 : 인도 집의 신(조왕신)은 문지방에 산다.

주요 사찰

가. 삼보사찰三寶寺刹

佛寶불보사찰 - 경남 양산 영축산 통도사
法寶법보사찰 - 경남 합천 가야산 해인사
僧寶승보사찰 - 전남 승주 조계산 송광사

나. 5대 적멸보궁(부처님 진신사리)

양산 영축산 통도사, 정선 태백산 정암사
영월 사자산 법흥사, 평창 오대산 상원사
양양 설악산 봉정암

다. 조계종 5대 총림叢林

선원禪院 · 강원講院 · 율원律院 등을 모두 갖춘 사찰
양산 통도사 영축총림, 합천 해인사 해인총림
승주 송광사 조계총림, 예산 수덕사 덕숭총림
장성 백양사 고불총림

라. 유네스코 세계문화유산 7대 사찰

충남 공주시 마곡사, 충북 보은군 법주사
경북 영주시 부석사, 경북 안동시 봉정사
전남 순천시 선암사, 전남 해남군 대흥사
경남 양산시 통도사

• 세계유산World Heritage 지정 요건
유네스코UNESCO가 '세계문화 및 자연 유산 보호 협약'에 따라 전 세계
인류가 공동으로 보존해야 할 '보편적 가치'로 중요한 역사적 · 학문적 가

치를 지닌다.

유·무형의 문화재 문화유산, 자연 유산, 복합유산, 무형유산, 기록유산으로, 유산의 가치 평가는 각 유산의 평가 기준(문화유산 6개, 자연 유산 4개)에 따라 매겨지며, 그중 1개 이상을 '진정성'과 '완전성'에서 충족해야 한다.

범종 "한국 종"의 개요

가. 모양과 제조법

한국의 범종梵鍾은 학명學名으로 '한국 종'이라고 불릴 만큼 독자적인 양식을 지니고 있으며, 항아리를 엎어놓은 것 같은 형태로 재료는 구리에 주석 12~18%(놋쇠는 22%)의 청동이며, 제조방법은 밀랍 주조법을 전통적으로 사용한다.

나. 주요 범종

가장 오래된 범종은 오대산의 '상원사 동종'上院寺銅鐘으로 통일신라 전기 725년(성덕왕 24)에 제작된 것으로 한국 종의 전형적인 양식을 잘 나타내고 있다. 현존하는 고대의 종으로 최대의 것은 '성덕대왕신종'으로 높이가 364cm에 달하며 구리 12만 근이 소요되었다.

다. 종의 소리

범종에서 가장 중요한 좋은 소리란 첫째, 맑고 아름다운 소리 둘째, 종의 여운餘韻이 길어야 하고 셋째, 뚜렷한 맥놀이가 있어야 한다.

• 비대칭 구조가 만드는 맥놀이(공명共鳴) : 한국 범종의 특색은 맑고 청아

한 음색을 가지며, 긴 여운과 뚜렷한 맥놀이를 가지고 있는 것은, 비슷한 진동수를 가지는 2개의 주파수가 합성되어 서로 간섭하면서 소리가 커지고 작아지는 것이 반복되는 현상이다.

종 표면에 다양한 무늬가 조각되고 종의 상·하의 두께가 다르며, 안에 철판을 붙이고 종 하부에는 명동鳴洞을 설치한다. 성덕대 왕 신종은 위치별로 구리와 주석의 비율이 다르며, 모양도 비대칭성이 발생하면서 맥놀이가 일어나는 것이다.

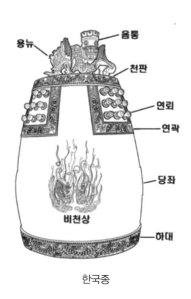

한국종

라. 명칭과 구조

- 용뉴龍鈕 : 용뉴란 '용의 모습을 취한 고리'라는 뜻으로 고래(당목의 모양)를 무서워하는 '포뢰'라는 용이 울기를 좋아해서 선택했다

- 음관音管(음통, 용통甬筒) : 음관은 대나무 마디 모양의 소리 대롱으로 음관의 유래는 삼국유사의 "만파식적"萬波息笛으로, "소리로써 천하를 다스리고 천하를 화평하게 하며 모든 파도를 쉬게 하는 피리"라 하여 우리나라 범종에만 있다.

- 유곽乳廓과 유두乳頭(연뢰蓮蕾 : 연꽃봉우리) : 4개의 유곽은 사생四生으로 태생胎生 · 난생卵生 · 습생濕生 · 화생化生 등의 네 가지 탄생 방법으로 모든 중생을 말하고, 9개의 유두는 구계九界로 지옥 · 아귀 · 축생 · 수라 · 인간 · 천상 · 성문 · 연각 · 보살의 세계를 말한다.

- 비천飛天과 불보살상佛菩薩像 : 비천상은 신라 종에서 많이 나타나고, 불보살상은 고려와 조선에서 나타나며, 신심이 옅어지면서 신앙의 힘을 빌어야 했기 때문이라 한다.

- 당좌撞座 : 당좌가 종구鐘口의 밑에서 가장 불룩한 부분에 위치하도록 배려하여 이 부분을 가격할 때 가장 좋은 소리가 나며, 당목撞木은 고래 모양(경어鯨魚)으로 만들었다.(서양종은 종 내부를 친다.)

- 명동鳴洞 : 종구鐘口 아래쪽에는 땅을 움푹 파거나 이곳에 큰 독을 묻어 공명이 메아리 현상으로, 다시 종신 안으로 반사되어 여운이 길어지게 하는 역할을 하였다

2장

❀

생활 속 유교 문화를 찾아서

유교儒敎는 삼국시대 이래 조선 500년까지 1,900여 년 동안 우리 사회의 통치이념과 제도 또는 사회 도덕 규범이었다. 특히 조선에서는 우리의 삶이요, 질서며, 도리요 문화로 모든 분야에 오랫동안 뿌리를 내려오면서, 오히려 유교가 아닌 것이 없을 정도로 이 나라를 발전 지탱하기도 하였지만, 요즘 불필요한 이념 논쟁을 보면서 임진왜란과 병자호란 이후 명청明·清 교체기 사회질서체계를 위해 소 중화사상小中華思想(명나라 漢族 멸망 후 조선이 명나라를 이어 세상의 중심이라는 사상. 청나라는 오랑캐라 하여 무시함)과 성리학 교조주의敎條主義(특정한 교의敎義 : 교리나 사상을 절대적인 것으로 받아들여 현실을 무시하고 이를 기계적으로 적용하려는 태도)로 경직되고 왜곡되었다.

대의명분大義名分 논쟁으로 실학과 과학 및 상업의 발달은 물론, 민본사회民本事會 즉 민주사회와 평등사회의 발전을 저해하고, 지나친 상하관계와 이분법적 사상은 오늘날까지도 이어져 행복지수의 감소를 가져오지는 않았는지에 대하여 생각해본다.

제4차 산업혁명 시대와 무한 경쟁 시대로 윤리가 더욱 중요함에도 이 시대에 맞는 정의 공정의 의미와 우리 선조들이 인의예지仁義禮智로 꿈꾸었던 대동사회大同事會(유교가 말하는 이상적 사회)는 어떤 사회인지도 알아보고자 한다.

각 나라의 화폐의 인물은 인품과 업적이 그 나라 국민에게 존경받는 인물이며 대외적으로 나라의 상징성이 있음에도, 세종대왕과 이순신 장군은 좀 알 수 있으나, 이황과 이이는 아는듯하면서 잘 모르고 있어 항상 아쉬움도 많았다.

국제정세는 G2의 패권 전쟁으로 신 냉전체제가 구축되어 중국은 중화사상中華思想, 華夷思想(중국이 세상의 중심)으로 나아가고, 핵 무장한 북한은 우리의 안보를 위협하는 혼란스러운 이 시대에, 제자백가를 넘어 민족의 비전을 제시하고 이끌어줄 지도자가 나오길 염원하는 마음에서 유교의 탄생 및 발전과 그리고 유교 사상과 생활 속 유교 문화를 찾아 재조명再照明하여, 이 시대가 요구하는 유교 문화로 발전하였으면 한다.

유교의 개요

유교는 중국 춘추시대(BC 770~BC 403) 말기 노나라 '공자'孔子가 춘추의 혼란한 사회의 수습책으로 사회를 가정이 확장된 것이라고 여겼다.

인仁을 모든 도덕을 일관하는 최고의 이념으로, 부모에 대한 효도와 나라에 대한 충성을 중시하여, 수기치인修己治人(스스로 수양하고 세상을 다스린다)과 인 · 의 · 예 · 지仁義禮智의 가르침을 폈다.

삼강오륜三綱五倫을 덕목으로 개인의 인격을 완성하면, 통치자와 백성이 조화로운 '대동사회'를 이룰 수 있다는, 문화와 사상의 윤리학 · 정치학으로 발전시켰다.

'수신修身 · 제가齊家 · 치국治國 · 평천하平天下'의 유교 이념은 중국 전 국토를 안정적으로 지배한 한漢나라(BC 202~AD 220)의 통치이념으로 채택

되었다. 후학들의 보완 또는 변용을 거쳐 19세기까지, 정치, 제도, 철학, 종교 등에 넓게 걸쳐 있으면서, 동아시아 모든 분야의 근간으로 작용한 사상이며 종교이다.

- 유儒 : 유는 본래 춘추시대 이전 은나라에서는 비를 내리게 의식하는 무당과 장의사(여러 곳을 다니어 아는 게 다양한 지식인)를 가리키던 말로, 주周나라 초기에는 제례를 관장하던 전문가 집단을 지칭하였다.
  학술 사상가 집단으로 거듭나게 한 공자는 예禮와 악樂을 중심으로 하는 육례六藝의 가르침을 통해 '유' 계층을 '유가'로 전환했다.
  ▷ 육례 : 예禮 · 악樂 · 사射 · 어御, 馬術(수레 몰기) · 서書 · 수數
- 유학儒學 : 유학은 유가의 학문 체계로 공자는 육예로 불리는 실용적인 학문을 제자들에게 가르치고, 유학의 기본 경전인 "육경"六經을 정리하였다. 유학의 출발점은 인륜 질서를 자각하는 마음가짐인 인仁과 그런 마음가짐을 실천하는 방식인 예禮를 중시한다.
  ▷ 육경 : 시경, 서경, 예기, 악기樂記, 역경易經, 춘추

춘추시대의 시대적 상황

주나라 말기는 청동기에서 철기시대로 넘어가 농기구 발전에 의한 농업생산량 증대와 상업이 발달하여, 인구가 증가 되고 부가 축적되며, 무기가 발전하여 제후들의 세력 신장은 중앙집권체제의 약화를 가져왔다.

부국강병을 추구하는 제후들의 독립과 대립 항쟁의 혼란기로 전쟁이 발발하여, 당시 사회의 혼란을 타개하기 위해 유가儒家 · 도가道家 · 묵가墨家 · 법가法家 등의 제자백가諸子百家의 사상가들이 태어났다.

- 유가儒家 : 공자, 맹자, 순자의 예악禮樂과 인의仁義의 도덕道德을 중심으로

하였다.

- 도가道家 : 노자, 장자의 무위자연無爲自然의 신선神仙 사상이다.

- 묵가墨家 : 묵자 등의 겸애(서로 사랑)와 사치 및 전쟁을 반대하였다.

- 법가法家 : 법가의 시조인 순자의 성악설에 따라 한비자 등이 주장한 강력한 법에 따른 통치 주의이다.

중국에서의 발전

1. 선진유학先秦儒學

1.1. 주나라의 종교 : 宗法, 陰陽五行說

주공단周公旦(주나라 정치가로 노나라 시조)(魯 : 기원전 1046년~기원전 256년)으로 상징되는 종법宗法 질서로 '종법'은 중국 주대周代에 성립한 종족의 조직규정이다. 적장자 상속제嫡長子 相續制 확립을 위하여 생긴 제도이며 유교에서 채택된 경전은 바로 삼경이다.

가. 중국의 종법宗法

고대의 종법은 춘추 말기 봉건제의 해체에 따라 점차 그 의미를 잃어서, 한 대漢代 이후에도 가계의 계승은 중요시되었으나 고대 종법같이 사회체제로서의 의미는 약하였다. 송나라에 이르러 성리학과 함께 종법은 다시 이론화되고 부활하였다.

나. 삼경三經

- 시경詩經 : 詩 : 공자가 주나라 305편의 민요를 정리하였다.

- 역경易經 : 易 : 주역 : 占書 : 복희씨伏羲氏이래 발전하였다.

• 서경書經 : 書 : 중국(요순과 하은주) 역사서이며 정치적 강령을 말한다.

▷ 복희씨 : 삼황三皇오제의 삼황 중 한 사람인 전설 속 인물로 동이족의 수령으로 어업, 농업, 목축업을 가르치고 팔괘와 문자를 만들었다.

다. 음양오행설陰陽五行說

음양과 오행이라는 기호를 통해 조화와 통일을 강조하는 유교 교리로 음양설과 오행설은 원래 독립되어 있었으나, 전국시대를 거쳐 한대漢代가 되면서 두 관점이 하나의 정합적인 이론으로 통합되었다.

'음양설'은 역경易經 계사繫辭, 묵자墨子, 장자莊子, 도덕경道德經에도 음양에 관한 언급이 보이며 음陰은 여성적인 것, 수동성·추위·어둠·습기·부드러움을 뜻하고, 양陽은 남성적인 것, 능동성·더위·밝음·건조함·굳음을 뜻하며 상호보완적인 힘이 서로 작용하여 우주의 삼라만상을 발생시키고 변화, 소멸시키게 된다고 보는 것이다.

'오행설'은 '서경'書經의 홍범편에 나오며 첫째는 수水이고, 둘째는 화火, 셋째는 목木, 넷째는 금金, 다섯째는 토土이다.

수의 성질은 물체를 젖게 하고 아래로 스며들며, 화는 위로 타올라 가는 것이며, 목은 휘어지기도 하고 곧게 나가기도 하며, 금은 주형鑄型에 따르는 성질이 있고, 토는 씨앗을 뿌려 추수를 할 수 있게 하는 성질이 있어서, 다섯 가지의 기본 과정을 나타내려는 노력의 소산이며, 영원히 순환 운동을 하는 다섯 개의 강력한 힘을 나타낸다.

음양오행설의 영향은 성리학의 대표적 고전 중 하나인 주돈이周敦頤의 태극도설太極圖說에 잘 나타나 있다. 우리나라에 전래 된 것은 삼국시대로 고구려나 백제의 고분벽화에서 나타나는 사신도四神圖가 있다. 통일신라 말기에 이르면 참위설讖緯說(하늘이 내려줬다는 예언설)과 풍수지리설이 결합된 도참설圖讖說(예언서)이 크게 유행하게 된다.

1.2. 춘추시대 : 仁, 正明, 禮

공자가 정립正立한 유교의 기본 교리는 유토피아인 주나라의 천하 질서를 회복하기 위해서, '인'仁은 곧 효孝이며 제悌라 하였다.

仁의 근본을 가족적 결합의 윤리에서부터 시작하여 육친肉親 사이에 진심에서 우러나오는 애정을 강조하는 한편, 그것을 인간 사회의 질서 있는 조화로운 결합의 원리로 삼고, 정치에서는 충忠으로 전개해 현실사회의 혼란을 구제하려 하였다.

가. 인仁

'인'이란 '사람도 사람다워야 한다'는 말로 이것이 사람에게 내재한 '도道'이며, 선善의 근원이자 행行의 기본으로 자연히 인적인 관계를 중요시하였다.

공자는 인을 한마디로 명확하게 정의를 내리고 있지 않았으며, 대체로 공자가 말한 인은 공경함恭 · 공손함禮 · 관대함寬 · 신실信實 · 소박함 · 민첩함敏 · 자애로움惠 · 지혜로움智 · 용기勇 · 충서忠恕(충직하고 동정심이 많음) · 정직 · 효심孝 등의 내용을 포괄하고 있다.

'중용'에서는 '인이란 사람다움이다'라고 하고, '논어 안연'편顔淵에서는 인은 '사람을 사랑하는 것이다愛人', '자기를 이기어 예禮로 돌아가는 것이 인이다', '자신의 본성을 확충하여 자아를 확립하고 사회적으로 실현하는 것이다', '내가 하고 싶지 않은 일을 남에게 시키지 않는 것이다(기소불욕 물시어인己所不欲 勿施於人)', '사사로운 욕심을 이겨내어 본성으로 돌아가는 것이다(극기복례克己復禮)'라고 한 것이 그 예이다.

나. 정명正名

'정명'이란 자신의 직분에 따라 왕은 왕으로서 신하를 의롭게 대하고,

신하는 신하로서 왕을 진심으로 보좌해야 한다는 것忠, 아버지면 아버지답게, 아들이면 아들답게 직분에 맞아야 한다孝.

다. 예禮

공자는 주周의 '예악'禮樂을 끌어들여 그 실행을 강조하면서, '예'禮는 전통적 · 관습적인 사회적 질서 규범이며 내적인 인仁을 외부로 표현하고, 인의 사회성 · 객관성을 보증하는 것으로 인간의 도덕성에 근거한 제반 사회 관계의 통칭이다.

공자孔子는 혼란한 시대 상황에서 인仁의 실천 방법으로서 도덕적 인간성 회복에 중점을 두고, '극기복례위인克己復禮爲仁'이라고 하여 사람됨의 방법으로서, 사사로운 자기를 극복하여 예로 돌아가야 함을 강조했다.

복례復禮는 본래 인간성을 회복하는 것으로 '예가 아니면 보지 말고, 예가 아니면 듣지 말며, 예가 아니면 말하지 말며, 예가 아니면 행하지 말라'라고 했다.(논어 : 안연)

공자는 아들 백어伯魚에 '예법을 배우지 않으면 설 수가 없다.'라고 하면서, 인격적인 실천의 자율적 독립성을 예에서 확인하고 있다.

맹자는 예를 인간 성품의 도덕적 기본요소의 하나로 파악하여 '사양辭讓하는 마음'이라는 선한 감정으로 나타나는 것이라 지적한다.

이에 비해 순자荀子는 예를 인간 사회에서 각각의 분수를 한정 짓는 기준으로서 객관적 규범으로 파악하고, 인간 성품의 악함을 다스리는 역할을 하는 것으로 이해한다.

공자가 예를 중시한 것은 인이나 의나 효라고 해도 그것을 구체적인 신체 행동으로 표현하지 않는 한 공염불로 끝나버리기 때문으로 예禮는 먼저 이履(실천, 행하다)이다.

'화이부동'和而不同은 서로 조화를 이루나 같아지지 않는 군자의 자세를 나타내는 표현으로, 모든 사회 구성원이 자기 사회 직분에 맞추어 인과 예를 잘 실천하게 되면, 서로 다른 역할을 하고 있으면서도 사회는 조화롭게 잘 운영되게 된다.

(1) 예악禮樂

주나라 시대에 형성되어서, 공자와 순자 등이 발전시켜 전한前漢 시대에 편찬된 예기禮記에서 더욱 체계를 갖춘 모습을 지니게 되었다.

'예禮'와 '악樂'은 각각 '의례儀禮'와 '음악音樂'을 뜻하는 말로, 고대 신정 정치에서 이루어지던 의식儀式과 관련된 개념들로, 주나라 시대에 이르러서는 지배계층의 인물이 닦아야 할 덕목과 사회를 유지하기 위한 통치이념으로서의 의미도 지니게 되었다.

춘추전국시대에 등장한 유가 사상가들도 이를 계승하여 예와 악을 개인의 도덕적 완성과 사회의 도덕적 교화를 위한 중요한 수단으로 여겼고, 유학에서는 예와 악이 왕도정치를 실현하기 위한 핵심적인 정치 원리이자 수단으로 강조되었다.

그래서 유학이 국가의 기본적인 통치이념으로 자리를 잡은 동아시아 국가들에서는, 예악의 규범을 갖추고 정비하는 일이 치국의 근본으로까지 여겨지게 되었다. 조선 시대에 국가 차원에서 전례典禮(왕실 의식)와 전악典樂(궁중 음악)을 정비했던 것도 이와 관련이 있다.

• 악樂 : 시詩 · 화畵 · 서書 · 가歌 · 창唱 · 무舞 등의 종합풍류

(2) 삼례三禮

후한말의 '정현'鄭玄 이래로 주례周禮 · 의례儀禮 · 예기禮記가 삼례三禮로서 계승되었다.

- '주례'는 주周 왕실의 관직제도와 전국시대戰國時代 각국의 사회조직과 정치제도에 관해 전국시대에 기록한 책으로 한양 도성 기본계획 및 경복궁 기본 골격의 기준이 되었다.

- '의례'는 주나라의 종교적 · 정치적 의례를 비롯하여 관혼상제冠婚喪祭 등 예법을 춘추전국시대에 기록한 책으로, 조선의 경국대전과 가례의 기준이 되었다.

- '예기'는 공자가 삼대三代 : 夏 · 殷 · 周 이래의 문물제도와 의례儀禮 · 예절 · 음악 · 정치 · 학문 등 인간 생활에서의 윤리적 생활 원리와 예의 근본정신에 대하여 다방면으로 집대성하고, 체계화하여 가르친 것을 한나라 '대성'이 기록한 책으로 유교의 오경五經의 하나이다.

- 육례六禮 : 인륜人倫의 여섯 가지 예법으로 예기禮記 왕제편王制篇에는, 관례冠禮(성인식) · 혼례婚禮(결혼) · 상례喪禮(장례) · 제례祭禮(종묘제) · 향례鄕禮(유생들의 음주례) · 상견례相見禮(처음 만남)이다.

라. 대학大學의 삼강령三綱領 팔조목八條目

대학은 공자의 손자인 자사子思가 지은 것으로 송나라 주희朱熹가 당시 번성하던 불교와 도교에 맞서는 성리학性理學의 체계를 세우면서, 예기에서 중용과 대학의 두 편을 독립시켜 사서四書 중심의 체재를 확립하였다.

'대학'이란 어른들의 학문이라는 뜻으로 어린이들의 행동거지에 대해서 지침으로 쓰인 소학小學과 대립 되는 개념이며, '삼강령'은 '큰 배움의 길은 밝은 덕을 밝히는 데 있고, 백성과 하나가 되는 데 있으며, 지극히 좋은 상태에 머무르는 데 있다.'

(1) 삼강령
- 재명명덕在明明德 : 스스로 밝은 빛(명덕)으로 인간은 밝은 빛을 갈고 닦고, 키워 가야 할 의무가 있다.

- 재친민在親民 : 사람을 사랑하여(친민) 가족과 이웃, 전 세계 인류를 사랑해야 선비(리더)로서 자격을 갖추게 된다.

- 재지어지선在止於至善 : 그 좋은 상태에 이르러 잘 유지하는 것이다.

(2) 팔조목八條目

대학의 근본 사상은 수기치인修己治人(자신의 지와 덕을 닦아 그것을 바탕으로 백성을 다스리는 일)으로 삼강령을 실행에 옮기는 여덟 가지 단계를 팔조목八條目이라고 한다.

1) 격물格物 : 세상 모든 것의 이치를 찬찬히 살펴보는 것
2) 치지致知 : 지혜에 이르는 것
3) 성의誠意 : 뜻을 정성스럽게 하는 것
4) 정심正心 : 마음을 바르게 하는 것
5) 수신修身 : 자신을 수양하는 것
6) 제가齊家 : 집안을 화목하게 하는 것
7) 치국治國 : 나라를 바르게 다스리는 것
8) 평천하平天下 : 세상을 화평하게 하는 것

위 항목대로 하다 보면 나라 전체가 평안해진다.

1.3. 전국시대 맹자 : 王道政治, 性善說, 四端七情, 三綱五倫

전국시대가 되면서 국가나 사상이 여러모로 경쟁이 치열했고, 이 과정에서 지금 우리가 알고 있는 유교의 체계가 잡혔다. 사실 제자백가 상당수가 공자의 제자들과 연관된 경우가 많다.

이때 두각을 나타낸 인물 중 하나가 맹자로 '맹자孟子'에서 공자의 인仁에 의義를 덧붙여 인의仁義를 강조했고, 왕도정치王道政治를 말했으며, 민의에 의한 정치적 혁명을 긍정하기도 하였다.

이러한 그의 작업에는 인간에 대한 적극적인 신뢰가 깔려 있어 사람의 천성은 선하며, 이 착한 본성을 지키고 가다듬는 것이 도덕적 책무라는 성선설性善說을 주장하였다.

가. 맹자의 정치사상

(1) 왕도정치王道政治

힘과 무력보다는 인仁의 마음인 인격과 덕으로 다스려야 한다.

(2) 역성혁명易姓革命

인과 덕에 의한 왕도 정치를 추구하고 공자의 정명론을 따르되 왕이 힘에 의한 패도정치覇道政治를 하면 군주도 교체할 수 있다는 사상이다.

'민民을 귀히 여기고 사직社稷을 그 다음으로 여기며 군君을 가볍게 본다'. 하여 군주보다 국가가 귀하며 국가보다 백성이 소중하다는 것으로 백성을 소중히 여기지 않는 군주는 멸망시켜야 한다는 혁명사상이다.(맹자 진심 편)

나. 성선설性善說

'성선설'은 인간의 본성은 선善이라 하여 인의 실천을 위한 도덕 실천의 근거로 내면적인 도덕론을 펴고, 선한 본성에서 우러나오는 덕치德治로서의 왕도론王道論을 주장하였고 오륜五倫도 이 무렵에 시작되었다.

다. 사단칠정四端七情

(1) 사단四端

'사단'은 맹자孟子의 공손추公孫丑 상편에 나오는 말로 실천도덕의 근거로, '사단'四端:싹은 인간의 본성에서 우러나오는 마음씨 즉 선천적이며 도

덕적 능력을 말한다. 인仁 · 의義 · 예禮 · 지智의 착한 본성인 '사덕'四德으로
발전하였다. '성선설'의 근본으로 '성리학'에서는 '이'理가 인간의 본성이
며, 우주의 원리로 설명한다.

인간의 본성인 네 가지 마음인 사단은,

• 측은지심惻隱之心 : 仁 : 남을 불쌍히 여기는 타고난 착한 마음
• 수오지심羞惡之心 : 義 : 자신의 옳지 못함을 부끄러워하고 남의 옳지 못함을
  미워하는 마음
• 사양지심辭讓之心 : 禮 : 겸손하여 남에게 양보하는 마음
• 시비지심是非之心 : 智 : 잘잘못을 분별하여 가리는 마음

  ▷ 한나라 동중서董仲舒의 '오상'五常 : 한대漢의 동중서가 앞서 맹자孟子가
  주창한 인仁 · 의義 · 예禮 · 지智에 신信의 덕목德目을 보태어 이 5가지에 의
  해 모든 덕을 집약한 것으로, 이것이 오상의 덕이라고 한다.

(2) 사덕四德

• 의義 : 인간의 본래 모습을 회복해 사회적 질서를 확립하려는 인의 실천
  방안으로 맹자가 강조한 '마땅한 삶의 길'을 뜻하며, 사람이 국가나 집단
  의 구성원으로서 공통 규범에 합치하는 행동을 스스로 취하는 것을 의미
  한다.

  첫째, 적의適宜를 의미한다. 중용中庸에서는 '의란 마땅함宜이다. 어진 이
  를 존경하는 것이 중요하다'라고 했다.

  둘째, 도道와 이理에 합치하는 것으로 항상 이利와 상대하여 의론된다.

  셋째, 도덕 규범이다

  '義'는 인간의 일상적인 생활 속에서 옳은 것을 지키고 이를 실천에 옮
  길 수 있는 도덕적 행위의 기준이다.

  '義'는 인간에게 가해지는 해로움을 제거하기 위한 것이다. 따라서 보편
  적인 인간애에 바탕을 두고 용기와 신념에 의해 인도되는 '義'는 사회의

정의구현을 위한 가장 직접적인 길이라 할 수 있다.

- 지智 : 정통 유학에서는 지智를 앎의 근원으로 보는데, 주자는 '시비是非를 분별하는 도리'라고 하였다. '智'는 옳고 그름을 구별할 수 있는 슬기로 옳고 그름을 판별하는 본래의 목적은, 그릇된 것을 버리고 옳은 것을 지켜 실천에 옮기는 데에 있다. 이러한 실천의 영역에까지 도달할 수 있을 때 비로소 그 '智'는 참된 '智'로서의 가치와 의의를 획득할 수 있다.
  ▷ 仁과 禮는 3.1.2. 춘추시대 참조

(3) 칠정七情

'칠정'은 인간의 본성이 사물을 접하면서 표현되는 인간의 자연적인 감정을 말하며, 예기禮記의 예운禮運과 중용中庸에 나오는 말로, 성리학에서는 '기氣'로 기쁨喜희, 노여움怒노, 슬픔哀애, 두려움懼구, 사랑愛애, 미움惡오, 욕망欲욕을 말한다.

라. 삼강오륜三綱五倫

삼강오륜은 유교 도덕 사상의 기본이 되는 세 가지 강령과 다섯 가지 인륜人倫 실천적 도덕으로 '강綱'(벼리)이란 그물에 있어서 근본이 되는 굵은 줄을 말하는 것으로 현대적 의미로 해석하면 '법도法度'이다. '삼강'은 공자가 밝힌 것이 아니라 한나라의 동중서가 밝힌 것으로 한나라 때부터 상하 윤리가 강조됐다.

'오륜'은 '맹자'의 5상에 원래 중국 전한前漢 때의 동중서가 공맹孔孟의 교리에 따라 삼강오상설三綱五常說을 논한 데서 유래되었다.

원래 전국시대 '맹자'의 5상은 횡적 윤리로 쌍무적인 것이었으나 춘추전국 시대를 거쳐 한나라 때에는 중앙집권제가 굳어지면서 국가가 유지되고 정권이 보호되기 위해 근본 수단으로 등장한 것이 삼강오륜 사상이다.

인간 본위, 가정 중심, 개인 생활은 정치적 외부 제재로 인해 다른 가치

체계나 질서 속에 예속되어 종적 복종윤리로 변화된 것이다. 따라서 한나라 동중서에 의하여 유교가 국교로 되면서 삼강오륜이 강화되었다고 볼 수 있다.

사상적으로 강조된 것은 송나라 주자로 송나라의 성리학에서는 예를 실천하고 현실적 실학의 중요성을 밝히며 삼강오륜을 강조하였다. 중국뿐만 아니라 한국에서도 과거 오랫동안 사회의 기본적 윤리로 존중되어왔으며, 지금도 일상생활에 깊이 뿌리박혀 있는 윤리 도덕이다.

삼강오륜은 한대의 중앙집권제에 이용되면서 변질된 종적縱的 복종윤리服從倫理로서, 정치적으로는 왕도주의, 사회적으로는 삼강오륜 사상을 토대로 하여, 사대부 계층에 의한 유교적 가부장 주의와 봉건적 전제 군주 통치 체제를 정당화하는 이데올로기로 정립되고 말았다는 것이다.

따라서 삼강오륜에 의한 상하上下 남녀男女 사이의 지나친 차별과 구속으로 유교의 자유와 평등을 간과하게 되었다는 비판이 일기도 했다.

(1) 삼강三綱

삼강은 한나라 '동중서董仲舒'가 주장한 것으로 임금과 신하, 어버이와 자식, 남편과 아내 사이에 마땅히 지켜야 할 도리이다.

- 군위신강君爲臣綱 : 임금과 신하 사이에 지켜야 할 떳떳한 도리
- 부위자강父爲子綱 : 부모와 자식 사이에 지켜야 하는 떳떳한 도리
- 부위부강夫爲婦綱 : 부부 사이에 지켜야 하는 떳떳한 도리

(2) 오륜五倫, 五常, 五典

오륜은 '맹자'孟子에 나오는 5상을 '동중서'가 삼강오륜으로 주장한 것이다.

- 부자유친父子有親 : 아버지와 아들 사이의 도道는 친애親愛
- 군신유의君臣有義 : 임금과 신하의 도리는 의리
- 부부유별夫婦有別 : 부부 사이에는 침범치 못할 인륜人倫의 구별로 각자 본분을 다한다.
- 장유유서長幼有序 : 어른과 어린이 사이에는 차례와 질서.
- 붕우유신朋友有信 : 벗의 도리는 믿음.

마. 성악설性惡說

'순자'는 인간은 타고나면서 탐욕을 타고났다는 '성악설'性惡說을 주창하여, 군주가 강력한 권한 행사로 예禮를 확립하여 인민을 교화시켜야 한다는 사상을 주장하여 결과적으로 전체주의를 옹호하였다.

2. 진秦과 분서갱유焚書坑儒

전국시대에는 기존에 유가儒家가 숭상하던 주나라의 질서와 신분제가 하극상에 의해 나날이 뒤집히며, 한편으로 법가法家의 변법變法에 따라 새로운 제도가 들어섰다.

중국 최초의 통일 제국이자 완전한 군현제 국가를 이룩한 법가法家 제국인 진秦(통일왕조)의 시대에 유학자들과 법가 국가는 '분서갱유'라는 충돌을 낳게 되고, 급격한 제국 질서의 구축과 광대해진 영토로 인한 법가 통치의 비효율로 인해 진은 멸망하고, 전한前漢이 들어섰다.

- 분서갱유 : 진나라의 승상丞相 이사李斯가 주장한 탄압정책으로, 실용서적을 제외한 모든 사상 서적을 불태우고 유학자를 생매장한 일이다.

3. 한·당漢·唐 유학 : 訓詁學, 七去之惡

한나라 시대에는 유교가 가장 중요한 학문으로 자리를 잡아 진시황의 분서갱유焚書坑儒로 인해 많은 문헌이 파괴되고, 전승이 끊어졌기 때문에, 필사본이나 암기를 통한 구전으로 퍼져있는 유교 경전을 복원하고자 훈고학訓詁學이 발전했다.

한이 멸망하며 오호 십육국 시대가 도래하며 이민족의 중국 유입과 혼란한 사회상으로 정적인 사회에서 많이 받아들여진 유교는 쇠퇴하였다. 불교와 도교가 발전하여 화엄종, 천태종, 현학玄學(도가사상) 등의 철학적 발전은 후에, 성리학에서도 받아들일 정도로 체계적으로 발전하였다.

당나라는 다양한 생각이 제한 없이 넘나들던 시대로, 불교와 도교가 함께 황실의 지원을 받으며 크게 성장했다.

가. 훈고학訓詁學

진秦나라 시황제始皇帝의 분서갱유焚書坑儒(BC 213~BC 212) 사건과 진秦에서 한초漢初에 걸쳐 한자漢字의 일대 변혁으로 짧은 기간 동안 학문적으로 단절되어, 한나라 이전의 서적을 읽는 데 어려움을 느끼게 되었다.

한나라 때는 유교가 가장 중요한 학문으로 자리 잡고 발전하여 사라진 유교 경전의 내용을 발굴하고, 그 뜻을 밝히는 학문을 훈고학이라고 한다.

나. 칠거지악七去之惡

한나라 '대덕'의 '대대례기'大戴禮記, 의례儀禮, 공자가어孔子家語에 나오는 말로 아내를 내쫓는 이유가 되는 일곱 가지 사항이다.

조선왕조 초기에는 법제로서 통용한 대명률大明律(조선 시대 사용한 명나라 법률)에 의하다가, 조선말의 '오출사불거'五出四不去로 바뀐 규정은 1908년에 '형법대전'의 개정으로 폐지되었다.

- 불순不順 : 시부모를 잘 섬기지 못하는 것 : 불효
- 음행淫行 : 부정한 행위 : 혈통의 순수성
- 악질惡疾 : 나병·간질 등의 유전병 : 자손의 번영
- 구설口舌 : 말이 많은 것 : 가족의 불화와 이간 방지
- 절도竊盜 : 훔치는 것
- 무자無子 : 아들을 낳지 못하는 것 : 가계계승
- 질투嫉妬 : 질투

  ▷ 조선 시대 오출사불거五出四不去

  오출은 칠거에서 무자無子와 질투嫉妬를 뺐고

  사불거四不去는

  ◦ 부모들이 며느리를 사랑하는 경우(부모의 삼년상을 치른 경우)
  ◦ 어렵게 살다가 부자 되고 지위가 높아졌을 때(조강지처)
  ◦ 돌아갈 곳이 없는 여자와
  ◦ 자녀가 있는 경우(조선에서 추가되었음)

다. 삼종지덕三從之德

예기禮記, 의례儀禮 등의 유교 경전은 2천 년 이상 동아시아 유교 문화권 사람들의 행위를 지배하였다.

- 집에서는 아버지의 뜻을 따르고在家從父
- 시집을 가면 지아비에게 순종하며適人從夫
- 지아비가 죽으면 아들의 뜻을 좇아야 한다夫死從子.

4. 송·명宋明 유학

4.1. 성리학性理學(주자학 : 理氣論)

중국 송宋·명明나라 때 학자들에 의하여 성립된 학설로 성명·의리의 학性命義理之學, 주자학朱子學, 정주학程朱學(정호, 정이와 주희)이라고도 한다.

송·명 시대에 이르러 유학은 정치적 또는 종교적 사회체제의 변화에 따라, 유교 경전 해석만 중시하는 중국의 한·당학인 훈고학訓詁學의 단점 (획일적, 고정적)을 보완하기 위해

성리학은 선진先秦 유교에서 세속을 떠난 출가出家로 마음心의 극단으로 치닫는 불교와 은둔 하여 기氣의 극단으로 치닫는 도교는, 가정과 사회의 윤리 기강을 무너뜨리는 요인으로 비판하였다.

가족을 중심으로 하는 혈연 공동체와 국가를 중심으로 하는 사회 공동 체의 윤리 규범을 제시함으로써 사회의 중심 사상으로 발전하였다.

주자는 맹자의 성선설을 바탕으로 인간의 본성은 하늘이 우리에게 부여한 이치理:理라고 주장하여, 본성이 곧 이치인 성즉리性卽理를 연구하는 학문을 성리학이라 부르는 것이다.

즉 성리학은 도교의 우주론('道'란 하늘과 땅보다도 앞서 존재한 것이 며, 우주 만물의 생성과 변화의 모체로서 영원히 변함없이 모든 것을 지배 하고 있는 것)과 불교의 우주론(화엄 사상 : 우주는 인연에 의한 융합)을 가미하였다.

이理·기氣의 개념을 구사하면서 우주宇宙의 생성生成과 구조構造, 인간 심성心性의 구조, 사회에서의 인간의 자세姿勢 등에 관하여 깊이 사색함으로 써, 마음·이·기의 통합적 구도를 제시하는 성명性命, 天性, 天命(인간의 본 성)과 이기理氣(우주론)의 관계를 논한 유교 철학이다.

그 내용은 크게 나누어 태극설太極說·이기설理氣說·심성론心性論으로 구 별할 수 있다. 도덕의 중심은 충효이고 질서는 상하관계인 군신, 양반과

상인, 남녀 간의 도리와 화이華夷의 차별 등의 대의명분大義名分(사람이 지켜야 할 마땅한 도리)을 강조하여 군주 독재정치를 옹호하였다.

가. 태극설太極說

태극은 주역周易 계사전繫辭傳에 나오는데 '태극설'은 태극이 만물의 근원이고, 우주의 본체는 '理'라 하였다. '주역'은 '태극은 양의兩儀(음양)를 낳고, 양의는 사상四象을 낳고, 사상은 팔괘八卦(역학易學에서 자연계와 인간계의 본질을 인식하고 설명하는 유교 기호)를 낳고 팔괘에서 만물이 생긴다'라고 하였다.

이 우주관에 '오행설'五行說 '氣'를 가하여 새로운 우주관을 수립한 것이 북송의 유학자 주돈이의 태극도설太極圖說은 만물생성의 과정을 '태극—음양—오행—만물'로 보고, 또 태극의 본체를 '무극이태극無極而太極'이란 말로 표현하였다.

• 사상四象은 태음太陰 · 태양太陽 · 소음少陰 · 소양少陽

나. 오행설五行說

오행설은 '상서尚書：書經의 홍범구 주편洪範九疇篇(하나라 우왕 때 쓴 세상의 큰 규범)에 처음 나오며, 내용은 우주 간에 운행하는 원기元氣로서 만물을 낳게 한다는 5원소元素는 금金 · 목木 · 수水 · 화火 · 토土로, 일체 만물은 오행의 힘으로 생성된 것으로, 오행의 관계에는 상생相生과 상극相剋이 있다.

다. 이기론理氣論

이기론은 성리학에서 자연 · 인간 · 사회의 존재와 운동을 이와 기의 개념으로 설명한다. '理'는 우주의 생성과 구조 질서로 만물생성의 근원이 되는 정신적 실재로서 만물에 내재하는 원리로 태극이며 사람의 본성이다.

'氣'는 만물을 구성하는 요소로 기가 모이고 흩어지는 것에 의해 우주 만물이 생성·소멸하며, 인간은 소우주로 사람의 심성은 원래 착하나 욕심으로 변질하여 도덕으로 수양하여야 하며 사회에서의 인간의 자세를 말한다.

라. 심성론心性論

심성론은 인간의 마음을 이기론으로 설명하여 맹자는 성선설을 주장하였고, 순자荀子는 성악설을 주장하였다. 송나라에 이르러 성선설은 당시 새로 대두된 성리학자들에 의하여 주자는 인간의 심성을 본연지성本然之性과 기질지성氣質之性으로 나누어 본연지성은 이理요, 선善이라 하였고, 기질지성은 타고난 기질에 따라 청탁淸濁과 정편正編(사주에서 음양의 상관관계)이 있어 반드시 선한 것만은 아니고 때로는 악하게도 된다 하였다.

정情은 불변이 아니므로 인간의 노력과 수양에 따라 우愚가 지智로도 변하고 탁함을 청으로 만들 수도 있어 인간이 지켜야 할 규범으로서 성리학자들은 성誠·경敬을 공통의 진리로 파악하였다.

마. 주자가례朱子家禮

주나라의 예악은 '치국治國'에 필요한 것일 뿐, 국가 성립의 기본이 되는 가정을 다스리는 데는 적합하지 않았으므로, '제가齊家'를 위한 예법이 필요하여 가례를 제정하였다.

중국 송나라 '주자'가 관혼상제冠婚喪祭에 관하여 궁궐에서부터 일반 서민에 이르기까지 지켜야 할 덕목에 대하여 가르친 '주자가례'를, 명나라 '구준'丘濬은 '문공가례 의절'文公家禮儀節을 편찬하였다.

조선에서 16세기 사림士林은 예학禮學을 강조하여 이 책을 중요시하였으나 현실과 맞지 않아 많은 예송禮訟을 일으키는 원인이 되었다. 주자학과 함께 조선이 세계문물에 뒤지는 낙후성落後性을 조장하기도 하였으나, 예학禮學의 대두는 예와 효孝를 숭상하는 한국의 가족제도를 발달시키는 데 크게 이바지하였다.

바. 가가례家家禮

'가례'는 각 가정의 관례 · 혼례 · 상례 · 제례 등을 예기 또는 주자가례를 기준으로 규정한 것으로 생활양식으로서의 사례四禮가 군신 · 부자 · 부부의 상하관계를 강조하는 윤리의식을 담고 있다.

통치 차원에서 신분 질서를 확립시키는 데 효과적인 통치수단의 하나로 이용되었다. 그 결과 백성들이 지켜야 할 사회적 규범으로 자리 잡은 것이다.

'가가례'家家禮는 17~18세기에 예기 및 주자가례가 기본 원칙만 정하여져 있고 중국적 특성이 많아, 우리나라에 맞는 가례를 재해석하여 학파, 집안, 지역에 따라 사대부 문중門中 별로 약 200종의 예서禮書를 출간하였다. 대표적인 것이 조선 시대의 학자 김장생金長生의 '가례집람'家禮輯覽과 유계兪棨의 '가례원류'家禮源流이다.

• 소학小學 : 주자는 사서삼경으로 예기에서 대학과 중용을 분리하였고, 대학에 대응하여 아동용 소학을 제자 유자징에게 지시하여 8세 안팎의 아동들에게 유학을 가르치기 위하여 1187년에 편찬하였다.

유교의 도덕적이고 실천적인 배움의 내용을 강조하므로 성리학에 뜻을 둔 유생뿐만 아니라 민간에까지 널리 읽혀, 조선 시대 전반에 걸쳐 충효 사상을 중심으로 한 유교 윤리관을 널리 일으키는 데 크게 이바지한 수양서이다.

4.2. 양명학陽明學 : 명나라

중국 명나라 중기에 태어난 양명陽明 왕수인王守仁이 이룩한 신유가철학新儒家哲學으로 성리학의 사상에 반대하여 주창한 학문이다.

마음을 중요시하는 심학心學으로 선천적 마음인 양지良知(마음의 본성)와 사민평등士民平等을 주장하며 도덕적 실천을 강조하여 서민층에게 지지를 받았다.

백성들을 교화의 대상이 아닌 함께 할 대상으로 보아 성리학에서는 성인의 경지는 배워서 도달할 수 있는 것임에 반하여, 양명학에서는 인간이 태어날 때부터 지니고 태어난 것을 자연스레 발현함으로써 도달할 수 있는 것으로 보았다.

심즉리心卽理 · 치양지致良知(만인의 선천적, 보편적 마음의 본체인 양지를 실현하는 일) · 지행합일설知行合一說을 주창하여, 맹자의 선천적인 도덕심, 즉 양지를 강조함으로써 자신의 마음속에서 진리의 기준으로 삼고, 사민평등과 사회정의를 실현하고자 하는 유교 철학으로서 사상계에 새로운 기풍을 불어넣었다.

5. 고증학考證學 : 청나라

중국의 명明말 · 청淸초에 일어난 실증적實證的 고전 연구의 학풍 또는 방법으로 이 학풍이 일어난 배경은, 명나라 말기부터 중국에 들어온 서양의 선교사들에게서 전해진 서양문물에 영향을 받았기 때문이다.

그동안 성리학과 양명학이 철학적이고 추상적인 문제를 다루었던 것에 비해 현실에 바탕을 두어 사실을 밝히고자 하는 학풍이다. 현실 문제는 접어두고 성리학의 이기理氣니 양명학의 심성心性이니 하는 공허한 형이상학, 이른바 송학宋學에 대한 반발과 반청反淸 감정, 시대의식 등이 복합적으로 작용하여 일어났다.

학문 방법은 매우 치밀하고 꼼꼼하게 글자와 구절의 음과 뜻을 밝히되, 고서古書를 두루 참고하여 확실한 실증적 귀납적 방법을 택하여, 종래의 경서 연구 방법을 혁신하였다.

• 중국에서의 유교 종합 : 중국의 유교는 춘추전국시대에 발전하다 진나라의 분서갱유로 몰락하고, 수나라와 당나라는 불교가 국교이었다. 송나라 때 성리학이 발전하였으나, 원나라(몽골족)는 라마교, 명나라는 양명학, 청나라(여진족)에서는 고증학으로 밀리었다.

서양의 아편전쟁으로 시작된 서양과 일본의 침략을 가장 치욕적으로 생각하며, 중국 공산당 모택동은 패망의 원인을 공자 때문이라고 하여 '공자가 죽어야 우리가 산다.'라고 공자 동상의 목을 베었으며, 남녀평등과 문화혁명 당시 종교탄압으로 종교가 많이 없어졌다.

조선이 상하관계의 성리학의 나라라면 중국의 성리학은 과거시험이나 보는 관리들의 시험과목이다. 백성들은 불교와 도교적이고 능력과 배금拜金사상이 강하다. 정치적으로는 사회주의나 경제적으로는 우리보다 더 자본주의 국가다. 우리가 아는 유교 성리학은 찾아볼 수 없다가, 요즘 시진핑이 조금 언급할 정도이다.

한국에서의 발전

1. 조선 건국 이전

고려 말엽에서 조선 초기는 성리학 도입 시기로 불교를 행하는 것은 몸을 수양하는 근본이요, 유교를 행하는 것은 나라를 다스리는 근원이다. 몸을 닦는 것은 내세를 위하는 것이요, 나라를 다스리는 것은 현세의 임무라고 하였다.

고려말에 이르러 불교가 타락하여 사회가 퇴폐해지자 국민정신의 진작이 필요하게 되어, '안향安珦'에 의해 원나라에서 성리학과 송나라(미국과 중국 경제력의 합한 규모)의 선진문물이 함께 수입되었다.

공민왕의 사회 재건 시책에 따라 이색, 정몽주 등이 성균관을 재정비하고 각지에서 향교를 재건하여 이색, 정몽주는 고려 존속을 주장하였으나 혁명을 주장하여 승리한 쪽은 신군부의 한 축인 이성계와 정도전의 신진사대부 세력이다.

2. 조선 전기

조선 건국과 더불어 천 년 동안 한반도의 주요한 국가적 이념이었던 불교는 강력한 숭유억불崇儒抑佛 정책으로 국가적 이념으로 막대한 타격을 받아서 비로소 주자학적 입장을 확보하게 되었다.

정도전이 불교를 혐오했다고 하나 이성계는 최측근에 무학대사가 있었고, 세종이나 세조도 개인적으로는 독실한 불교 신자였을 정도로, 물리적 통치술은 유교, 정신적 수양은 불교라는 식이며 이때 사림파들은 성종 이후에서야 본격적으로 정계에 진출하였다.

유교적 제도를 기록한 '주례'를 이념적 기반으로 경국대전을 제정하여 성리학의 생활화(소학, 주자가례)는 건국 초기에는 양반 가문에서만 한정되었다.

경제적으로는 백제와 고려가 국제 무역까지 장려하여 외국의 문물을 받아들려 부국강병에 노력하였으나 조선은 사농공상의 신분제에 농본말상農本末商 정책과 쇄국정책으로 부국강병의 길이 막혀 오로지 기득권 세력의 권력유지 정책으로 빠졌다.

3. 조선 중기, 성리학性理學 : 주자학, 이기론理氣論

사대부 계층이 세운 조선에 이르러 성리학이 지배하게 되어 사림파의 세상이 되었다.

성종 때부터 사림파가 등용되기 시작하고, 중종 때에 반정공신 훈구파를 견제하기 위해 조광조가 등용되었다가 기묘사화로 제거되었다.

'퇴계학파'는 흔히 '주리론'主理論적 경향으로 '理'는 정신과 관념을 의미하여 四端으로 표현된 절대 善이며, '氣'는 환경과 기질을 의미하여, 七情으로 이루어진 가선가악可善可惡(착할 수도 악할 수도 있음)한 것이기도 하다.(四端七情 참조)

여기서 적절한 학문 수행으로 理로써 氣를 누르고 도덕적인 생활과 지혜를 얻을 수 있다는 도덕적 원리에 대한 인식과 그 실천을 중요시하여, 신분 질서를 유지하는 도덕 규범이 확립되는 데 이바지했다.

이황의 학통은 김성일·류성룡 등의 제자에게 이어져 영남학파를 형성했고, 이들은 대체로 동인 붕당에 속하고 '위정척사사상'衛正斥邪思想으로 이어졌고, 이황李滉은 온 마음을 하나로 모아 흐트러지지 않도록 하는 '경敬' 공부를 중시하였다.

'율곡학파'는 '주기론'主氣論으로 알려진 학파로 '기'의 중요성을 인정하여 환경과 제도의 개선을 중요시하고, 민생안정에 중요성을 설파하여 대표적인 예로, 이이의 '대공수미법'代貢收米法과 십만양병설로 경험적이고 현실적인 기氣를 중요시하였다.

주기론을 완성한 사람은 이이이다. 이이는 주기론의 입장에서 경험적 현실 세계主氣를 중요시하는 동시에 관념적 도덕 세계主理를 존중하는 새로운 철학 체계를 수립하였고, 그는 주기론의 관점에서 주리론도 포괄하는 조선의 성리학을 집대성했다.

이이는 현실 문제를 과감하게 개혁할 것을 주장한 경세가이기도 하며, 이이의 학통은 조헌·김장생 등으로 이어져 기호학파를 형성하였다. 이들은 대체로 서인으로 이어져 진보적 개혁 사상으로 발전하였으며, 이이李珥

는 대자연의 쉼 없는 성실성과 완전히 일치하여 아무런 거짓도 없이 진실한 마음의 상태를 유지해나가는 '성'誠 공부를 강조하였다.

- 대공수미법代貢收米法 : 이이李珥 · 류성룡柳成龍 등이 공납제貢納制(그 지역 특산물을 바치는 세금 제도)의 폐단을 바로잡기 위하여 제안한 재정정책으로, 토지를 기준으로 쌀을 받아 공물貢物(왕실 및 중앙부서에서 필요한 물품)을 사서 납품하는 제도로, '대동법'大同法의 앞선 제도이다.
  ▷ 대동법大同法 : 이이 등이 대공수미법을 제안하였으나 방납인防納人들과 지방 관리들의 이권으로 시행을 못 하다가 광해군 즉위 초에 한백겸, 이원익의 건의로 선혜청宣惠廳을 설치하고 경기도에 시험적으로 실시하였다. 효종 때 김육의 건의로 충청 전라도 지방에 확대하여, 100여 년 만에 숙종 때 전국 시행하였다.
  ▷ 평택 대동법 시행 기념비 : 김육이 평생 대동법 시행을 노력하여 삼남 지방 길목인 평택에 기념비를 세웠다.
  ▷ 유교 문화박물관 : 안동시 도산면

4. 조선 후기, 예학禮學, 실학實學 (北學派, 星湖學派)

조선 후기인 17세기 말에 예학이 발전하게 된 사회적 배경은 인구가 늘어나고 사회가 복잡하여 종법宗法의 개념이나 상속과 제사의 범위와 절차 등이 중요한 의미가 있었다.

정치 · 사회적으로는 임진왜란과 병자호란 및 소빙하기의 경신 대기근과 천연두의 창궐로 사회적 혼란과 동서분당과 예송논쟁 및 명 · 청明靑 교체기의 외부적 충격은 정신적 혼란을 가져왔다.

대혼란기 극복을 위해 춘추전국시대 혼란기에 공자가 유학을 주장 하듯이 '예학'은 엄격한 질서와 정교한 형식을 중시하는 학문으로, 이 시기에 대처하는 데 적합하여 조선에서는 중국보다 더 유교적으로 교조화敎條化(절대적으로 믿고 따름)된 사회로 평가받는 성리학 천하로 '예학'이 발달하였다.

김장생·김집·송시열 등의 '예학'은 주자학의 예법을 집대성하여 완성하므로, 주자가례朱子家禮와 문중별 '가가례'家家禮의 보급과 강요하였다.

'종법'宗法 질서로 족보 작성은 자녀를 나이 순위와 외손까지 수록하였다가 아들만 올리고, 상속은 남녀균등에서 장자상속長子 相續으로, 조상승배의 제사 수행방법도 윤회봉사輪回 奉祠에서 장자가 중심되어 지내었다.

결혼 풍습도 남귀여가혼男歸女家婚(사위는 객식구로 별채를 서쪽에 마련해 주어 서방西房이라 불렀음 : 서옥제壻屋制)에서 친영제親迎制(시집살이)로 하였다.

가부장제家父長制(가장인 남성이 강력한 가장권을 가지고 가족 구성원을 통솔하는 가족 형태) 같은 유교적인 관습과 정서는 남존여비, 양반과 상민의 신분제 강화, 연공 중시, 상급자에게 대하는 복종, 등의 모습으로 나타나 개인 혹은 향촌 사회에 혁명적인 영향을 미쳤다.

전국에서는 '향약'鄕約이 시행되어 유교적인 사회 통제를 강화함과 동시에 전국 각지에는 '서원'書院이 설립되어 자신들의 학파를 고수하였다.

한편, '실학사상'實學思想의 성장은 임진왜란 이후 혼란한 사회를 타파하기 위해 16세기 '대동법'이 시행되고 17세기 이수광의 '지봉유설'의 백과사전 서류가 편찬되었다.

조선 사회의 모순을 개혁하려 한 실학實學의 비조鼻祖 반계 '유형원'은 조선 후기 국가개혁안의 교과서라 평가받는 '반계수록'磻溪隧錄으로 대표되는 그의 개혁 사상이 일어났다.

조선 후기 18세기~19세기 영·정조 시대의 르네상스를 거치면서 중국의 연행사燕行使와 일본의 통신사로부터 새로운 학문을 받아들이고, 농업과 상공업의 발전은 신분 상승계급이 늘어났다.(70%가 양반)

현실 정치에서 밀려난 세력들은 임진왜란과 병자호란을 거쳐 사회가 혼란함에도 현실과 무관한 공허한 공리공론만을 제시하는 성리학 예학에 대응하여, 경세제민經世濟民 · 실사구시實事求是 · 이용후생利用厚生을 주창하는 '실학사상'實學思想(1930년 정인보가 처음 사용)이 일어났다.

농업을 위한 토지개혁론은 '성호사설'星湖僿說(3,007편의 백과사전)을 지은 '이익'으로 계승되어 '성호 학파'(유형원, 이익, 정약용, 김정희)를 이루었고, 이들은 '근기 남인'近畿 南人 계열로 서양의 신학문과 서학(천주교)도 함께 받아들이었다.

부국강병을 위해 상공업을 중시하는 '북학파'(박지원, 홍대용, 박제가)는 한양의 서인 · 노론계열로 조선말 개화파로 이어져 많은 변화를 가져왔다.

갑오개혁을 계기로 과거제도와 신분제가 철폐되는 등 사회제도가 근대적으로 개혁되고, 서양식 교육제도가 일반화하면서 유교는 통치이념의 위치에서 급격한 쇠퇴와 몰락의 길을 걷게 된다.

유교 국가로서의 조선의 소멸로 정치적 기반이 완전히 사라짐과 함께 망국의 책임을 유교에 돌림으로 유교에 대한 극단적인 부정적 인식으로 인하여 유교는 그 기반을 상실하게 되어 1919년 '파리 장서 사건'을 마지막으로 더 영향력을 떨치지 못하고 있다.

해방 이후 서양문물의 적극적 수용으로 인하여 종교학적으로는 그 세력을 거의 잃은 것으로 보이지만, 사회적 활동을 계속하고 있고 2020년 현재까지 의례와 윤리적 규범이 남아있으므로 그 영향력을 부정할 수 없다. 특히 가족과 관련된 법률과 제도들은 아직도 유교의 영향을 강하게 받고 있다.

개인의 가치관과 윤리 규범에 대한 영향력은 상당 기간 이어질 가능성이 크다. 그렇지만 변질된 사상과 사회적 변화로 인한 관혼상제의 문제점들은 어느 정도 개선할 필요성이 있어 보인다.

- 예학禮學 : 예학은 예禮의 본질과 의의, 내용의 옳고 그름을 탐구하는 유학儒學의 한 분야로 삼례三禮인 주례周禮 · 의례儀禮 · 예기禮記를 주로 연구하였다.

- 위정척사 사상衛正斥邪思想 : 송나라 주자는 한민족의 독립과 문화적 자존성을 확립하기 위해 유교의 정통성을 강조하고, 존왕양이尊王攘夷(임금을 숭상하고 오랑캐를 물리침)의 춘추대의로 이민족을 응징할 것을 역설하여, 민족적 화이의식華夷意識(중화사상)을 근간으로 한 위정척사사상을 체계화하였다.

  조선의 송시열은 친명배금親明拜金의 소 중화사상으로 청나라 오랑캐를 배척하여 교류를 막고, 조선 정조 초기에는 유교를 강화 선양하고, 사학邪學인 천주교를 배척할 필요성을 강조하며, 이항로李恒老는 애국 우국 의식의 민족주의 사상으로 발전시켰다.

- 북학파北學派 : 영 · 정조대 이후 청나라의 학술 · 문물 · 기술을 적극적으로 받아들여 조선의 물질 경제를 풍요롭게 하고, 삶의 질을 높일 것을 주장한 학풍으로써 이용후생지학利用厚生之學이라고도 한다.

  박지원, 홍대용, 박제가에서 박규수, 오경석, 유대치 등으로 이어지며 중상주의와 통상론을 계속 건의하였고, 이는 김옥균, 서재필, 윤치호 등의 '노론' 출신 '개화파'로 이어지게 되어 많은 변화와 발전을 가져왔다.

- 성호학파星湖學派 : 경세치용파經世致用派라고도 하며 이기심성론理氣心性論의 문제를 새롭게 해석하여 실증과 실용에 기반을 둔 창조적, 비판적인 학풍을 일으켰다.

  당시의 지주전호제地主田戶制(지주와 소작형태) 기반으로 하는 경제체제와 노론 중심의 전제정치專制政治에서 벗어나려 하여, 학문에서도 현실 개혁적인 성향이 많이 나타나 '서학'西學에 관해서도 관심을 보였다.

  초기 제자인 안정복 등은 '공서파'攻西派나 후기 제자들과 그 계승자들인 권철신權哲身 · 이가환李家煥 · 이벽李檗 · 정약용丁若鏞 등은 서양과학기술에 적극적 관심에서 출발하였다.

천주교 신앙으로 빠져드는 데까지 나아갔던 이른바 '신서파'信西派로 18세기 후반의 조선 사회에 가장 중대한 시대적 사건으로 서학, 특히 천주교 신앙의 충격이었다.

- 실학 박물관 : 남양주시 조안면 정약용 생가 유적지

유교 경전 : 사서삼경

가. 사서四書 : 춘추전국

(1) 논어論語

공자(춘추시대) 죽은 후 주로 그의 2세 제자들에 의해 편찬된 어록집으로 공자의 인생관과 정치관, 교육관 등을 직접 살펴볼 수 있는 유교의 가장 핵심적인 경전이다.

(2) 맹자孟子

맹자는 전국시대인 공자 후 100년 출생하여 공자의 사상을 심성론적으로 한 걸음 발전시킨 성선설과 역성 혁명론으로 대표되는 정치사상이 유명하다.

(3) 대학大學

증자曾子(공자 제자) 혹은 자사子思(공자 손자)가 지은 것으로 '예기'의 한 편이었으나 북송의 유학자 우물과 정이 형제가 이 부분을 특히 중시하여 독립된 책으로 분리하여, '수신-제가-치국-평천하'로 상징되는 유교적 실천론의 핵심을 담고 있는 책이다.

(4) 중용中庸

자사子思(공자 손자)가 지은 것으로 '예기'의 한편으로 북송의 전이가 중시하였고, 주희가 그 뜻을 받들어 '대학'과 함께 분리하여 유교 특유의 도덕적 형이상학을 이해하는 데 중요한 책이다.

나. 삼경三經 : 주나라

(1) 시경詩經

공자가 은나라와 주나라 시대의 305편의 민요를 정리 수록되어 선정善政 대한 칭송에서부터 학정虐政에 대한 풍자, 남녀 간의 사랑 이야기 등으로 다양하다.

(2) 역경易經

주역周易(점서占書 : 복희씨伏羲氏) 이래 발전하여 우주 자연과 인간 사회를 관통하는 원리와 질서에 관해 기술한 책이다.

- 주역은 음양의 이진법이다. 이진법을 수학에 도입한 사람은 17세기 고트프리트 라이프니츠이며, 20세기에는 컴퓨터의 계산 원리로 부활시켰다.

(3) 서경書經

은나라와 주나라의 사관史官들이 임금의 언행과 정치를 기록한 책으로 역사서이며 정치적 강령이다.

- 사서오경四書五經 : 한 무제에 시작하여 당 태종이 칙령으로 확정하여 추가된 책이다.

(4) 춘추春秋

공자 쓴 노나라 역사서로 대의명분으로 상징되는 유교의 역사철학을 담고 있는 책이다.

(5) 예기禮記

하은주 문물제도와 의례에 대한 공자의 가르침을 한나라 '대성' 이 정
리한 '소 대례기'이다.

유교 교리의 종합

유교는 공자의 도의 사상을 종지宗旨(교리)로 하는 인본주의적 교학체
계敎學體系로 '대학'에서 표방한 명명덕明明德 · 신민新民 · 지어지선止於至善의
삼강령은 유교의 기본 이상으로

격물格物 · 치지致知 · 성의誠意 · 정심正心 · 수신修身 · 제가齊家 · 치국治國 ·
평천하平天下의 팔조목八條目을 통해 수기치인修己治人의 목표를 달성해가게
된다. 즉, 인간의 내적 수양을 바탕으로 외적 덕화德化(덕행으로 감화함)를
달성해가는 것이 유교의 방법론이자 이상이라고 할 수 있다.

유교 교리의 핵심은 하늘에는 '원형이정'元亨利貞(하늘의 덕, 사물의 원
리)의 천도天道가 있고, 이 천도의 명한 바에 의하여 사람에게는 인의예지仁
義禮智의 인성人性이 있다는 논리에 바탕을 두고 있다.

인성이 유일정순惟一精純하여 지천명知天命(하늘의 뜻을 안다)의 경지에
이르게 되면 인성은 천도와 합일하게 되므로 인간 사물이 무위이성無爲而成
(자연적으로 이루어짐)하여 자연적으로 이루어지게 된다는 것이다.

그러므로 유교에서는 인성의 개발을 가장 중시하였고, 그 방법으로는
학불권學不倦(공부에 게으름이 없음)하여 극기복례克己復禮(자기를 다스려
예의에 어그러짐 없음)하는 데서 찾고자 하였다.

공자 이후로 유교는 여러 학파로 나누어졌지만 안자顔子 · 증자曾子 · 자

사子思를 거쳐서 맹자孟子에게 전수된 학파를 정통학파로 삼는다. 자사는 천명설을 주창하였고, 맹자는 성선설로써 유교의 이론을 정립하였다. 그리고 다시 정자程子·주자朱子에 이르러 성리학에 주력하여 인심도심人心道心과 사단칠정四端七情의 철학적 경지를 개척하였다.

우리나라의 성리학은 고려 말에 도입돼 조선왕조 중엽에 이르러서는 퇴계 이황과 율곡 이이에 의해 주리론主理論과 주기론主氣論으로 발전하여 조선 성리학의 토대를 닦았으며, 예송논쟁을 거치면서 최고의 절정에 이르게 된다.

그러나 이후 일제 강점기를 100여 년 지나면서 유교는 시대적 변화에 충분히 대응하지 못하여 가정에서 혼란과 갈등을 일으키고 있어 새로운 변혁을 시도해야 할 위기를 맞고 있다고 할 수 있다.

생활 속 유교 문화(종법, 관혼상제)

지난 600여 년 동안 우리의 삶을 지배해온 유교 문화를 알아보고 이제 새로운 시대에 맞는 유교 문화가 발전하기를 기대해 보고자 한다.

가. 종법

조선 전기는 성리학의 보급으로 고려 시대의 불교 의례와 비 종법적인 친족체제가 점차 성리학적 예제禮制로 개혁되는 과도기로, 혼인에서의 남귀여가혼男歸女家婚(신랑이 신붓집에서 삶)과 친손과 외손을 동일시하는 양계친족兩系親族, 非父系親族體系으로 자녀 균분상속, 자녀윤회 봉사, 족보도 남녀 동일비중으로 나이 순서에 따라 기재하였다.

임진왜란과 병자호란 이후 17세기에는 예제 역시 기왕의 수평관계에서 아버지, 남편, 아들 중심의 가부장적 수직관계로 재편됨으로써, 부부·부자·군신·적서·주노·장유의 철저한 상하 주종관계가 수립되었다.

17세기 중엽 이후 적장자嫡長子 중심의 종법 제도의 가족 형태에서 아들은 점차 가족의 유지를 위해 중요한 존재가 되어 제사, 상속 및 분재分財(증여)에서의 장자우대 경향, 족보의 친족 수록범위 축소, 아들이 없는 경우 친인척의 혈족으로부터 양자를 들일 만큼 아들은 자식 이상의 의미를 지닌 존재가 되는 입양제도의 변화를 가져왔다.

친영제親迎制(시집살이)는 가부장제家父長制 같은 유교적인 관습과 정서는 남존여비를 가져왔다.

가문 또는 종중宗中이 발달하여 족보 간행이 활발해졌으며 이른바 종법적 또는 부계적 가족 질서가 자리 잡게 된 것이다. 종법은 조선 후기 사회를 이끌어 가는 가장 중요한 제도가 되었다.

'대종'大宗은 적장자손嫡長子孫이 대대로 영원히 조상을 모시는 같은 시조를 둔 종족 전체를 말하며, '소종'小宗은 '고조종高祖宗' 또는 '당내', '집안'이라고 한다.

(1) 족보族譜

족보는 원래 중국에서 시작되어 고려 의종 때 왕실의 계통을 기록하기 위해 김관의가 지은 왕대종록王代宗錄이 최초이다.

조선의 족보는 1423년(세종 5) 문화유씨文化柳氏의 영락보永樂譜가 최초의 족보로 조선 초기 15세기에 간행된 족보는 남양 홍씨(1454), 전의 이씨(1476), 여흥 민씨(1478), 창녕 성씨昌寧成氏(1493) 등의 족보이다.

17세기 후반부터는 가족제도·상속제도의 변화와 민중의 성장에 따른 천민층의 양민화와 왜란과 호란을 겪고, 공명첩空名帖의 발행 등으로 신분질서가 크게 해이해지자 전통적인 양반과 신흥세력을 막론하고 족보가 속

간되었다.

조선 후기 19세기는 족보가 없으면 상민常民으로 전락 되어 군역을 지는 등 사회적인 차별이 심하여 양민이 양반이 되려고 관직을 사기도 하였다.

호적이나 족보를 위조하기도 하며, 뇌물을 써 가면서 족보에 끼려고 하는 등 갖가지 수단과 방법이 동원되었다. 희성은 비교적 순수성을 지녔으나 대성·명문은 친족이 급증하였고, 일제 강점기로 내려오면서 모든 성씨가 양반 성씨로 족보 편찬도 일반화되었다.

- 성姓 · 씨氏 · 명名

  ▷ 성씨는 중국에서 시작하여 '성'은 조상들의 고향 이름, 황제가 내려주는 성, 여자의 성, 본관이었다. '씨'는 황제가 준 제후 지역의 이름, 제후가 준 성, 남자의 성이었다.

  진나라 이후 성씨의 구분이 없어져 성은 본관이 되고, 씨가 지금의 성으로 되었으며, '명'은 저녁에 어두우면 자기 이름을 말하여 알려주기 위해 불렀다.

  ▷ 우리나라의 성씨 시작: 삼국시대는 왕족만 성이 있고 처음에는 세습도 안 되었으며, 신라는 진흥왕 때 6세기부터 '김' 씨를, 백제는 근초고왕 때부터 '부여' 씨를, 고구려는 장수왕 때부터 '고' 씨를 사용하며 소급 적용하였다.

  왕건이 지방 호족에 성을 내려주고 고려말부터 많이 생겼으며 조선말 1894년 갑오경장 시 신분 제도 폐지와 1909년에 민적법 시행으로 많은 국민이 이때 성을 가져 모든 국민이 성과 이름을 갖게 되었다.

  ▷ 우리나라의 성씨는 2015년 기준 5,582개이고 본관은 36,744개로 귀화 인구가 늘어 성과 본관이 갑자기 늘었다.

나. 삼례 : 주례, 의례, 예기

(1) 경복궁

주요건물은 일직선 중심축을 이루어 삼문 구조이고 부속건물이 좌우 대칭에 배치하였다.

(2) 양반집

안채, 사랑채, 대청, 행랑채, 곳간채, 사당

(3) 국조오례의

조선 시대 국가의 주요 의례인 오례五禮로 길례吉禮, 가례嘉禮, 빈례賓禮, 군례軍禮, 흉례凶禮

(4) 칠거지악과 삼종지도

다. 주자가례, 가가례

(1) 관례冠禮, 계례筓禮

남자는 15세에서 20세 사이에 상투를 틀어 갓을 씌우는 의식을 중심으로 관례를 행하여 성인으로 대우하였고 상투는 결혼하여도 틀었다. 한편, 빈객은 천주교에서 말하는 대부代父 격으로 관계자에게 자字를 지어주었다.

- 상투上斗는 인류 최초의 머리 모양으로 동북아의 천자 문화, 인류 창세 문화의 한민족 북두칠성 문화로, 갑오개혁 시 단발령은 극심한 반발을 가져왔다.
- 계례는 땋은 머리를 풀고 쪽을 찌어 비녀를 꽂는 의식으로 허혼이 되었거나 15세가 되면 올렸다.

(2) 혼례婚禮 시집, 장가가기

유교식 혼례婚禮의 발생지인 중국에서는 육례六禮의 절차에 따라 혼례가 행해졌으나 우리나라에서는 이와 달리 주희朱熹가 만든 사례四禮로 하였다.

- 의혼議婚 : 혼인을 의논하는 일

- 납채納采 : 사주함을 보냄

- 납폐納幣 : 폐백으로는 청단과 홍단의 채단綵緞을 보낸다.

- 친영親迎 : 신랑이 예식을 올리고 신부를 맞아오는 예

- 고구려 서옥제壻屋制(사위 집)와 고려에서 조선 중기까지는 남귀여가혼男歸女家婚(장가감) 하였다. 성리학에서 친영제로 바뀌어 현재는 반 친영제로 신붓집에서 혼례식을 음양이 교차하는 저녁에 치른 후婚 삼 일째 시집으로 온다.(신혼여행 후 친정에서 먼저 잔다.)

- 초례상醮禮床의 유래 : 초례醮禮 : 음식을 차리고 별이 뜬 시각에 하늘에 기원하는 예식으로, 초례의 대상이 되는 별들은 오성五星과 열수列宿(28수), 북두칠성北斗七星이다.

  초계醮戒 : 친영에 앞서 오전 9~11시 사이에 신랑의 아버지가 술 한 잔을 신에게 올리고, 아들에게 결혼 의도를 훈계하고 경계하라는 교훈을 하며, 술을 내리는 의례를 초례라 하였다.

  ▷ 초례상醮禮床 : 초저녁에 치르는 동뢰연同牢宴(결혼식에서 마주 앉아 술잔을 나누는 의례)에 차용되어 동뢰연 상을 초례상이라고 한다.

(3) 상례喪禮

사후세계가 다른 유교 불교 민가 신앙이 혼합되어 복잡하며 불교의 영가靈駕가 49재 이후 환생한다 하여, 불교 재계齋戒는 조상신 대신 공덕을 쌓고 영가가 각성하여 극락왕생을 바라는 마음으로 지낸다.

유교는 살아있는 몸에 혼백魂魄이 있다가 죽으면 백魄은 시신에 있다가

묘에서 썩어지면 없어지고, 혼魂은 웃옷上衣으로 갔다가 '명정'銘旌(품계·관직·성씨 등을 기재하여 상여 앞에서 길을 인도하고, 하관이 끝난 뒤에는 관 위에 씌워서 묻는 기)으로 가서 상여 앞에 세운다.

상례 시에는 비단이나 삼베, 백지로 만든 임시 신위神位인 '혼백'魂帛을 영좌靈座(궤연几筵 : 고연 : 대청마루에 모심)에 모시다가, 3년 상을 지내면 혼백은 산소에서 태운다. 신주神主(위패位牌)는 시신을 매장한 후 만들어, 사당의 감실龕室에 모시며 제사를 지내다 4대 봉사를 마치면 산소에 묻는다.

〈주자가례 11단계를 9단계로 줄인 상례〉

1) 초종初終 : 임종에서 습까지의 절차이다

2) 습襲(몸 씻고 옷을 갈아 입힘)과 소렴小殮(뼈 굳기 전 손발을 거두고 수의 입힘)·대렴大殮(입관 : 사자死者에게 일체의 의복을 갈아 입히는 절차)
 • 수의는 조선 중기까지는 평시 입던 옷이나 예복으로 하며 후기에는 염습의 용도로 수의를 만들었으며 삼베수의는 일제 잔재이다.

3) 성복成服 : 대렴한 다음날 주인·주부 이하 유복자(8촌 이내의 친족)는 각각 복을 입으며 복자의 구분에 따라 상복을 입는다.
 • 상장喪章과 완장은 일제 잔재이다.

4) 치장과 천구 : 치장은 장례를 위하여 장지葬地를 택하고 묘광墓壙을 만드는 일을 말한다.

5) 발인과 반곡 : 발인은 사자가 묘지로 향하는 절차이다.

6) 우제와 졸곡 : 사자의 시체를 지하에 매장하였으므로 그의 혼이 방황할 것을 염려하여 우제를 거행하여 편안하게 하는 것이다.

7) 부와 소상·대상 : 부는 졸곡을 지낸 다음 날 거행하는 것으로 사자를 이미 가묘에 모신 그의 조祖에게 부祔하는 절차다.

8) 담제·길제 : 담제는 대상을 지낸 다 다음 달 거행하는 상례.

9) 사당·묘제 : 사당은 4대조의 신주를 봉안하는 가묘이다.

* 요즘 상례는 주로 장례식장에서 종교별 절차를 일부 가미한 약식 절차로 진행되는데 좀 더 엄숙하고 고인을 기리는 상례 문화의 정착이 자리 잡기를 기대해 본다.

* 신주神主, 位牌, 혼백魂魄

  ▷ 신주(위패) : 옛날 중국에서는 '천자와 제후만이 신주를 모시고, 대부는 속백束帛으로 신을 의지하도록 하고, 선비士는 띠풀을 엮어 초빈草殯 한다.' 하여 신주는 혼이 머무는 곳으로 밤나무에 옻칠하여 죽은 사람의 이름과 죽은 날짜를 적은 나무패로 위패位牌(이름 적은 패)라고도 한다. 감실에 안치하여 사당에 모시거나, 형편에 따라 신줏단지나 바구니를 안방 선반 위에 고비 합사考妣合祀(돌아가신 부모)로 모시기도 한다.

  ▷ 지방紙榜 : 신주를 장자가 모시기 때문에 제사를 지손支孫(지차)이 모실 때 임시 위패로 지방을 사용하였으나, 요즘은 제사 때 밤나무로 만든 집 모양의 위패 함(지방 틀)에 지방을 사용하고 태운다. 천주교에서는 지방 대신 사진을 사용하던지 지방의 마지막 ~'神位'신위를 생략하여 사용하기도 한다.

(4) 제례祭禮 : 좨례

조상숭배는 죽은 조상의 영혼에 종교적 의미를 부여하여 숭배하는 신앙 행위로, 중국 하 및 은나라는 상제上帝(하느님)를 모시다가 은나라銀:商 중반에 19대 왕 '반경제'가 조상신祖上神으로 바꾸었다. 주나라 왕은 천자天子로 조상祖上인 하늘에 제사를 지내고 백성은 조상에 제사를 지내면서 조상숭배가 시작하였다.

춘추전국시대의 공자는 혈친에 대한 조상 제사를 통해 나라의 모든 조직이 혈연을 근거로 구성되고, 제사를 통하여 인간관계에 공경하는 마음을 갖추려 하였다. 이렇게 되면 온 나라가 분란이 없이 평온해지리라 생각하여, 효孝가 중심인 종법宗法을 자연스레 충忠으로 연결된 정치체제를 구축하였다.

예서禮書(예기)에 의하면 '제왕帝王은 하늘에 제사 지내고 제후諸侯는 산천에 제사 지내며, 사대부士大夫는 조상에 제사 지낸다 '고하여 제례는 신령神靈이 앞에 계신 듯 고기 등의 음식을 바치며 기원을 드리거나 돌아간 이를 추모하는 의식이다. 유교는 죽음을 극복하는 내세가 없어 조상과 나 자식을 통하여 간접적 영생을 추구하려 하였다. 이에 사람이 죽으면 혼魂은 하늘로 백魄은 땅으로 가서 생전의 인연에 의한 4대 봉사 기간 정도만 존재하다 서서히 흩어지는 것으로 보았다.

공자는 '조상신을 공경하되 멀리하라'하고 순자는 '제사를 군자는 인간의 도리로 여기고 백성은 귀신의 일로 여긴다' 하였으며 송나라 주자가례朱子家禮는 사대봉사四代奉祀를 원칙으로 하였다.

사가私家의 제례는 차등봉사差等奉祀로 고려 말부터 대부大夫 이상은 증조까지 3대, 6품品 이상의 벼슬아치는 할아버지까지 2대, 7품 이하의 벼슬아치와 평민은 부모만을 가묘家廟를 세워 제사 지내게 하였다.

조선은 1485년에 반포된 경국대전經國大典에서도 신분에 따라 차등을 두어, 6품 이상의 관원은 3대, 7품 이하 관원은 2대, 서민은 부모만을 봉사하도록 하였다.

조선 초기 양반은 3~5%가 18세기 이후 70%로 급증하여 '주자가례'가 서민층까지 확대 · 보급됨에 따라 사대봉사가 정착되었다. 1894 갑오개혁 이후는 신분 차별이 없어져 누구나 사대봉사를 하였다.

1973년 「건전 가정의례 준칙」에는 기제사는 2대에 한하여 봉사하도록 하여 최근에는 삼대 봉사, 이대 봉사 등 봉사의 대수를 줄이거나 조상의 제사를 한꺼번에 지내는 합사合祀가 등장하기도 하지만, 전통적 관행으로 여전히 사대봉사를 원칙으로 삼고 있다.

제사 주관은 상속이 '모든 자녀에게 재산이 균등하게 배분되어야 함'으로 명시되어있고, 남자가 혼인 후 처가에서 생활하는 서류부가婿留婦家의 기간이 길어, 17세기 중반까지는 제사를 윤회 봉사輪回奉祀(제사를 자식들이 순서를 정하여 사찰에서 지냄) 또는 분할봉사分割奉祀(명절과 조상제사를 자식별로 나누어 지냄)가 보통이었다.

제례의식은 유교에서 시작하여 향과 절 및 차茶 문화인 불교의식과 2000여 년 동안 서로 영향을 주고받아, 개념과 절차도 매우 혼란스럽고, 중국 예기 및 주자가례에 기본 원칙만 정하여져 있으며 중국적 특성이 많았다.

우리나라에 맞는 사대부 문중門中 별로 가가례家家禮가 탄생할 수밖에 없어 남의 일에 참견하지 말라는 의미로, '남의 제사에 감 놓으라 배 놓으라 하지 말라'는 말이 있다.

제사 시간은 기일忌日의 열리는 첫 시간인 자시子時(11시~13시)로 초저녁 제사시는 살아계신 날이 아니고, 기일 저녁에 지내며, 제사 장소는 사당과 재실 또는 가정집 대청마루에서 위패를 모시고 지낸다.

제물은 농경문화로 술과 고기와 과일 및 어류는 갑옷의 권위를 생각하여 비늘 고기인 조기를 올린다.

제사의 목적은 정성을 다하여 조상의 음덕을 기리고 형제 친척 간에 화목을 다지는 자리로, 시대 상황에 맞게 발전하여야 하고 허례허식에 얽매일 필요가 없으며, 살아계신 부모님께 효도가 더 중요하다 하겠다.

- 차례茶禮 : 제사 이외의 정월 초하루 설날, 보름, 한식, 단오, 추석, 중양절 (9월 9일), 동짓날 등의 낮에 합사合祀하여 차와 과일 중심으로 올리고, 추모하는 신년하례와 추수 감사의 의식 및 궁중의 다례나 불교의 다례식을 말한다.

- 고사告祀 : 집안의 안녕을 위해 가신家神들에게 올리는 굿보다 작은 규모의 의례로, 제사의 혈연관계와 달리 지연중심으로 제물로는 주로 술과

떡의 켜(층)를 만든 귀신 쫓는 붉은 팥 시루떡과 켜가 없는 백설기는 산신
産神인 안방의 제석신에게 바치었다.

의례는 주부가 제물을 차린 뒤, 배례를 하고 손을 모아서 빌거나 축원을
하면서 기원하며, 주로 중요한 가신인 터주신 · 성주신 · 제석신 · 조왕신
등에게는 배례와 축원을 하였다. 이 밖에 칠성신 · 측신 · 마당신 · 문신 등
에는 제물만 놓아두며, 가신이 아닌 마을 수호신에게도 제물만 바치는
경우가 오히려 많다.

▷ 백설기 : 티 없이 깨끗하고 신성한 음식이라는 뜻에서 어린이의 삼칠일
· 백일 · 첫돌의 대표적인 음식으로 쓰이고, 사찰에서 재를 올릴 때 또는
산신제 · 용왕제 등 토속적인 의례에 많이 쓰인다.

• 제수 진설陳設(차림)
  * 5열만 정하고 자세한 것은 가가례에 따른다.
  · 1열 : 메(밥)와 갱羹(국)을 놓은 줄
  · 2열 : 적炙(구운 고기)과 전을 놓는 줄
  · 3열 : 탕을 놓는 줄
  · 4열 : 반찬을 놓는 줄
  · 5열 : 과일을 놓은 줄

• 제사 순서(지방 제사)
— 강신과 참신(혼을 모시고 인사한다)
  1) 강신降神 : 제주가 분향하고 술을 잔에 따라 세 번 모사 그릇에 붓는다.
  제주가 재배하고 제자리로 돌아간다.
  ▷ 참신參神 : 제관이 일제히 재배를 올리며 부인은 사배한다.

— 술을 올린다
  2) 초헌初獻 : 제주가 올리는 첫 잔으로 술잔에 7부 정도 채워 올리고(성균
  관 의례부장은 술잔을 향불에 돌리지 말라 하나 3번을 좌 또는 우로 돌리
  고 올리는 집안도 있으나 근거가 없다)
  ▷ 젓가락을 음식 또는 대접에 올린다.

▷ 축문 : 제주 이하 전원이 꿇어앉아 있고 축祝(축문 읽는 사람)이 제주 왼편에 꿇어앉아 축문을 읽은 후 제주가 재배한다.

3) 아헌亞獻 : 두 번째 올리는 잔으로, 종부宗婦가 올린다.

4) 종헌終獻 : 세 번째 올리는 잔으로, 제관 중에 나이 많은 어른이 올리며 술을 7부로 따라서 첨잔을 할 수 있도록 한다.

— 음식을 올린다

5) 유식侑食(음식을 권함) : 더 많이 흠향歆饗하도록 하는 절차로

▷ 첨잔 : 술을 세 번에 걸쳐 가득 따른다.

▷ 삽시정저挿匙定箸 : 숟가락을 메에 꽂고 젓가락을 잘 갖추어 그 시접 위에 자루가 좌측으로 놓이게 한 뒤 제주가 재배한다.

6) 합문闔門 : 제관 이하 전원이 밖으로 나오고 문을 닫는다. 문이 없는 곳이면 불을 조금 낮추어 어둡게 하고 합문 하는 시간은 약 5분 정도이다.

— 차를 올린다

7) 계문啓門(문 연다) : 제관이 세 번 기침 소리를 내고 다시 안으로 들어 불을 밝게 한 뒤

▷ 헌다獻茶 : 국을 물리고 숭늉(혹은 차)을 올린 다음 메를 조금씩 떠서 숭늉에 만다.

— 마친다

8) 사신辭神 : 잠시 후 수저를 거두고 메 뚜껑을 덮고 제관 일제히 재배하고 제사를 끝낸다.

9) 철상徹床 · 음복飲福 : 지방과 축문을 불사르고 제물을 먹는다.

라. 향약鄕約

향약이란 향촌의 도덕적 규율과 경제적 상부상조를 위해 만든 자치 규약으로, 향약의 4대 핵심 규약은 '어려운 일은 서로 돕고'환난상휼 患難相恤, '좋은 일은 서로 권하며'덕업상권 德業相勸, '잘못은 서로 바로잡아 주고'과실상

규過失相規, '예절에 맞게 서로 사귀는'예속상교禮俗相交 것이었다.

향약의 시초는 중국 북송北宋 때 만들어진 여씨향약呂氏鄕約이며, 남송 때 주희가 이를 보완하여 향약의 기본 골격을 세웠다. 우리나라에서는 사림파가 집권하던 16세기부터 향약을 보급하려는 움직임이 본격적으로 일어났다. 이황이 실시한 예안향약禮安鄕約과 이이가 실시한 서원향약西原鄕約 및 해주향약海州鄕約이 그 가운데 대표적이다.

〈선비정신〉

1. 신분 계급

조선의 역사·사회·문화를 이해하려면 세습되는 신분제인 양천제良賤制와 양반 및 선비정신을 이해하여야 하는데 먼저 고려의 신분 제도는 양인良人인 왕족, 양반(문·무반)·중인中人·상인常人·천민賤民의 4계급으로 구분되고 직업별 계급은 사·농·공·상으로 구분하였다.

호족豪族은 지방 세력으로 토지, 사병, 노비, 사법권까지 가지고 있어 중앙에 진출하여 양반이 되거나 몰락하여 중인인 향리, 즉 아전으로 남았다.

고려말에는 지방 향리 자제들로 성리학 공부로 과거 급제하여 중앙에 진출한 신진사대부가 등장하여, 중앙정치는 물론 지방 토지까지 개척하며 향약鄕約으로 세력을 넓혀 드디어 조선을 주도적으로 건국하였다.

조선의 '양인'良人은 왕족·양반(사대부 : 관료)·선비이고, '중인'中人은 역관譯官·의관 등 기술관技術官과 향리鄕吏·서리胥吏·서얼庶孼·역리驛吏 등 경외京外의 행정실무자들이다. '상민'常民(평민)은 농민·공인·상인商人인 일반 백성들이고, '천민'賤民은 팔천민八賤民으로 노비, 승려, 기생, 무당, 백정, 광대, 상여꾼, 사공을 말한다.

선비는 유교 이념을 구현하는 인격체 또는 신분계층으로 학문을 닦은 사림士林들로 과거를 준비하거나, 벼슬을 하지 않았으며 경제적으로도 종법의 장자상속으로 몰락한 양반들이 많았다. 이들은 예절이 바르며 의리와 원칙을 지키고, 관직과 재물을 탐내지 않는 고결한 인품을 지닌 사람들로 경제관념이 없었다.

유대인은 13세에 성인식을 하고 성경과 손목시계 및 결혼식과 같은 축의금을 받아 성년 때까지 자산운용으로 창업자금을 마련하여 청년 90% 정도가 창업하였다. 이에 우리는 사농공상의 뿌리가 깊어 공직이나 회사 취직을 하여 청년 창업률 5% 미만 창업하는 수준으로 금융 문맹을 탈피하려는 노력이 범국가적으로 필요하다.

- 백정白丁 : 고려 시대에는 농민을 말하다가 조선에서는 도살과 고기 판매 업을 한 천민을 말하였다.

2. 선비정신

조선의 대표적 시대정신으로 일본의 사무라이 정신, 미국의 청교도 정신과 비견되는 선비정신은 유교 이념 자체가 바로 선비정신의 핵심으로 부와 귀의 세속적 가치를 따르지 않고, 인격 완성을 위해 끊임없이 학문과 덕성을 키웠다. 세속적 이익보다 대의를 위하여 목숨까지도 버릴 수 있는 불굴의 정신을 가리키며, 직접적인 경제 활동을 하지 않기 때문에 청렴과 청빈한 삶으로 독서와 학문에 몰두하였다.

선비정신의 덕목으로 수기안인修己安人은 자신을 먼저 수양하고 다른 사람들을 편하게 하며, 선공후사先公後私는 사적인 일을 뒤로하고 공적인 일을 앞세웠다. 억강부약抑强扶弱은 강자를 억제하고 약자를 돕고, 박기후인薄己厚人은 자신에게는 엄격하고 다른 사람들에게는 관대하고, 도예일치道藝一致는 공부의 결과가 예술 활동으로 풍류를 즐겼다.

〈조선의 관리채용(과거시험) 및 교육제도〉

1. 과거제도의 역사

가. 중국

'과거'科擧란 시험 종목인 과목科目에 의하여 관리를 선발하는 관리 등용 시험제도로, 과거가 처음 실행된 것은 중국 5호 16국 시대5胡16國時代(304~439년)와 남·북조 시대(南·北朝時代(386~581년)의 혼란한 나라를 다시 통일한 수隋나라 문제文帝가 강성했던 귀족세력을 누르고, 황제 중심으로 중앙집권체제를 강화하기 위하여 587년에 처음 실행하여 청나라까지 지속한 제도이다.

나. 우리나라

신라의 '독서삼품과'讀書三品科는 788년(원성왕 4) 유교 정치사상에 입각한 정치운영을 목적으로, '국학'國學 내에 설치하여 학생들을 독서능력에 따라 상·중·하로 구분하여 관리임용에 참고한 제도로 졸업시험이며, 곧 국학출신자들의 관직 진출을 제도적으로 보장하는 장치였다.

고려 4대 광종光宗은 왕권 강화를 위해 경제력·군사력의 기초가 되는 노비를 공민公民으로 편입시키기 위하여 '노비안검법'奴婢按檢法을 광종 7년(956)에 실시하고, 관군 30만을 조직하여 거란 세력을 견제하는 한편 태조 공신太祖功臣 및 대 호족을 상당히 숙청하였으며, '공복제도'公服制度로 사회의 위계질서를 엄하게 하였다.

한편 세력을 잃은 호족세력을 충실한 신하로 만들기 위하여 정치적 개혁의 목적으로 중국의 후주後周(5代 10國 時代, 960년 宋에게 찬탈 됨)사람 쌍기雙冀의 건의로 새로운 관리 선발제도인 '과거제도'를 958년에 처음으로 실시하였다.

2. 조선의 관리 제도

가. 관리 채용제도

- 과거제도科擧制度

- 음서제도蔭敍制度는 2품 이상의 관료 또는 실직實職(보직 받은 관리) 3품 관료의 아들, 조카, 손자, 사위, 동생에 한하여 음서를 누릴 수 있었으며, 과거에서 급제한 인재들을 우대하기 위해 승진할 수 있는 상한 품계를 두었다. 관품官品도 대거 낮춰서 음서로 받을 수 있는 관직은 별 실권도 없는 자리나 명예직을 내줄 정도로 차별하였다.

- 취재取才는 하급 관리를 뽑는 특별 시험으로 경아전京衙前인 녹사錄事(상급 서리)·서리書吏 등에게 관직을 주기 위해 시행되었는데, 하급 수령守令이나 외직外職의 교수敎授·훈도訓導·역승驛丞·도승渡丞 등을 임용하기 위한 '취재'도 있었다.

  무과 계통에도 취재의 제도가 있어 무과의 합격자로서 아직 관직이 없는 사람을 등용하거나 해직된 사람을 다시 임명할 필요 등이 있을 때 실시하였다.

- 천거薦擧는 덕행이나 정치 능력이 뛰어난 사람을 천거에 의해 선발하는 제도로 처음 관리로 선발하기 위한 것과 이미 관리로 선발된 사람을 특정 직임에 임명하기 위한 것으로 구별되었다.

  3품 이상의 고급관리들에게 관리로서 적합한 관원 후보자를 3년마다 3인씩 추천케 하여 과거科擧제도의 단점을 보완하고, 유능한 인재를 널리 구하기 위해 시행되었으나 점차 문벌과 파벌 중심으로 변질되어 운영되었다.

나. 조선 인사 행정

- 상피제相避制를 마련하여 권력 집중과 부정을 방지할 목적으로 출신 지역이나 친·인척이 있는 곳을 피하여 임명하였다.

- 서경권署經權은 왕권을 견제하기 위해 관리의 임명이나 법령의 제정 등에 있어 대간의 서명을 거치는 제도로, 조선 시대는 인사의 공정성 확보를 위해 사헌부와 사간원이 5품 이하 관리 임명 대상을 심사하였다.

- 분경금지법奔競禁止法은 이조·병조의 제장諸將과 당상관, 승지, 사헌부·사간원의 관원 집에, 동성 8촌 이내, 이성異姓·처친妻親 6촌 이내, 혼인한 가문, 이웃 사람 등이 아니면서 출입하는 자는 100대의 곤장을 맞고 3,000리 밖으로 유배당하게 규정되어 있다.

- 순자법循資法(근무 연한제 : 사만仕滿 : 瓜期)은 각 품계에서 근무해야 하는 최소한의 근무 연한제로 참하관參下官(7품 이하)은 품계마다 450일, 참상관參上官(6품 ~ 堂下官)은 품계마다 900일이고, 당상관堂上官은 순자법의 영향을 받지 않는다.

- 도목정사都目政事는 고과 평가제考課評價制로 이조·병조에서 일 년에 두 번씩(6월, 12월) 직속 상관으로부터 받는 인사고과人事考課 성적으로 승진과 좌천의 자료로 삼아 업무의 공정성과 효율성을 높이려 노력하였다.

다. 관직제도

(1) 품계에 의한 분류

품계는 1품에서 9품을 정종正從으로 구분하여 18계 품계에 다시 상계, 하계로 나누어 사실 36등급으로 나누었다.

- 당상관堂上官 : 정3품 상계이상으로 청의 마루에 올라 국가 운영의 토의에 참여할 수 있는 관원으로
  ▷ '대감'은 정2품 이상으로 관복은 붉은색
  ▷ '영감'은 종2품에서 정3품으로 관복은 파란색

- 당하관堂下官 : 정3품 하계 이하로
  ▷ '나리'는 정3품 이하에서 종9품까지로 관복은 녹색

- 참상관參上官 : 당하관의 6품 이상

- 참하관參下官 : 7품 이하를 말한다.

(2) 관직의 종류와 기능에 의한 분류

- 문관文官(동반) : 행정사무에 종사하는 문반의 관원
- 무관武官(서반) : 군사에 종사하는 무반武班의 관원

(3) 산관과 실직 및 산직

- 산관散官 : 품계를 받은 관직을 맡을 수 있는 자격을 가진 관료 후보자들이다.

- 실직實職 : 실제 근무하는 자리가 있는 관직으로 정직正職, 체아직遞兒職(한 자리를 순번제로 근무), 잡직을 말한다.

- 산직散職 : 근무처가 없는 관직으로 영직影職, 노인직老人職(80세 이상 양천 良賤을 가리지 않고 주었던 관직)을 말한다.

3. 조선의 교육제도

전국 각지에 초등교육기관으로서 사설私設 한문 교육기관인 '서당'書堂 이 있어, 훈장訓長·접장接長(학생회장)의 교수 아래 한자의 초보와 습자習字 (붓글씨)공부를 한다.

8세가 되면 관립官立 중등교육기관으로 중앙에는 '사부학당'四部學堂과 지방에는 '향교'鄕校가 있어 각 군·현의 인구에 비례하여 정원을 책정받고, 학생들은 군역을 면제받아 기숙사인 재齋에 거처하면서 공부하였다.

향교에 진학하여 수학한 유생들이 소과(생원과·진사과)에 응시하여 합격하면 생원·진사가 되었고, 생원과 진사는 다시 서울의 최고 학부인 '성균관'成均館에 진학하였다.

조선 중기 이후에는 사립으로 '서원'書院이 각지에 설립되면서 선현을 제사하기도 하고, 지방의 양반자제들을 교육하여 많은 인재를 길러냈다.

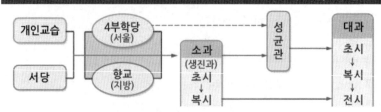

| 초등 교육 | 중등 교육 | 관리 후보자 시험 | 최고 교육 | 관리 선발 시험 |

- 성균관成均館 : 조선 시대에 인재 양성을 위하여 서울에 설치한 국립대학 격인 유학 교육기관으로 고려 시대는 국자감國子監, 신라 시대는 국학國學, 고구려는 태학太學이 있었다. 구조는 유학儒學을 강의하는 명륜당明倫堂과 공자孔子(대성지성문선왕大成至聖文宣王)를 모신 대성전大成殿(송나라 때 지음 : 大聖殿을 단종 때 개칭)인 문묘文廟와 유생들이 거처하는 재齋(집)를 두었다.

정원은 200인으로 이 중 반은 상재생上齋生으로 생원生員 · 진사進士로서 입학한 정규생正規生이었으며, 나머지 반은 기재생寄齋生 또는 하재생下齋生 이라 승보升補(승진)나 음서蔭敍에 의해 입학한 유생들을 선발하였다.

▷ 성균관 : '成'은 인재로서 아직 성취하지 못한 것을 이룬다는 의미로 성인재지미취成人材之未就이고, '均'은 풍속으로 가지런히 못 한 것을 고르게 한다는 균풍속지부제均風俗之不齊 의미이다.

- 서원書院 : 서원은 관학官學 교육기관이었던 성균관成均館 및 향교鄉校와 더불어 조선 시대 교육제도의 바탕을 이루던 사설私設 교육기관이다.

중국에서 서원은 남송의 주희가 성리학을 보급할 목적으로 백록동서원 白鹿洞書院을 중건하면서부터 본격적으로 등장하기 시작하였다. 우리나라 에서는 중종 38년(1543) 풍기 군수 주세붕周世鵬이 성리학을 처음 도입한 안향安珦을 제사 지내고, 유생을 가르치기 위해서 창건한 '백운동서원'白雲 洞書院이 그 효시를 이룬다.

서원의 주된 기능은 크게 보아 선현先賢에 대한 제사와 강학講學을 통한 학문 연마이다. 서원의 건축 구조는 앞면에 강학 구역을 두고 뒷면에 제향 구역을 두는 형태, 즉 '전학후묘'前學後廟의 형식이 주류를 이루었다.

▷ 소수서원紹修書院 : 중종 때(1543) 풍기 군수인 주세붕이 세운 '백운동서원'을 명종 때 이황의 건의로 소수서원으로 사액賜額되었다. 서 구역이 제향, 동 구역이 강학 공간으로 구성되었으며 이곳은 통일신라 '숙수사'가 조선 초 폐사지로 되어 앞에 당간지주가 있다.

▷ 도산서원陶山書院 : 퇴계가 생전에 성리학을 깊이 연구하며 제자들을 가르쳤던 도산 '서당' 영역과 퇴계 사후에 1575년 8월 낙성과 함께 선조로부터 '도산'陶山이라는 사액을 받았고, 1576년 2월에 사당을 준공하여 퇴계 선생의 신위를 모신 '도산서원' 영역으로 크게 나뉜다.

• 서원철폐 : 초기의 서원은 인재 양성과 선현 배향, 유교적 향촌 질서 유지 등 긍정적인 기능을 발휘하였으나 차츰 혈연·지연 관계나 학벌·사제·당파 관계 등과 연결되어 병폐도 많았다. 그리하여 지방 양반들이 서원을 거점으로 백성들을 토색질討索질(물품을 강요함)하고 지방관청에 피해를 준다는 이유로 설립이 제한되고 훼철毁撤(헐어서 치움)을 명령받았다.

　1868년에는 서원에 하사한 토지도 세금을 징수하도록 하고, 대표적인 서원인 송시열이 창건한 만동묘萬東廟와 화양서원華陽書院에 철폐 명령이 내려져, 전국 650개 서원 중 소수서원·도산서원·도동서원 등 사표師表(모범)가 될 만한 47개의 서원만 남겨지고 나머지는 모두 헐어 버렸다.

• 세계문화유산 9대 서원
소수서원(영주, 안향), 옥산서원(경주, 이언적), 도산서원(안동, 이황), 도동서원(달성, 김굉필), 남계서원(함양, 정여창), 필암서원(장성, 김인후), 병산서원(안동, 류성룡), 무성서원(정읍, 최치원), 돈암서원(논산, 김장생)

• 성적평가 : 수우미양가秀優美良可의 숨겨진 비밀
일본 전국戰國(15~16세기)시대에 사무라이들이 누가 적의 목을 많이 베어 오는가에 따라 수, 우, 양, 가를 매긴 것에서 비롯되었다는 논란이 있는데 일본은 평가등급을 우, 양, 가, 부 또는 수, 우, 양, 가로하고 조선의 과거 시험은 갑, 을, 병이며, 서원에서는 대통, 통, 약통, 조통粗通, 불통으로 평가하였다.

- 세상을 바꾼 1543년 : 독일인과 일본인들은 중세를 서로마가 멸망한 472년부터 콜럼버스의 대항해 이전까지(1592년)의 천년을 기독교적 믿음의 시대로 가톨릭이 타락하여 문예 부흥에 대응하여 '암흑기'라 말한다.

이슬람은 8~10세기 '알마문' 칼리프가 '지혜의 집'을 창설하고 아리스토텔레스학파가 파문당하여, 시리아에 남긴 서적 등 동서 문헌을 아랍어로 번역하여 과학, 천문, 의학, 항해 등의 이슬람문화의 꽃을 피웠다.

유럽은 12세기에 이 아랍어 서적을 라틴어로 번역하고 문예 부흥(14세기~16세기)이 일어나고, 1453년 동로마제국이 이슬람에 멸망과 가톨릭의 타락으로 1517년 루터로 시작된 종교개혁(16세기~17세기)과 대항해시대(15~17세기)로 이어져 새로운 시대를 열어가고 있었다.

유럽의 우주관은 기독교가 종교와 철학 등을 지배하여 신의 섭리인 천지창조 교리로 인간과 지구가 중심인 여호수아기 10장 13절과 아리스토텔레스 주장 이래 '천동설'이 1500년 동안 지배적이었다.

1543년은 코페르니쿠스가 '지동설'을 주장하여 교황청은 금서로 지정하며 갈릴레오가 재판으로 감금당하고, 그래도 지구는 돈다고 주장하며 케플러의 제3 법칙, 뉴턴의 역학이 유도되는 '과학 혁명'의 시작을 이루어 지성知性의 역사를 바꾼 해이다.

일본에서는 포르투갈 상인으로부터 철포鐵砲(조총, 화승총)을 입수한 후 대량 생산하여 통일 전쟁이 일어나고, 전국을 통일한 도요토미 히데요시(풍신수길)가 후에 임진왜란(1592년)을 일어나게 되는 발판을 마련하였다. 1603년 도쿠가와 시대에는 난학蘭學(네덜란드의 지식학문 연구)으로 과학발전을 이루었다.

조선에서는 소수서원의 시작으로 성리학이 발전하여 성리학 이외는 사문난적으로 몰아, 조선은 18세기에나 홍대용(영조·정조시대)이 지동설을 주장하며, 부국강병의 길은 멀어져 일본을 비롯한 세계 각국에 밀려 조선이 패망하게 된다.

▷ 조선의 조총 역사 : 대마도주로부터 1591(선조 24년)년 처음 선물 받아 창고에 두고 광해군은 임진왜란 후 1622년 900정을 만들고, 1653(효종 3년)년 조선에 표류한 하멜에게 기술을 배워 성능을 높이고, 1654년 청러 전쟁 시 조선의 조총부대 100명이 러시아군을 무찔렀다.

4. 조선의 과거제도

가. 과거 종류

조선의 과거시험은 소과, 문과, 무과, 잡과로

- 소과小科는 생진과시生進科試 또는 사마시司馬試라 부르며 하급 문관 임용과 성균관 입학 자격을 위해 시행한 시험으로, 응시 자격은 수공업자·상인·무당·승려·노비·서얼庶孽을 제외한 누구나 응시應試할 수 있었다.

- 문과는 대과로 고위 문관을 임용하기 위해 시행한 시험이다.

- 무과는 무관을 임용하기 위해 궁술弓術·기창騎槍 등의 무예와 경서經書·병서兵書 등을 시험과목으로 하였으며

- 잡과는 전문 기술관을 임용하기 위해 사역원司譯院·전의감典醫監·관상감觀象監·형조刑曹 등에 근무하는 중인中人의 자제 중에서 그 분야에 소양이 있는 자들을 해당 관청에서 선발하였다.

나. 시험 시기

정기시定期試는 3년에 한 번 열린 식년시 하나밖에 없었고, 수시로 열린 부정기시不正期試는 증광시增廣試·별시別試·알성시謁聖試·정시庭試·춘당대시春塘臺試 등이 있었다. 이 중 식년시와 증광시는 소과·문과·무과·잡과가 모두 열렸으나, 별시·알성시·정시·춘당대시는 문과와 무과만이 열렸다.

- 식년시式年試 : 정기시定期試로 3년에 한 번 식년式年(12지 가운데 子·卯·午·酉가 드는 해)에 열린 시험

- 증광시增廣試 : 즉위식 같은 큰 경사 시 보는 시험
- 별시別試 : 경사가 있거나 당하관 이하의 문무관에 10년마다 열리는 중시重試
- 알성시謁聖試 : 문묘 제례 시 성균관 유생만 보는 시험
- 정시庭試 : 왕실의 경사가 있을 때와 특정 지역의 유생이나 관료를 대상으로 보는 시험
- 춘당대시春塘臺試 : 경사가 있을 때 창경궁 춘당대에서 한 번의 시험으로 급제를 결정한 시험

다. 문관 시험 방법

(1) 소과

생진과시·감시監試(국자감시)·사마시司馬試(중국 주나라 대사마大司馬 : 관직의 종류에서 유래)라고 하며 유교 경전을 시험 보는 '생원시'와 문예 창작을 시험 보는 '진사시'로 초시와 복시 2단계로 보았다.

- 초시 : 한성시漢城試는 예조와 성균관에서, 향시鄕試는 조선 8도 별로 2곳을 지정하여 지역별로 인원 할당하여 진사와 생원 각 700명씩 1,400명을 선발하였다.
- 복시 : 초시인 한성시·향시 이외 승보시升補試(사부학당 유생의 성균관 입학 자격시험), 합제合製(사부학당 유생 중심의 복시 응시 자격시험), 공도회公都會(지방 관찰사와 유수가 지방 유생들의 복시 자격시험)의 복시 자격자들이 한성에서 예조와 성균관에서 생원, 진사를 각 100명씩 200명을 선발하였다.
  ▷ 복시 합격자는 성균관 입학자격, 면역免役특권, 일부가 하급 관리인 종9품 능참봉, 훈도(사부학당과 향교의 종9품 교관)를 할 수 있고 백패白牌(흰 종이 합격증)를 받았다.

(2) 문과

'대과'라 하며 시험응시자격은 진사와 생원들에게 자격을 부여하고 시험 내용은 모두 유교 경전에 관한 지식과 유교 이념에 바탕을 둔 문학적 재능, 그리고 역시 유교 이념에 바탕을 둔 논술論述 능력을 시험하는 내용으로 일관하여 초시初試, 복시覆試, 전시殿試로 3단계 시험을 보았다.(무과도 초시, 복시, 전시로 3단계 시험)

- 초시 : 한성시·향시·관시館試가 있는데, 상식년上式年(식년 앞서) 9월 초의 길일을 택하여 하루씩 초장初場, 중장中場, 종장終場으로 전국에서 일제히 실시하여 240명을 선발하였다.
  ▷ 한성시는 일반 유생 중에서 40명
  ▷ 향시는 8도의 유생 중에서 150명
  ▷ 관시는 성균관의 유생들의 품행점수로 50명을 선발하였다.
- 복시 : 회사會試라 하며 성균관과 서학에서 초장, 중장, 종장시험으로 33명을 선발하였다.(무과는 28명을 선발하였음)
- 전시 : 어전에서 보는 시험으로 33인을 갑과 3명, 을과 7명, 병과 23명을 순위를 정하여 갑과 3인은 바로 실직으로 발령받았으나 그 외는 산직으로 발령을 받았다.
  급제자 모두는 홍패紅牌(붉은 종이에 쓴 교지의 합격증)와 개蓋(햇빛가리개)를 받았으며 어사화御賜花(종이로 만든 조화)를 입에 물고 3일간 유가遊街(시가 행진)를 하였다.

(3) 중시重試

문무 당하관을 상대로 10년에 1회 증광시의 전시殿試형태로 임금 앞에서 시험 보고 등수를 정하여 특진시켜 사기를 북돋웠다.

5. 과거시험 관련 현황

가. 준비물

- 시지試紙 : 도련지搗鍊紙로 다듬잇돌에 다듬어 표면을 반드럽게 하여 붓이 잘 움직이게 한 종이이다.
- 벼루, 먹, 붓, 방석, 양산

나. 접수 : 녹명錄名(이름 적음)

- 이름, 본관, 지역 이름, 조상 이름
- 사조단자四祖單子 : 아버지·할아버지·증조할아버지·외할아버지의 본관本貫·성명·생년월일·관직 등을 적은 종이
- 보단자保單子 : 6품 이상 관원의 신분 확인증
- 채점은 피봉皮封(시험지 상부를 봉인)한 답안지를 필체를 모르게 옮겨 적은 역서易書로 채점하였다.

다. 경쟁률

- 2,000대 1 경쟁률
- 관료 자릿수 : 총 5,600명으로 문과 1,800명, 무과 3,800명이다.

라. 과거 관련 언어

- 난장亂場판 : 수많은 선비가 모여들어 질서 없이 들끓고 떠들어대던 과거 시험 마당
- 압권壓卷 : 장원급제 시험지가 맨 위에 있어 누름
- 관광觀光 : 과거시험보다 : 가문의 영광을 보다 의미이다.
- 실랑이 : 이러니저러니, 옳으니 그르니 하며 남을 못살게 굴거나 괴롭히

는 일로 과거에 급제한 사람을 '신래新來 위'라고 불러서 나가면, 과거에 먼저 급제한 선배들이 얼굴에 먹을 칠하거나 옷을 찢은 장난을 말한다.

- 허참례許參禮 : 과거에 급제하여 처음으로 벼슬길에 나가는 신임 관원이 선임자에게 베풀던 잔치

- 면신례免新禮 : 벼슬을 처음 시작하는 관원이 선배 관원들에게 성의를 표시하는 의식으로, 허참례 후 열흘쯤 뒤에 '면신례'라는 명목으로 다시 주연을 벌여야 하였다.

- 회피回避 : 시험 관련자 회피하는 제도

- 샌님 : 매우 얌전하며, 융통성이 없는 사람으로 '생원生員님'을 줄여서 부른 말

- 선달先達 : 조선 시대 발령 못 받은 무과 출신

- 백일장白日場 : 뜻 맞는 사람들끼리 달밤에 모여 친목을 도모하고 시재詩才를 견주어보는 망월장望月場과 대조적인 뜻으로 대낮白日에 시재를 겨룬다 하여 생겨난 말이다.

- 학구學究 18 : 당나라 과거에 명경과 중에서 출제된 경전 첫 문장을 보고 다음 구절을 외워 쓰게 하는 최하위 등급의 시험 합격자를 말한다.

〈태극기太極旗〉

가. 태극기 유래

우리나라에서 국기제정에 대한 논의가 처음 있었던 것은 1876년 운양호사건을 계기로, 한·일 사이에 강화도 조약 체결이 논의되는 동안, 처음 국기 개념을 알아 검토하던 중 '조선 책략(러시아의 남진을 막기 위해 영국이 제안하여 1876년 이전에 쓰고 1880년 공개된 청나라 황준현이 쓴 친중親中, 결일結日, 연미聯美를 건의)에서 4조룡의 청룡기를 제시하였다.

우리나라 최초로 1882년(고종 19년) 5월 22일 조미수호통상조약朝美修好通商條約 조인식 때, 김홍집이 역관 이응준에게 명하여 제작 게양하였고, 1882년 8월 9일 수신사 박영효 등 일행이 일본가는 배를 타고 태극 사괘의 태극기를 만들었다.

고종은 다음 해인 1883년 3월 6일 왕명으로 이 '태극·4괘 도안'의 '태극기'太極旗를 국기國旗로 제정·공포하였고, 대한민국이 수립된 후 1949년 음양과 사괘의 배치안을 결정하여 오늘에 이르렀다.

나. 태극기의 상징

우주 만물의 원리를 형상화한 것으로 '태극'이라는 용어는 '주역' 계사繫辭 상上에 나오지만, 중국에서 태극의 문양이 보이기는 송나라 때로, 주돈이周敦頤(1017~1073)가 처음으로 '태극도설太極圖說'에 만물의 생성과정을 '태극—음양—오행—만물'로 보아 그렸다.

우리나라에는 '태극도설'보다 약 400년 전인 628년(신라 진평왕 50) 건립된 감은사感恩寺의 석각石刻 가운데 이미 태극 도형이 새겨져 있었다.

우리나라 국기國旗인 '태극기'太極旗는 흰색 바탕에 가운데 태극문양과 네 모서리의 건곤감리乾坤坎離 4괘四卦로 구성되어 있다.

예로부터 우리 선조들이 생활 속에서 즐겨 사용하던 태극문양을 중심으로 만들어진 태극기는 우주와 더불어 끝없이 창조와 번영을 희구하는 한민족韓民族의 이상을 담고 있다.

(1) 흰 바탕

태극기의 흰색 바탕은 밝음과 순수, 그리고 전통적으로 평화를 사랑하는 우리의 민족성을 나타내고 있다.

(2) 태극과 음양

유교 철학에서 '태극'은 우주 만상의 근원이며 인간 생명의 원천으로서 진리를 표현한 것이므로, 사멸死滅이 있을 수 없는 영원함을 나타내는 것으로 태극문양은 음陰(파랑)과 양陽(빨강)의 조화를 상징하는 것으로, 우주 만물이 음양의 상호 작용 때문에 생성하고 발전한다는 대자연의 진리를 형상화한 것이다.

태극이라는 상징의 '천재적인 독창성'은 음과 양이 만나는 경계의 S자 곡선에 있다. 이 모습은 일단 음과 양이 아주 조화로운 관계에 있다는 것을 뜻하여, 순양純陽(양의 절정기)이 되는 순간 이미 음陰 기운의 시작으로 모든 일이 이렇게 맞물려 돌아간다는 의미로, 가장 잘 나갈 때 조심하여야 하며 절기로도 여름 한참 더운데 입추立秋가 시작된다.

(3) 사괘四卦

네 모서리의 4괘는 음양이 생성, 발전된 양상을 효爻 : 음 -- 양 - 로 나타낸 것으로 건乾 : ☰은 태양太陽(하늘 : 金)으로서 양이 가장 성한 방위에 배치되고, 곤坤 : ☷은 태음太陰(땅 : 土)으로서 음이 가장 성한 방위에 배치되어 있다.

감坎 : ☵은 소양少陽(물 : 水 : 月)으로 음 속에서 음에 뿌리를 박고 자라나는 모습을 표현한 것이며, 리離 : ☲는 소음少陰(불 : 火 : 日)으로 양 속에서 양에 뿌리를 박고 자라나는 모습을 표현한 것이다.

즉, 태양인 건에서 소음인 이로 바뀌고, 이에서 태음인 곤으로 성장하며, 또 곤에서 소양인 감으로 바뀌고, 감에서 태양인 건으로 성장하여 무궁한 순환 발전을 수행하여 사괘는 태극을 중심으로 통일의 조화를 이루고 있다.

3장

❀

신선이 되고자 하는 도교

도교의 정의 및 발전

도교道敎는 후한말 2세기 환관들의 농간으로 나라가 혼란하여 태평도太平道와 오두미도五斗米道의 신흥종교가 불길같이 번지고, '장각'이 주도하는 '황건적의 난'이 일어나 '유비군'에 의해 패하자 인근에 살던 '장도릉'의 '오두미도'가 산악신앙과 자연숭배의 토착 신앙 및 무위자연설無爲自然說을 근간으로 하는, 신선 사상神仙思想과 상선약수上善若水의 노장사상·유교·불교와 여러 신앙 요소들을 받아들여 형성된 중국의 다신교적 민족종교이자 철학사상이다.

황제黃帝와 노자를 신격화한 태상 노군을 숭배하며 노장 철학과 음양오행설 및 신선 사상神仙思想(속세를 떠나 선계에 살며 젊음을 유지한 채 장생불사한다는 사상)을 받아드려, 불로장생을 추구하는 종교적인 틀이 갖추어져 중국의 민간 풍속에 큰 영향을 미쳤다.

구겸지寇謙之가 전래 종교인 불교의 자극을 받아 그 의례儀禮의 측면을 대폭 채택하고, 도교를 '천사도'天師道로 개칭함으로써 종교적인 교리와 조직이 비로소 정비되었다. 4세기 이후 비로소 불교의 체제와 조직을 모방하고 불법佛法의 전개방식 등을 받아들여, 교리의 체계화와 종교체제의 정비를 꾀하였다.

도관

도관道觀은 도교의 도사道士가 거주하면서 신상神像을 모시고 수행하고 제의를 하는 곳으로, 도관의 성립은 불교의 유입에 영향받아 불교의 사찰과 대동소이하다.

모시는 신은 처음에는 노자老子나 일월성신日月星辰과 같은 자연신, 우주 창조신인 원시천존元始天尊(천지 창조신), 그리고 옥황상제玉皇上帝(도교의 최고신)에서부터 온갖 귀신의 위패를 모두 모셨고, 민중 도교의 시설로는 묘廟, 재신묘財神廟, 관묘關廟 등이 있다.

도교의 영향

해와 달, 북두칠성을 비롯한 하늘의 성수신星宿神(별자리 신)과 후토后土와 같은 땅의 신, 용신龍神으로 상징되는 물의 신 등이 도교의 신으로 자리 잡았다. 도교의 신들에게 올리는 제사를 재초齋醮라 하여 국왕의 수명장수와 기우祈雨, 전염병의 소멸 등을 빌었다.

도교의 사례로는 무덤의 사신도四神圖, 사령四靈, 백제 금동 대향로(봉래산 향로 : 성왕 원찰)에 새겨진 무늬, 무령왕릉의 매지권, 봉래산蓬萊山(도교의 바다 섬 모양으로 삼신산三神山은 봉래蓬萊, 방장方丈, 영주瀛州), 부여 궁남지(도교 삼신산인 방장 선산), 제주 서귀포의 영주산, 노고단 산신제, 산수山水 무늬 벽돌, 풍수지리, 음양오행설, 마니산 참성단, 신라의 화랑도國仙徒, 정감록, 토정비결, 조선의 소격서昭格署(도교 제사인 재초齋醮 거행 관청, 삼

청동三淸殿 : 상청, 태청, 옥청), 동묘(관왕묘 : 關聖帝君), 북묘(관운장을 모시고 재물과 장수를 기원하는 무당의 치성소), 남산 와룡묘, 옥황상제, 칠성각, 산신각, 시왕의 심판(49재), 혼백(윤회 사상이 없이 혼은 신선이 되고 백은 귀鬼가 됨), 12지신 방위신앙, 부적, 사주, 궁합, 택일, 주술, 봉황, 단전호흡 등 수련법, 방중술房中術, 성황신, 조왕신, 무속신앙, 서낭당, 삼시충三尸蟲(몸속의 시충이 섣달 그믐날 옥황상제께 잘못을 보고하여 수명의 단축을 막기 위해 밤을 새우다) 등으로 천도교(유교, 불교, 도교가 합한 종교) 등이 우리 문화에 스며들었고 종교로서는 유교와 불교에 서로 영향을 끼쳤으나 독립종교로 자리 잡지는 못하였다.

4장

❀

한옥

온돌, 마루, 지붕

한국 고유의 주택 양식으로 당나라와 남송의 중국집을 독창적으로 발전시킨, 대륙성 기후인 겨울 추위의 난방용 온돌과 해양성 기후의 여름 더위 및 우기에 적합한 냉방용 마루가 균형 있게 결합한 독특한 주거 형식이다.

기술적, 과학적, 친환경적으로 주거 문화재적 가치 있는 건축으로 자연과 조화 융합하고 차경借景 및 인간척도를 이용하며 친환경 자연적인 재료인 나무와 황토는 집 안의 습기를 조절해 주고 내부는 한지로 도배를 하였다.

한옥韓屋의 시설로는 유교적인 안채, 사랑채舍廊房(곁에 있는 방), 행랑채, 사당과 대문, 마당, 마루, 부엌, 장독대, 사당, 외양간, 화장실, 등이 갖추어져 있다.

한옥의 용도는 궁궐, 관아, 사찰, 서원, 주거용으로 사용하였으며 한옥의 형태는 북부는 ㅁ형으로 바람을 막고 중부는 ㄱ형이고 남부는 ㅡ 형으로 바람을 받아들이고 있다.

「건축법」 시행령 제2조 "한옥"

기둥과 보가 목구조 방식이고 한식 지붕틀로 된 구조로서 한식 기와와 볏짚, 목재, 흙 등 자연재료로 마감된 우리나라 전통양식이 반영된 건축물 및 그 부속건축물을 말한다.

- 까치구멍집 : 지붕 용마루의 양쪽 합각合角에 둥근 구멍이 있는 건축물로 태백산맥 일대의 안동 · 영양 · 청송 · 영덕 · 울진 · 봉화지역에 분포된 일종의 겹집 모양이다. 구口자형의 집이 축약된 듯한 폐쇄형 가옥으로 대문만 닫으면 외적의 침입이나 맹수의 공격을 막을 수 있고, 눈이 많이 와서 길이 막혀도 집안에서 모든 생활을 할 수 있는 구조이다.

지붕

눈 · 비 · 햇빛 등을 막기 위하여 집의 꼭대기 부분에 씌우는 덮개로 용마루의 스카이라인은 뒷산과 지붕을 연결하여 자연과 조화를 이루고, 용마루와 처마의 우아한 곡선은 한국적인 아름다움의 상징이며 재료는 기와, 이엉(볏짚, 억새 : 15~20년, 갈대, 나무 : 4~5년, 청석), 굴피 등으로 그 지역 특성에 따라 사용하였다.

지붕은 클로소이드 곡선 모양으로 가속도로 인한 배수가 잘되고, 볏짚 따라 물이 잘 빠지며, 짚의 공기구멍은 단열재 기능이 있다. 난방 연기로 벌레를 퇴치하며, 검은 기와는 솔잎 연기에 의한 탄소 주입으로 방수와 강도를 증가시킨다.

- 유럽의 철분이 많은 점토를 이용한 붉은색 기와지붕은 파란 바닷가와 노을 시 아름다움 및 햇볕 강한 지역의 흰색 벽체와도 잘 어울린다.
- 처마길이 : 처마는 서까래가 기둥 밖으로 나온 부분으로 비바람의 외벽

보호와 햇볕 각도 및 기와 하중 등을 고려하여 정한다.

처마의 각도는 중부지방에서 여름철의 남중고도南中高度(천체가 정 남쪽에 위치하여 가장 높아진 고도)가 하지 때 77도에 이르고, 겨울철의 남중고도가 동지 때에 28도까지 변하는데, 일반적으로 30도 정도로 하여, 여름에는 햇볕이 창안에 안 들어오고 겨울에는 방안 깊숙이 들어가게 한다.

처마 깊이는 기둥 높이와 비교하면 우리나라는 약 80% 가량이며, 일본 구주九州지방은 약 100% 정도이고, 중국 중원지방은 약 60% 내외로, 이는 강우량에 따른 정비례正比例이다.

- 지붕 종류

  ▷ 맞배지붕(뱃집 지붕) : 건물의 모서리에 추녀가 없고 용마루까지 측면 벽이 삼각형으로 된 지붕이다.

  ▷ 팔작八作지붕 : 용마루 부분이 삼각형을 이루는 지붕 모양새로 궁궐의 법전法殿이나 절의 금당金堂 : 大雄殿 등 중요건물의 지붕은 대체로 팔작지붕으로 되어있고, 지붕 중에서는 최고의 구조인 셈으로 중국 중원지방의 한식漢式이다.

  ▷ 우진각隅進閣지붕 : 건물 사면에 지붕 면이 있고 추녀마루가 용마루에서 만나게 되는 지붕으로, 살림집이나 성곽 문루 등 특수용도와 초가집 대부분이며 북방성의 요식遼式이다.

마루는 등성이를 이루는 지붕이나 산 따위의 꼭대기로 지붕은 용마루, 내림 마루, 추녀마루가 있다.

용마루가 없는 지붕은 꼭대기 부분이 각이 지지 않고 둥글게 넘어가게 되며, 그 곡면을 덮은 기와를 곡와曲瓦, 궁와弓瓦라고 하며 중국 청나라에서 멋을 내려고 발전시킨 양식이다.

온돌, 구들

온돌溫突문화는 국가무형문화재로 '구운 돌', 온돌溫突은 '따뜻하게 데운 돌' 의미로 고래를 설치하여, 화기가 고래 위에 덮여 있는 구들장을 뜨겁게 덥혀 방바닥 전체를 난방하는 구조물이다.

청동기 시대에 몽골(쪽 구들), 북 흉노, 알래스카(3000년 전), 고대 로마 (hypocaust : 목욕탕용)에서 시작하여, 우리 민족은 2500년 전 철기시대 온돌인 북옥저의 '쪽 구들'이 취사 및 주거용으로, 고구려에서 발해를 통해 현재까지 사용하는 유일한 민족이다.

16~17세기에 소빙하기에 궁궐 및 사찰에서 조선반도 전역 및 가옥 전체에 온돌을 설치하였으며, 영조 시대에도 창덕궁 회정당 편전도 온돌이 없었고, 평민은 온돌에 좌식으로 깨끗하였으나 양반 및 왕실은 입식으로 신발을 신고 살았으며, 고려 시대 이전은 입식이었다.

온돌의 구조는 불을 지피는 아궁이와 불이 넘어가는 벤츄리관 기능을 하고, 구들 '개 자리'는 열기를 넓게 퍼지게 하는 곳으로 방의 아랫목에 해당하며, 추운 겨울에 강아지가 들어가 자는 곳이라는 뜻으로 '개 자리'이 다. 고래는 연기와 불길이 지나가는 길로 구들장을 데우고 구들은 열을 오랫동안 보존할 수 있는 '백운모'를 많이 사용한다.

고래 개 자리는 불길의 속도와 양을 조절하여 남은 열은 여기에 보관되고 연기는 굴뚝을 통해서 밖으로 빠져나가며 굴뚝은 고래 개 자리에서 그을음과 같은 불순물은 바닥으로 떨어지고 맑은 연기만 빠져나가게 하고 있다.

중국의 '강'炕, kang은 중국 황허강黃河江 이북에서 쓰이는 가옥 난방 장치(벽난로)로 입식으로 신을 싣고 다닌다.

일본은 다다미라는 짚으로 만든 판에 왕골이나 부들로 만든 돗자리를 붙여서 방바닥에 까는 방식이며, '코타츠'炬燵는 나무 틀에 화로를 넣고 그 위에 이불, 포대기 등을 씌운 것으로 이 속에 손, 무릎, 발을 넣고 몸을 녹인다.

'이로리'囲炉裏는 일본의 전통적인 불구덩이로 농가 등에서 방바닥 일부를 네모나게 잘라 내고, 그곳에 재를 깔아 취사용, 난방용으로 불을 피워 놓는다.

마루

건물 안에 지면보다 높게 목재를 평평하게 깔아 사람이 앉거나 이동할 수 있도록 만든 공간으로, 바닥이 지면으로부터 떨어져 있어서 그 밑으로 통풍할 수 있고, 외벽 일부가 개방되어 있거나 개폐가 쉬운 공간이다.

- 대청大廳 : 집의 가운데 있는 넓은 마루로 청은 통치하는 장소라는 의미로, 조상의 제사 및 성주城主를 모시는 장소와 하인이나 몸종에게 각종 지시를 하거나 자신이 소일하는 공간으로 안주인의 권위를 상징한다.

- 마루방 : 구들을 놓지 아니하고 마루처럼 널을 깔아서 꾸민 방으로 수장 공간이다.

- 툇退마루 : 툇 기둥 안의 마루로 연결하는 기능을 한다.

- 쪽마루 : 평주平柱 밖으로 덧달아 내방으로 출입할 때 쉽게 출입할 수 있도록 한 기능을 한다.

- 누樓마루 : 다락처럼 높게 만든 마루
  집안을 다스리고 학문과 휴식을 취하는 남성 공간이다.

주요용어

- 대들보 : 작은 들보의 하중을 받기 위하여 기둥과 기둥 사이에 건너지른 큰 들보

- 도리道理, 徒理 : 서까래를 받치기 위해 기둥과 기둥을 건너서 위에 얹은 나무

- 서까래 : 마룻대에서 도리 또는 보에 걸쳐 지른 나무

- 부연婦椽 : 겹처마에서 서까래 끝에 거는 짧고 방형 단면인 서까래. 부연付椽

- 동량棟樑 : 기둥과 대들보를 말함

- 상량식上樑式 : 집을 지을 때 기둥을 세우고 보를 얹은 다음 마룻대(종도리 宗道里 : 上樑)를 올리는 의식으로 지신地神과 택신宅神에게 제사 지내고, 상량문을 써서 올려놓은 다음 모두 모여 축연을 베푼다.

- 솟을대문 : 가마를 타고 출입할 수 있도록 좌우 행랑보다 높게 설치한 대문으로, 종2품 이상이 타는 초헌軺軒은 외바퀴가 달린 수레형식의 가마로 바퀴가 달려있어서 문턱도 없앴다.

- 한옥 규모의 몇 '칸집'은 기둥과 기둥 간의 칸수로 근정전은 정면 5칸×측면 5칸의 25칸이고, 몇 '량 집'은 도리의 개수를 나타내어 종묘 정전의 경우는 2 고주高柱 7량樑 집이다.

- 배흘림기둥 : 건축물 기둥의 중간이 굵게 되고 위·아래로 가면서 점차 가늘게 된 주형으로, 구조상의 안정과 착시현상을 교정하기 위한 수법으로 부석사 무량수전을 들 수 있다.

- 안 오금(안 쓸림) : 양쪽의 기둥 끝머리를 조금씩 안쪽으로 모이게 하는 기법으로, 건물이 옆으로 퍼져 보이게 되는 착시현상을 교정하기 위한 기술이다.

- 귀 솟음 : 건물 중앙에서 양쪽 귀로 갈수록 솟아 양쪽 어깨가 처진 것처럼

보이는 착시현상을 교정하기 위함이다.

• 그랭이 질 : 자연석 위에 놓이는 인공 돌의 아랫부분을 자연석에 맞추어 깎아 올려놓는 수법이다.

5장

⚛

한지의 자랑

종이는 중국에서 발명하였으나 고려에서 발전하여 중국에 역수출(공물)하였다. 지금은 전 세계의 문화재복원에 이바지하고 있는 한지韓紙의 우수성을 알아보아 한지제조의 전통문화를 계승, 발전시켜 나가야겠다.

종이의 개요

가. 종이의 발명

이집트인들은 기원전 2500년부터 세계최초의 종이인 '파피루스'를 사용하였고, 중국 후한 105년 환관 채륜이 종이 제조술을 발명하여 정신문화 3대 발명품으로 글자, 종이, 인쇄술을 말한다. 우리나라는 불교문화와 함께 들어와 불국사 석가탑에서 1300년 된 불경이 발견되고, 유럽은 당나라 고선지 장군의 유럽 공격 시 이슬람을 통해 전파하였다.

나. 종이의 이름

• 중국 : 선지宣(피다 펼치다선) 옥 판선지가 최고품질

• 한국 : 고려지, 한지韓紙, 寒紙, 백지百, 白, 저지楮紙(닥나무)

• 일본 : 화지和紙, 왜지, 화선지畵宣紙

종이의 문명 발달 영향

종이는 언어와 기억을 저장할 수 있는 매개체로, 문자의 발명과 종이의 탄생은 인간이 만들어 낸 문화와 역사 지식 전달을 연결해 주는 최고의 수단으로, 인류에게 문명의 진보를 이루게 해 준 결정적인 계기를 마련해 줌으로써 인류의 문화 발달과 문화 형성에 많은 공헌을 하였다.

한지의 우수성

경주 불국사 석가탑에서 두루마리로 발견된 세계 최고의 목판 인쇄물 '무구정광대다라니경無垢淨光大陀羅尼經'의 지질은 닥종이로, 1,300년 남짓 그 형체를 오롯이 유지하고 있고 고려지는 최고의 상품으로 금은과 함께 송· 명에 공물로 바쳤다.

최근에는 세계문화재의 복원에 한지가 사용되어 세계 3대 박물관으로 꼽히는 프랑스 파리 루브르 박물관에서 고서적 중 기록 문화재의 보수 및 복원용은 박병선 박사의 통역 및 번역을 맡은 김민중의 한· 중· 일 전통 종이 비교 연구논문을 계기로 한지가 사용되었다.

이탈리아의 천재 예술가 레오나르도 다빈치(1452~1519)의 작품 복원과 로마가톨릭 수도사 성 프란체스코의 친필 기도문, 6세기 비잔틴 시대 복음서, 이탈리아 화가 피에트로 다 카트로니의 17세기 작품 등도 모두 한지로 복원되었다

한지의 제조 과정

- 닥나무 채취 : 중국이 종이 재료紙料로 마麻, 죽순竹筍 등을 사용한 것과는 달리, 우리 한지는 매년 12월부터 다음 해 3월에 그해 자란 1년생으로 어려서 질긴 섬유소가 많은 닥나무 가지를 사용한다. 우리나라의 기후가 닥나무 재배의 최적지로 질기고 부드러우며 장기간 보관이 가능하다.

- 닥나무 삶기 : 1~2일 동안 물에 충분히 불린 흰 껍질을 적당한 크기로 자른 뒤 솥에 넣어 2~3시간 정도 삶는다. 이때 삶는 액으로 볏짚, 메밀대, 콩대 등을 태운 알칼리성 '잿물'을 사용한 중성지中性紙로 산화酸化를 방지하여 오래 보관한다.

- 씻기 및 햇빛 쐬우기

- 티 고르기

- 두드리기

- 원료 넣기
  ▷ '닥풀'(황촉규)은 추운 겨울에 작업하여 점성이 높다.

- 종이 띄기(홀 뜨기) : 원료와 닥풀이 잘 혼합된 지통紙筒에 종이 뜨는 전통 기법인 '한지 발' '홀 뜨기'(외발 뜨기)는 하나의 줄에 발틀 끝부분을 매단 후, 먼저 앞 물을 떠서 뒤로 버리고 좌우로 흔들며 떠낸 옆 물을 떠서 반대쪽으로 버리는 동작을 반복한다.
  종이를 떠내는 2장을 반대 방향으로 겹쳐서 1장의 종이로 만들어내는 방법으로, 한지 섬유가 직각으로 교차하여 그 성김이 치밀하고 조직이 질기며, 떠낸 종이 사이사이에는 베개로서 왕골을 끼워 나중에 떼기 쉽게 해준다.

- 물빼기

- 도침搗砧 : 도침(다듬이질)은 약간 덜 마른 종이를 포개거나 풀칠을 하여 붙여 디딜방아나 방망이로 두들기고 다리미로 다림질을 한다. 종이가 지

나치게 흡수성이 좋고 번짐이 불규칙하며 보푸라기가 발생하는 단점을
보완하여, 치밀하고 특유의 질감과 강도가 높아지고 매끄러우며 윤기가
나도록 해준다.

6장

❀

차의 문화

차 한잔합시다!

약용으로 출발한 차茶는 중국 선불교와 만나 화려한 꽃을 피워서 '일상다반사'日常茶飯事와 '우리 차 한잔합시다!'의 인사말이 있듯이, 정다운 사람과의 소통은 물론 심신의 안정과 맑음 및 섭생攝生(건강 관리로 오래 삶)을 위해 수시로 마시는 차도

알고 마시면 더 맛있고 인생의 행복을 느낄 수 있을 것 같아, '다예'茶藝, '다례'茶禮, '다도'茶道의 차 문화文化와 세계사까지 바꾼 차에 대하여 알아보고자 한다.

차의 문화

가. 차의 어원

차Tea, 茶의 어원은 중국 복건성福建省 샤먼厦門 지방의 방언 '테'Te가 해양을 통하여 서양의 티tea가 되었고, '테'의 광동성廣東省과 북경의 표준어인 '차'Cha와 '다'茶가 대륙을 통하여 우리나라에 들어왔다.

나. 차의 정의

'차'란 차나무의 순과 잎을 다리거나 우려낸 기호 음료로 차 이외는 대용차代用茶라 부른다.

다. 차나무의 기원

중국의 명의 '편작' 무덤에서 차나무가 자라났다는 설과 보리 달마의 눈꺼풀로부터 차나무가 자라났다는 설 등 차의 기원에 관한 전설은 여러 가지가 있다.

신생대 제3기는 약 6500만 년 전부터 170만 년 전까지로 차나무도 무성하게 번성하였으리라고 보며 원산지는 중국의 쓰촨성四川省 · 윈난성雲南省 · 구이저우성貴州省으로부터 미얀마, 인도의 아셈 지방으로 이어지는 히말라야 산악지대인 것으로 추정되고, 차를 최초로 발견한 사람은 5000년 전 '신농'이라는 전설이 있다.

라. 차나무

상록수로 소엽종(관목)과 대엽종(교목)이 있으며 뿌리는 2~4m로 곧게 뻗는 직근성直根性으로 '불천'不遷이라 하여 옮겨 심으면 잘 죽고, 가을에 핀 꽃과 1년 전 맺은 열매가 마주 만난다 하여 '실화 상봉수'實花相逢樹 혹은 모자 상봉수母子相逢樹라 한다. 기후는 년 평균 기온이 13~14℃ 이상 평균 강수량 1400㎜ 이상에서 잘 자라며, 번식은 품종 보존을 위하여 영양번식인 삽목挿木(꺾꽂이)으로 한다.

마. 차 만드는 방법製茶

- 채엽茶葉(찻잎 따기)
  ▷ 명전차明前茶 : 청명淸明(4월 5일) 전의 찻잎으로 만든 차로 가을부터 겨

울을 거쳐 광합성과 양분을 공급받아 비타민C와 아미노산의 함량이 두
·세물 차보다 1.7~2배 정도 높아, 감칠맛이 뛰어나며 제주도와 중국에서
만 생산된다.

▷ 우전차雨前茶 : 곡우穀雨(4월 20일) 이전의 찻잎으로 만든 차로 최상품이다.

▷ 세작細雀 : 곡우와 입하立夏(5월 6일) 사이 찻잎으로 만든 차(작설차雀舌
茶)(참새 혀와 닮은 찻잎)

▷ 중작中雀 : 입하 지나 딴 잎으로 만든 차

▷ 대작大雀 : 6월 하순 이후 딴 잎으로 만든 차

▷ 옥로차玉露茶 : 찻잎이 1~2개 나올 무렵 차나무 위에 차광막을 씌워
15~20일 정도 빛을 차단하여 재배한 차

• 위조萎凋 : 홍차나 오룡차烏龍茶(찻잎 모양이 까마귀처럼 검고 용처럼 구부
러져 있어 붙은 이름 : 우룽차) 제조에서 찻잎을 얇게 펴 10시간 이상
시들게 하면, 수분이 감소하여 찻잎 성분이 산화 등의 변화를 일으켜 찻
잎으로부터 향기를 끌어내는 공정이다.(백차, 청차, 홍차)

• 살청殺靑 : 찻잎을 굽기, 덖기, 볶기, 찌기 등의 열에 의한 방법으로 산화효
소의 활성을 파괴하는 녹차 생산 공정이다.(녹차, 청차, 황차, 흑차)

• 유념揉捻 : 찻잎을 비벼서 찻잎 각 부분의 수분함량을 균일하게 하고 세포
조직을 적당히 파괴하여 잎에 포함된 성분이 물에 잘 우러나게 하는 과정
이다.(녹차, 청자, 황차, 흑차, 홍차)

• 산화酸化 : 산화효소酵素(단백질로 생물이 아님)에 의해 색, 맛, 향, 성분이
변화하는 과정을 말한다.(홍차, 오룡차)

▷ 발효醱酵 : 미생물이 무산소 조건에서 사람에게 유용한 유기물을 만드
는 과정으로 김치, 술, 치즈, 요구르트 등을 만든다.

▷ 홍차와 우룽차(오룡차)는 산화임에도 발효라 하는 것은 1835년 양조釀造
가 발효로 밝혀질 때 홍차도 발효로 오해하다 1840년 산화로 밝혀졌음에
도 계속하여 발효로 부르고 있다.('아카시'가 '아카시아'로 잘못 불리듯)

▷ 홍차는 살청 된 녹차가 유럽에 운반과정에서 발효된 것이라 하는 것은 과학적으로도 아니고 중국에는 이전부터 홍차가 생산되었다.

바. 차의 분류

차의 분류는 차나무, 제다 방법, 차의 형태, 탕색, 산화 유무와 정도, 발효, 생산 지역 등에 따라 여러 가지로 분류한다.

- 차 모양에 따른 분류
  ▷ 산차散茶(엽차葉茶 : 입차) : 찻잎이 그대로 있는 차
  ▷ 전차磚茶 : 벽돌 모양의 차
  ▷ 말차抹茶 : 분말 차

- 차 탕색湯色에 따른 6대 분류
  ▷ 백차白茶 : 솜털이 덮인 어린잎을 따서 덖거나 비비지 않고 그대로 말려서 만든 차이다.
  ▷ 녹차綠茶, tea(오차 : おちゃ : お茶) : 찻잎을 따자마자 바로 살청하여 산화가 일어나지 않도록 해서 만든 차로 찻물이 녹색에 가깝게 우러나기 때문에 녹차라 한다. 일본인들이 많이 마시는 말차 역시 녹차의 일종으로 전체 차 소비량의 20%를 차지한다.
  ▷ 황차黃茶 : 찻잎을 덖어(살청) 비비고(유념) 수년 동안 자연 발효(민황悶黃)시킨다.
  ▷ 청차靑茶 : 녹차와 홍차의 중간 정도로 산화시킨 반半발효차로 위조, 주청做靑(요청搖靑 : 진동과 교반), 살청(초청炒靑 : 부초釜炒) 유념, 건조 과정을 거친다.(오룡차류)
  ▷ 홍차紅茶, black tea : 산화 정도가 80% 이상인 강強발효차로, 떫은맛이 강하고 탕색은 홍색을 띤다. 세계에서 소비되는 차의 75%가 바로 이 홍차이다. 찻잎만을 그대로 우려 마시는 스트레이트 티와 우유를 첨가해 마시는 밀크티 형태로 많이 음용된다.

▷ 흑차黑茶 : 차를 산청과 유념하여 완성한 뒤에도 발효가 계속되는 후後발효차로 보이차가 가장 대표적이다.

사. 차의 주요 성분과 효능

• 카페인 : 각성, 강심, 이뇨 작용
• 카테킨 : 항산화, 해독, 살균, 지혈, 소염
• 데아닌 : 정신적 안정, 휴식 혈압을 낮추고, 간 기능 향상
• 비타민C : 항산화 작용, 항암, 면역력 증진

아. 차의 역사

(1) 중국의 차

차는 최초에 농업의 신 '염제 신농'炎帝神農에 의해 발견되면서 약용藥用으로 사용하여 차의 역사는 약 5,000년이나 된다.

차나무의 원산지인 중국 남부의 사천성, 운남성, 귀주성 등지에서 시작되어 진나라의 중국 통일 후 전역에 퍼지고, 한나라(BC 202~AD 220) 시기에 궁중과 귀족사회에 약용과 음료로서 마시다, 불교에서는 부처님께 차를 바치고 '다선 일미'茶禪一味(차와 선이 한 가지 맛)라 하여 선불교 수행방법의 하나이다.

당나라의 문인인 '육우'는 차의 고전인 '다경'Cha Jing, 茶經에서 다도는 차를 단순히 음료가 아니라 수양의 수단으로 삼아 차를 마시는 사람들이 '정행검덕正行儉德', 즉 바른 행실과 검소한 덕을 추구할 것을 주장했다.

이러한 차의 정신은 지금까지 중국, 한국, 일본에서 계승하여 지금도 한국의 승려들이 차를 부처님에 올리고, 차를 마시면서 수도하는 모습은 '육우'와 다도가 살아있다는 증거이다. 시안西安에는 그를 기리는 동상이 있고 차는 승려들에 의해 중국에서 신라와 고구려 및 일본으로 전파되었다.

(2) 한국의 차茶

우리나라는 생물학적(식물학)으로 약 3000년 전부 터 자생 차나무가 있었으며 삼국유사에 서기 48년에 금관가야 김수로 왕비 허황옥이 인도에서 차 씨를 가져 왔다고 한다. 삼국사기는 선덕여왕 때에도 차를 마셨으나 828년 신라(흥덕왕 3년) '김대렴'이 당나라에서 차 종자를 가져다 왕명으로 지리산(하동 추정, 쌍계사 시배지비始培地碑)에 심었다고 한다.

고려 시대에는 중국 송나라와 함께 '일상다반사'라는 말이 생겼듯이 차 문화가 번성하여, 중앙조직인 '다방'茶房에서는 차와 관련된 왕가의 의식, 약과 술, 국가의 제사의식, 사찰의 연등회에 쓸 차를 관리하였다. 지방에는 '다소'茶所와 '다촌'茶村에서 차를 재배하여 공급하였으며, 고려청자의 발달에도 영향을 끼쳤다.

차는 궁중음식으로도 주목을 받아, 연등회, 팔관회 등 국가 의식에서는 술과 과일보다 먼저 차를 올리는 진차의식進茶儀式이 있었다. 사신이 왔을 때와 왕자의 책봉이나 공주를 시집보낼 때 등의 의식에도 차례가 행하여졌다.

조선 세조의 숭유억불 정책의 영향으로 차를 가장 많이 사용하고 보급하던 승려 층이 몰락하고, 제사 시 지내던 차례茶禮도 임진왜란 이후 차가 고가품으로 영조가 차 대신 값싼 술로 지내게 하였으며 우리나라는 물이 좋아 차 문화의 맥이 끊어졌다.

조선 후기인 약 16세기경에 들어 선비들과 승려들 간에 문인으로서의 교류가 활발해지면서 3대 다인茶人중 다성茶聖으로 불리는 '초의선사'(대흥사, '동다송'東茶頌)는 다산과 추사와 교류하며 학문에 두루 통달하였다.

시詩·서書·화畵·차茶에 뛰어난 재능을 보이며 승려에게는 차茶와 선禪이 둘이 아니고 시詩와 그림이 둘이 아니며, 시詩와 선禪이 둘이 아니었다. 범패와 원예 및 서예뿐만 아니라 장 담그는 법, 화초 기르는 법, 단방약 등에도 능하여, 차의 연구로 '초의 차' 제다법製茶法을 정립하였다.

'다산 정약용'茶山 草堂은 백련사 주지 '아암 혜장선사' 및 초의와 학문과 제다법을 교류하고, 이시헌을 제자로 두어 '백운옥판차白雲玉板茶'를 만들어 일본 차에 대응하였다.

'다신계'茶信契를 만들어 사제지간으로 매년 詩와 茶를 나누어, 두 가문은 200여 년 이어지고 있으며 '각다고'榷茶考에서 차의 연구는 물론 차의 실용성과 산업화에 노력하였다.

'추사 김정희'는 다산, 초의, 소치와 학문과 차의 교류로 유배 생활을 이어가며 차 문화의 발전을 오늘에 이르게 하였고, 서화가 소치 허련은 추사와 초의선사로부터 그림과 서예를 배우며 교류하였다.

(3) 유럽의 차

중국의 티가 최초로 유럽에 전해진 것은 1610년 네덜란드의 동인도 회사가 중국의 마카오澳門와 일본 히라토平戶 항구에서 녹차를 네덜란드의 헤이그로 운송하였다. 영국은 찰스 2세와 포르투갈 공주 '캐서린 데 브란가자'와의 결혼을 통하여 귀족의 사교 문화로 발전하였다.

• 영국의 홍차 문화 : 독일은 맥주, 프랑스는 와인, 영국은 밀크티milk tea로 년 2000여 잔을 마시며 오후 3~4시경 'Afternoon tea' 타임으로 밀크티에 케이크나 쿠키 등을 먹고, 'milk in first'는 밀크에 홍차를 타야 우유의 성질이 변하지 않는다는 골든 규칙이 있다.

향기로운 티타임tea time은 영국인의 생활에 여유와 즐거움을 주며, 생활 속의 아름다움을 실현하는 장을 만들어주어 보수적인 영국인들을 여유롭고 관대하게 만들었다. 식민지 개척과 산업화로 감성이 메마른 시기를 풍요롭게 하고, 영국인의 생활 방식을 변화시키며, 영국사람이 지나왔던 모든 발자취 속에 차는 늘 함께해왔다.

자. 차의 문화

(1) 중국의 차 문화, 다예茶藝

중국은 오래 전부터 차를 약용으로 시작하여 황실, 사찰(선종의 초조初祖 달마대사가 처음 마심), 귀족들이 마시었으나 일반인들도 석회석 지대 물이 경수硬水로 물을 끓여 마실 수밖에 없었다.(물이 끓으면서 석회성분이 주전자 벽에 붙는다) 기름기가 많은 음식을 중화시키기 위한 식생활 습관과 문화적 전통으로 마시었고

중국의 차 문화를 '다예'茶藝로 표현하고 있는데, 다예는 중국의 차 의식으로 예술·도덕·철학·종교를 비롯한 각종 문화적 요소가 들어있는 詩, 書, 畵와 함께 차를 즐기는 예술이고, '향'을 중시하며 많은 다관茶館(찻집)에서 '다예사'(자격증 취득)들이 공연도 하고 있다.

(2) 한국의 차 문화, 다례茶禮

우리나라는 삼국시대 왕실, 사찰, 귀족들이 차를 마시던 '의식禮'으로, 자신의 몸을 다스리고, 상대를 배려하며 존중하는 마음과 행동을 외부로 드러내는 행위를 다례의 기본으로 삼았다.

매년 설날이나 추석에는 조상님께 차례를 지내고 사찰에서는 부처님께 차를 올리는 공양과 스님의 수양방법이며, 궁중에서는 국가 의식으로 차를 올리는 진차의식進茶儀式(술과 과일 전에 차를 올리는 의식)을 하였다.

고려 시대는 연등회, 팔관회 등에서 진차의식이 행해졌고, 사신이 왔을 때와 왕자의 책봉이나 공주를 시집보낼 때 등의 의식에도 차례가 행하여졌다.

선비와 귀족들은 차와 함께 풍류를 즐기고 일반인은 약차와 생활차로 '맛'을 중시하며 마시었다가, 조선 시대 이후 차 문화가 쇠퇴하고 커피 등 대용차에 밀리다 요즘 다시 소통과 섭생으로 발전하는 추세이다.

- 초의선사草衣禪師의 차도茶道

"채다採茶 시에는 묘妙를 다하고, 조다造茶 시에는 정성精을 다하며, 물은 참된 것眞水을 얻고, 포다泡茶 시에 중中을 이루면 체體와 신神이 서로 조화롭고 건健과 영靈이 함께 아우른다. 이 경지에 이르면 다도를 이룬 것"

- 한국의 생활 속 차 문화

 ▷ 일상다반사日常茶飯事 : 차를 마시고 밥을 먹듯이 일상생활이 곧 선으로 연결된다는 것.

 ▷ 다선일미茶禪一味 : 차茶 안에 부처님의 진리法와 명상禪의 기쁨이 다 녹아있다는 것.

 ▷ 육공양六供養 : 부처님께 바치는 예물로 향·차·꽃·과일·쌀·초

 ▷ 개문 칠건사開門 七件事 : 사람이 먹고 살면서 매일같이 겪게 되는 일곱 가지 문제로 땔나무·쌀·기름·소금·간장·식초·차 등을 말한다.

 ▷ 다시茶時 : 관청에서도 차 마시는 풍습이 있어 사헌부司憲府에서는 날마다 다시청茶時廳에 모여 차를 마시는 다시茶時를 가져, 맑은 정신으로 서로의 불화를 화해하고 잘잘못, 부정, 불법을 서로 반성, 고발하는 자체 정화의 시간을 가져 사안의 공정한 판결을 기하였다.

 ▷ 다모茶母 : 조선 시대 궁중의 다방소속이 아닌 일반 관사官司에서 차와 술대접 등 잡일을 맡아 하던 관비官婢로, 조선 후기에 다모가 포도청 등에 소속되어 여성 범죄를 담당하는 수사관으로 더 알려졌다.

 ▷ 불천不遷, 혼수품 : 차나무의 별칭으로 차나무는 뿌리를 땅 아래로 깊게 뻗는 직근성直根性으로 옮겨 심으면 이내 죽는다 하여, 예부터 신부는 혼수품으로 차를 챙겨갔는데, 이는 한 남자만을 섬기겠다는 정절을 상징한다. 시어머니 또한 며느리에게 차 씨앗을 선물했는데, 한곳에 뿌리내리는 차나무처럼 다른 곳으로 개가하지 말고 자신의 가문을 빛내달라는 부탁의 의미였다.

 ▷ 봉차封茶 : 영조 시대에 혼담이 성립되면 차 한 봉지를 양가에서 주고받는 혼례의식으로 봉차가 '봉치'로 변하고, 지금은 봉차를 봉채封采(결혼식

을 하기 전에 신랑 집에서 신붓집으로 채단과 예장을 보내는 일 또는 그 물건)로 발전하였다.

(3) 일본의 차 문화, 다도茶道

일본은 9세기 초 중국에 유학한 학승이 가져와 사찰, 귀족, 무사들이 마시었으며 16세기 후반 센노리큐千利休가 일본의 차 문화를 다도茶道로 발전시켜, 개인의 심신을 수련하기 위해 차와 선이 상통하는 정신적 경지의 정화와 승화를 추구하였다.

'와비차'ゎび茶 정신으로 차를 마심에 있어 꾸밈없고 소박함을 강조하는 것으로, 와비차는 정치적, 사회적, 문화적 배경 속에서 발전하여 일본의 전통문화이자 생활문화로 자리매김하였다.

정치적으로는 무사 정권의 정치적 수단으로 이용되었으며, 사회적으로는 부를 축적한 상인町人들의 문화로, 그리고 선종의 영향을 받으면서 전란 속에서도 화합과 평등, 평화를 열망하는 마음을 담고 있다.

차 문화는 '투차鬪茶(차 맛으로 종류를 알아맞히기)'라는 일종의 투기성 놀이문화와 귀족들의 차 문화로 서원차書院茶가 있었다.

말차용 다기는 조선 남부지방 서민들이 사용하였던 모양이 고르지 않고 검은빛을 띠며 무늬가 없는 막사발(이도다완)을 최상의 다완으로 쳤다. 임진왜란 시 도공들을 포로로 잡아가 일본 도자기 산업을 발전시켜, 도자기를 유럽에 수출하고 일본포장지가 피카소 그림에까지 영향을 끼쳤다.

• '센노리큐'의 와비차千利休-侘茶 : 센노리큐는 중국풍의 차 문화에 불교의 선禪을 접목해 독특한 차 문화를 만든 사람으로, 전국시대에 살면서 인생 무상과 허무를 느껴 다도에 마음을 비우고 살아가며, 죽어서도 깨끗함을 남기는 일을 추구하였다.

겹겹이 쌓인 형식미를 거쳐 도달되는 경지로써 손님을 모시며 자신을 발견해 가는 독특한 커뮤니케이션 형태로 접대를 통해, 상대방도 만나고 궁극적으로는 자기 자신과도 만나는 것으로 보통 4시간이 소요되는 다도를 개발하였다.

세계사를 바꾼 차

가. 차마고도茶馬古道

중국 서남부 윈난성·쓰촨성의 차와 티베트의 말을 교환했다고 하여 차마고도로, 한漢 무제 때 동서 교역로 이용되던 실크로드Silk Road보다 200여 년 앞선 약 BC 300년 전 인류 최고最古의 교역로이다.

티베트를 넘어 네팔·인도까지 이어져 약 5000㎞에 이르며 평균 해발 고도가 4,000m 이상인 높고 험준한 길이며, 물건을 교역하던 상인 조직을 '마방'이라고 하고, 교역 물품은 차와 말 외에 소금, 약재, 금은, 버섯류 등 다양했다.

나. 보스턴 차 사건

1773년 영국 총리 F.노스는 영국과 프랑스의 북아메리카 식민지 7년 전쟁의 손해 만회를 위해, 미국 식민지의 상인에 의한 茶의 밀무역을 금지하고, 이를 동인도 회사에 독점권을 부여하는 관세법을 성립시키자, 영국의 과도한 세금 징수에 반발한 북아메리카 식민지 주민들이 1773년 12월 16일 보스턴 항의 배에 실려 있던 차茶 상자를 바다에 버린 사건이다.

보스턴 시민들이 대항하고 매사추세츠 의회 하원도 이에 동조하여, '혁명정부'의 모체를 구축한 이 사건은 1775년 무력충돌의 도화선이 되었고, 결국 '미국 독립혁명'의 직접적인 발단이 되었다.

다. 아편전쟁

영국은 산업혁명 이후 19세기 청나라에 모직물과 면화를 수출하고 청나라로부터 '홍차', 비단, 도자기 등을 수입하였다. 청나라는 은을 받고 홍차를 팔아 영국은 큰 손실을 보고 아편을 밀수출하자,

광저우에 특별 관리 임칙서를 보내 영국 상인들로부터 아편을 빼앗아 불태웠다. 영국은 이 일을 빌미로 1840년 6월 청나라를 공격하여, 청나라가 건립한 베르사이유 궁전 모습의 '서양루'가 있는 초 호화로운 '원명원'圓明園을 불태웠다.

1842년 8월 '난징 조약'을 체결하여 홍콩을 영국에 할애하고, 청나라는 2차 아편전쟁 중재仲裁 대가로 1858년 '아이훈조약'을 맺어, 흑룡강 좌안(상류에서 하류 방향의 왼쪽 : 강 북쪽 지방)의 한반도 3배 면적과 연해주(한반도 면적의 약 1배)를 러시아에 내주었다.

태평양으로의 진출이 막히고 반 식민지화되어 1884년 청일전쟁에 패하고, 1911년 신해혁명으로 청나라가 멸망하여 중화민국이 건국하였다.

라. 도자기와 홍차

유럽은 일찍이 홍차의 유행으로 자기 본연의 아름다움을 지니며, 차의 맛과 향, 색을 지켜주며 보온성이 뛰어난 '중국의 도자기china'를 좋아하여 중국과 일본의 도자기 산업은 비약적으로 발전하였다.

이에 영국은 다기가 부족하여, 직접 본차이나Bone China 다기를 생산하여 큰 성공을 거둔다.

7장

❀

한국의 전통문화

- 탈춤 : 얼굴에 가면(탈)을 쓰고 무용·음악·연극요소가 있는 종합예술로 판소리와 함께 조선 후기의 민중예술로, 농경 사회 초기에 신에게 풍년을 기원하며, 탈은 신을 즐겁게 하고 액운을 물리치는 역할을 하였다.

　삼국시대엔 궁중연회나 불교 행사에 펼치다가, 조선 시대에는 나례 도감 (산대도감)에서 관장하다 중기에 해체되었다. 먹고 살기 위해 민중예술로 변하여, 나루터 등 큰 장터에서 양반을 능멸하거나 파계승과 첩을 둔 부부를 놀려 신분 사회를 풍자하거나, 민중들의 고달픈 삶을 해학적으로 그렸다. 하회 별신굿 탈놀이, 북청 사자놀음, 봉산 탈춤 등이 전해지고 있다.

- 판소리 : 판소리는 소리광대가 서서 '소리'唱(노래)도 하고, '아니리'白(말) 도 하고, '발림'(몸짓, 춤)도 하며, 긴 이야기를 엮어 나가고, 고수는 앉아서 추임새를 하며, 북 장단을 치는 판놀음의 한 가지로 구비문학口碑文學이다. 조선 중기에는 소리광대가 여러 이야기를 판소리로 짜서 불렀던 가운데 열둘을 골라 판소리 열두 마당이라 하였다.

　조선말에까지 남은 다섯 마당은 <춘향가>, <심청가>, <흥보가>, <수궁가 : 토끼타령>, <적벽가 : 삼국지연의>, (변강쇠타령)이고, 다음 일곱 마당은 전승이 끊어졌다. <가루지기타령>, <배비장타령>, <장끼타령>, <옹고집타령>, <강릉매화타령>, <왈자 타령>,

< 가짜 신선타령 >

▷ 판소리의 발전 : 충청도 전라도의 평민들이 서민에서 시작하여 양반으로 발전하고, 상업발달로 중부자가 늘고 신분 격차가 줄면서 판소리 공연이 늘어났다.

판소리의 유파流派는 섬진강 사이로 전라도 동북지역의 소리제를 '동편제'東便制라 하고, 전라도 서남지역의 소리제를 '서편제'西便制라 하며, 경기도·충청도의 소리제를 '중고제'中高制라고 하며 '1인 오페라one-man opera'로 세계 문화유산에 지정되었다.

▷ 신재효申在孝(1812~1884)는 19세기에 향리라는 신분적 한계와 현실의 장벽을 절감하여, 자신에게 보상과 자족감을 안겨줄 수 있는 다른 세계에 몰입함으로써 대리만족을 추구하였다.

고창 지역에서 활동했던 중인 출신의 판소리 이론가이자 비평가, 판소리 여섯 바탕 사설의 집성자集聲者, 판소리 창자들의 교육 및 예술 활동을 지원한 후원자이다.

명창들에게 판소리 이론을 지도하였고, 그 나름대로 여섯 마당 판소리 사설을 다듬었고, 판소리를 상층 양반과 연결하는 중개인의 역할을 하였으며, '고창 읍성' 앞에 생가와 기념관이 있다.

• 강강술래(강강수월래强羌水越來) : 남서부 지역에서 널리 행해지는 '강강술래'는 풍작과 풍요를 기원하는 풍속의 하나로, 주로 음력 8월 한가위 밤에 수십 명의 마을 처녀들이 모여서 손을 맞잡아 둥그렇게 원을 만들어 돌며, 한 사람이 '강강술래'의 앞부분을 선창先唱하면 뒷소리를 하는 여러 사람이 이어받아 노래를 부르며, 세계 인류 무형 문화유산으로 등재되었다. 역사적인 기능으로 1592년 이순신 장군은 여자들에게 밤에 모닥불을 가운데 두고 강강술래를 하도록 하여, 멀리서 보았을 때 깜박거리는 그림자 때문에 일본의 왜군은 이순신 장군의 병력을 과대평가하여 아군이 승리하게 해주었다

• 아리랑 : 구전으로 전승되고 재창조되어 온 한국의 전통 민요로 아리랑의

어원은 여러 설이 있으나, 의미 없는 사설nonsence verse로 흥을 돕고 음조를 메워 나가는 구실을 할 뿐이다.

한국에서 가장 유명한 아리랑은 강원도의 '정선아리랑', 호남 지역의 '진도 아리랑', 경상남도 일원의 '밀양아리랑' 등 3가지로 약 60여 종, 3,600여 곡에 이르며, 선교사 헐버트가 처음으로 악보를 작성하여 선교지에 게재하였다.

오늘날의 아리랑은 한국을 가장 명확하게 대표하는 문화 상징이자 음악적 영감의 순수한 원천으로서 전 세계인에 알려져, 세계 어디에 거주하든 한국인과 대한민국, 또 한국인과 다른 한국인 사이를 이어주는 문화의 탯줄과 같은 역할을 하고 있다. 남북 단일민족의 상징으로 한반도기 사용과 아리랑을 부르고 있으며 세계문화유산으로 지정되어 있다.

- 농악農樂 : 농촌에서 집단노동이나 명절 때 등에 흥을 돋우기 위해서 연주되는 음악으로, 풍물·두레·풍장·굿이라고도 한다. 김매기·논매기·모심기 등의 힘든 일을 할 때 일의 능률을 올리고, 피로를 덜며 나아가서는 협동심을 불러일으키려는 데서 비롯되어, 각종 명절이나 동제洞祭·걸립굿·두레굿과 같은 의식에서도 빼놓을 수 없는 요소가 되고 있다.

  농악은 꽹과리·징·장구·북·소고(버꾸)·태평소·나발 등 타악기가 중심이 되고, 양반(양반 모습으로 나오는 사람)·무동·가장녀假裝女·창부 등 가장무용수假裝舞踊手들의 춤과 노래로 이루어지며 세계문화유산으로 지정되었다.

- 씨름 : 두 사람이 샅바를 잡고 힘과 기술을 겨루어 상대를 넘어뜨리어 승부를 겨루는, 우리나라 전통의 민속놀이이자 운동경기로 세계 문화유산으로 지정되었다.

- 줄타기 : 한국의 전통 공연예술인 줄타기는 음악 반주에 맞추어 줄타기 '곡예사'와, 바닥에 있는 '어릿광대'가 서로 재담을 주고받으며, '악사'들은 그 놀음에 반주하고 세계문화유산으로 지정되어 있다.

8장

❀

별의 별 이야기

'우리는 어디에서 왔는가?'

우리의 몸이 우주의 먼지로 만들어졌다는 우주의 탄생과 지진 및 화산 활동은 물론, 생물탄생의 신비 및 비행기가 나르는 대기의 구조와 우주탐사에서 얻어지는 경제적 효과도 알아보며 미래의 변화를 상상해보고자 한다.

우주의 탄생

가. 우주의 역사

약 138억 년 전 상상할 수 없을 만큼의 초고온, 초고밀도의 물질이 대폭발을 일으켰다. 폭발 후 10~35초 동안 우주 공간이 급속하게 팽창과 더불어 온도가 낮아지고 밀도도 점차 줄어들면서 물질이 생성되기에 이른다. 마침내 이 속에서 은하와 무수한 별들이 탄생하였다. 이것이 빅뱅이론에 근거한 우주 탄생의 과정이다.

나. 빅뱅이론

1929년에 허블은 은하들의 적색 이동을 조사한 끝에 멀리 떨어진 은하

일수록 더 빠르게 멀어지고 있다는 사실을 알아내, 팽창의 중심과 우주의 중심이 없다는 것을 의미한다.

그는 온도와 밀도가 높은 초기 우주가 급격하게 팽창하면서 점차 식기 시작하였고, 이 초기 우주에서 수소, 헬륨 같은 가벼운 원소가 만들어져 현재까지 우주 대부분을 차지하게 되었다고 주장하며, 현재까지 우주의 생성을 설명할 수 있는 가장 적합한 모형으로 알려져 있다.

다. 별의 일생

항성恒星은 탄생기에 있는 원시별原始星, 청·장년기의 주계열성主系列星(별의 90% 일생대)이나 왜성矮星(태양 같은 대부분의 작은 별), 노년기의 거성巨星·초거성超巨星, 소멸해가는 초신성超新星, 죽은 별의 잔해인 백색 왜성·중성자별中性子星 또는 블랙홀 등으로 분류된다.

별은 활동하는 동안에는 새로운 물질을 만들어내고, 마지막 단계에서는 만들어 낸 물질을 우주 공간으로 내보낸다. 지구와 같은 행성들의 구성 물질이 되기도 하고, 생명체의 구성 성분이 되기도 한다.

라. 별의 탄생

별은 가스와 먼지로부터 생긴다. 이 성간 물질이 주위 물질을 끌어당겨 중심핵을 형성하고, 자체 중력에 의해 수축을 계속하여 '원시별'原始星이 탄생한다.

일정 정도 중력 수축해 온도와 밀도가 매우 높아지면, 수소가 연소하여 헬륨이 되는 핵융합 반응이 시작되고, 헬륨이 다시 반응하여 탄소·질소·산소 등을 생성하는 반응이 이어진다. 이러한 핵융합 반응을 거치면서 별의 내부에서는 무거운 물질이 만들어지며 빛을 내는 '주계열성'主系列星에 접어든다.

주계열성은 질량이 클수록 반경도 크고 광도도 커서 밝으며, 표면 온도와 중심온도도 높다. 하지만 중심밀도는 낮다. 별은 대부분의 일생을 주계열성으로 지내는데, 주계열성의 수명은 질량과 반비례하여 질량이 클수록 수명이 짧아진다.

마. 팽창하고 수축하는 별의 일생 소멸

태양과 같은 별은 중심부의 수소가 모두 연소하고 나면, 별의 바깥층이 부풀면서 '적색 거성'이 된다. 그 뒤 적색 거성 바깥층의 대기가 급속히 분출되면 '행성상 성운'이 형성되고, 중심에 '백색 왜성'이 남게 된다.

즉, 백색 왜성은 태양과 같은 별이 거치는 마지막 단계로, 핵의 물질을 다 소모하고 수명을 다할 때 남아있는 별의 뜨거운 핵심 부분이 굳어진 것이며, 대부분 탄소로 돼 있다.

태양보다 8배 이상 무거운 별은 '적색 초거성'이 되며, 초신성 폭발을 일으켜 '중성자별'로 남는다. 폭발 과정에서 많은 먼지를 우주에 뿌리며, 여기서 다시 새로운 별이 탄생한다.

질량이 태양의 30배 이상인 이 별은 수소 핵반응→헬륨 핵반응→탄소 핵반응을 모두 거친다. 탄소 핵융합 반응 과정에서는 철이 만들어진다. 그러나 철은 더는 반응하지 않고, 별은 급격하게 수축하면서 다시 온도와 압력이 올라가 엄청난 폭발이 일어나는데, 이를 '초신성超新星 폭발'(우리 은하계는 100년 1회 정도 초신성 폭발이 있음)이라고 하며 이때 '블랙홀'이 생긴다.

바. 원소의 탄생

원소는 빅뱅 직후의 대폭발 핵 합성, 항성 속에서의 항성 핵 합성, 초신성 폭발에 의한 초신성 핵 합성, 우주선宇宙線(우주 공간을 떠도는 고에너지의 방사선)에 의한 우주선 파쇄, 인공 원소 합성 등으로 원소가 합성된다. 핵합성은 핵융합이나 핵분열을 통해 새로운 원자핵을 만들어내는 과정이다.

우주의 역사와 함께 원소도 탄생했다. 빅뱅 발생 1초 후에 '수소', 3분 후에 '헬륨'이 만들어졌고, 헬륨의 핵융합 시 '탄소'가 생기고, '산소'는 초신성 폭발 시 생기고, 이후 수소 92%와 헬륨 8%의 원시 지구가 탄생했다. 철까지의 원소는 항성 속에서 핵융합으로 만들어졌고, 철보다 무거운 원소는 초신성 폭발과 인공 원소 합성으로 인해 만들어졌다.

지금까지 알려진 원소는 모두 118가지이나, 이 중에서 자연계에 존재하는 원소는 94가지이며, 나머지는 지구에서 자연적 핵변환으로 생성되어 존재하거나 인공적으로 합성된 것들이다.

- 수소 : 우주 질량의 약 75%, 원자의 개수로는 90%를 차지하고 있고, 태양은 수소 핵융합으로 에너지를 방출하며, 태양에서 나오는 빛으로 식물이 광합성을 한다. 식물은 먹이 사슬을 통해 사람과 동물의 먹거리가 되기 때문에 수소는 모든 생물의 에너지원이라 볼 수도 있다.

  지구의 지각권에서는 물 분자나 유기 화합물과 같이 화합물을 이룬 상태로 대부분 존재하며, 지구 표면에서는 산소와 규소에 이어 세 번째로 많은 원소이나, 가장 가벼운 원소로 지표 하층부 대기 중에는 극소량이다.

  수소폭탄, 냉각제, 암모니아·염산·메탄올 등의 합성에 대량으로 사용되며, 액체연료의 제조, 금속의 절단과 용접, 수소에너지로 수소자동차 등 수소를 연료로 사용하는 무공해 에너지원으로 각광 받는다.

  ▷ 수소연료전지 자동차 : 지구는 화석연료 사용으로 이산화탄소의 증가를 가져와 지구온난화에 의한 환경변화로 인류의 멸종 위기를 맞이하고 있고, 화석연료의 고갈과 석유파동으로 인한 가격 상승 등의 이유로 1961년 최초의 수소차가 성공한 이래 친환경 연료로 수소에너지가 주목받으며 우리나라가 2013년 세계최초로 수소 자동차 상용화를 하고 있다.

  수소자동차의 전기 생산원리는 수소와 산소의 화학반응으로 전기를 생산하여 에너지로 쓰고, 부산물로 물을 생산하며 공기 청정 기능 까지 하는 미래산업의 핵심기술이다.

수소생산은 가장 쉽게 물을 분해하는 방법으로 필요한 전기는 태양력이나 풍력발전 및 심야 남아도는 전기로 생산하며, 수소생산 신기술이 많이 발전하고 있다. 운반비는 L.N.G.운송비의 1/3 가격이며 ㎞당 연비가 가솔린 차량보다 싸다. 충전 시간 이 3분 정도로 빠르나, 충전소 건설비가 개소당 아직은 10억 정도로 비싸, 대기업 운송회사 중심으로 시작하고 있다.

• 산소 : 우주 물질에서 3번째와 지구 대기량에서는 21%로 질소 다음으로 두 번째 많으며, 동물은 호흡을 통해 몸속으로 들어온 산소는 영양분을 태워 에너지를 얻을 수 있게 하며, 혈액 속에 녹아 몸 전체에 공급된다.

거의 모든 원소와 반응하여 산화물을 만들어 각종 화학공업·야금冶金 등에서 대량으로 사용되며, 금속의 용접·절단 등, 액체산소 폭약·흡입·로켓추진제 등의 용도도 많고, 의약용 산소흡입에서는 30%(부피)로 해서 쓰인다.

▷ 오존(O_3) : 오존이 가진 강력한 산화력은 적당량이면 하수의 살균, 악취 제거 등에 유용하게 이용되기도 하고, 대기권 상층부 오존층은 97%가 오존으로 자외선을 흡수하여 지구를 보호하는 역할을 한다.

대류권의 오존은 자동차 배기물의 이산화질소(NO_2)가 햇볕이 강한 복사 에너지에 의해 산소 원자(O)로 분해하고, 공기 중 산소 분자(O_2)와 반응하여 대기오염 물질인 오존(O_3)이 발생하기 때문에, 일조량이 많은 여름철 오후 2~5시 사이에 자동차 통행량이 많은 도시지역과 휘발성 유기 화합물을 많이 사용하는 지역에서, 피부나 점막과 접촉 시 심한 화상을 일으켜 호흡기와 폐에 나쁜 영향을 미치는 것으로 알려져, 야외활동과 차량 운행을 자제하여야 한다.

▷ 활성 산소 : 산소가 물로 환원될 때 불완전 환원이 되어 생기는 화합물로, 활성 산소(과산화수소 등)가 세포에 작용하면 세포가 노화되며, 심하면 암을 일으키기도 하나, 활성 산소가 생성되기 전에 재빨리 물로 환원

시키는 비타민 E가 있다.

▷ 심폐소생술(심장과 폐의 소생 응급조치)은 골든 타임이 3~5분으로, 119 신고와 자동 심장 충격기(제세동기)를 찾고 인공호흡 2회와 가슴 압박 30회를 번갈아 시행하는데, 인공호흡은 이산화탄소의 배출인 '날숨'으로 효과가 있나? 하는데, '들숨'의 공기 비율이 질소 78.62%, 산소 20.85%, 이산화탄소 0.03%이고, '날숨'은 질소 74.5%, 산소 15.7%, 이산화탄소 3.6%로 산소의 양이 비슷하여 효과가 있다.

가슴 압박은 심장이 있는 가슴 중앙부위를 두 손으로 1분에 100~120회 빠르기와 성인기준 5cm 깊이로, 늑골 골절 우려가 있음에도 힘 있게 계속하여야 한다.

- 질소 : 지구 대기의 약 78% 정도를 차지하고 있으며 지구 생명체의 구성 성분이며, 다이너마이트를 비롯한 각종 폭약을 만드는 데 기본적인 원료로 사용되며, 질산·질소·비료·염료 따위의 질소 화합물을 제조한다. 과자봉지의 충전제와 낮은 온도의 액체 질소(-196℃)는 식품의 냉동·건조에 사용하기에 적합하여 부패하기 쉬운 상품을 수송할 때 냉동제로 쓰인다.

- 이산화탄소(CO_2) : 탄소가 탈 때 공기 중의 산소와 합쳐져 만들어지고, 지구에 0.03%로 네 번째 많이 존재한다. 나무의 광합성작용, 동물의 호흡, 탄산음료 및 맥주 생산, 드라이아이스, 냉매, 소화기, 빵의 부풀림, 지구 복사 에너지인 자외선을 흡수하여 온실가스의 주범으로 지목된다.

- 우주의 물의 탄생 : 물은 우주 탄생 약 10억 년 후인 120억 년 전부터 우주에 등장했다고 하는데, 2011년 7월 초거대블랙홀 천체인 퀘이사 APM 08279+5255라는 활발한 은하 부근에서 천문학자들은 거대한 우주 저수지를 발견했다.

그곳 구름에는 지구 바닷물 양의 140조 배 이상의 물이 포함되어 있었는데 별을 만드는 데 사용되지 않은 원소들은 우주 공간에 떠돌다가 다른 원소들을 만나 결합한다. 산소 원자 하나가 수소 원자 두 개를 붙잡으면

H2O, 바로 물 분자가 되는 것이다.

이들이 행성이나 소행성들이 만들어질 때 합류한다. 지금도 우주를 떠도는 수많은 소행성, 혜성彗星들은 이 물 분자가 만든 얼음덩어리로 되어있다.

- 지구상 물의 생성 : 원시 지구는 한때 가혹한 소행성 포격 시대를 겪으며 이들 천체는 거의 얼음으로 이루어진 것으로, 어느 정도 식은 원시 지구에 대량 충돌한 얼음과 또한 지구 중 물체에 있는 수분이 증발하여 비가 되어 바다를 만들었다는 설이 지배적이다.

- 생명체의 탄생 : 초창기 지구의 대기는 지금과 달리 오존층이 없었기 때문에 태양으로부터 나오는 자외선(생물에 치명적임)을 막을 방법이 없어, 이때 유일하게 자외선을 피할 수 있는 곳이 바닷속이었고 38억 7천 만 년 전 최초의 생명체가 나타난 것도 바다였다.

우주의 구조

가. 우주의 크기

우리 우주의 크기는 현재 관측된 천체 자료를 근거로 계산해 보면, 400억 광년이나(나이는 138억 년) 된다. 넓은 우주에서 우리의 태양계가 속한 우리 은하에만도 1,000억 또는 2,000억 개의 항성이 있다고 한다.

우리 은하 외 다른 은하가 2,000억에서 약 5,000억 개의 은하가 있을 것으로 추정하여, 우주 전체에 있는 별을 수량화하여 나타낸다는 것은 별 의미가 없다고 생각된다.

나. 태양계의 구성

• 항성恒星, star(별) : 핵융합 반응을 통해서 스스로 빛을 내는 고온의 천체로 태양을 들 수 있다.

▷ 태양太陽 : 약 45억 년 전에 생성된 것으로 추측되며 수명은 약 123억 년이고 태양 질량의 약 73%는 수소, 약 25%는 헬륨, 2%쯤은 산소, 탄소, 네온, 철 같은 무거운 원소들로 이루어져 있으며, 지구보다 109배 크고, 질량은 지구보다 약 33만 배 무거워 태양계 전체 질량의 약 99.86%를 차지한다.

지구에 도착한 '태양 복사輻射(전자기파가 사방으로 방출됨 또는 그 열이나 전자기파로 태양복사에너지의 44%가 지구에 도착함)에너지'는 식물의 광합성에 이용되고, 지구상 생명체의 생존에 필요한 에너지를 공급하며, 지구에 도달한 태양복사에너지의 지표면 부등不等 가열 등은 지구의 날씨와 기후를 만든다.

▷ 빛(전자기파) : 사람의 눈으로 들어와 시각 신호를 만들어낼 수 있는 전자기파로서 가시광visible light이라고도 하며, 더 넓은 뜻으로는 가시광에 파장이 더 긴 적외선과 파장이 더 짧은 자외선까지 포함하기도 한다. 아주 넓은 뜻으로는 전자기파 전체(파장 길이에 따른 분류 : 라디오파, 극초단파, 적외선, 가시광, 자외선, 엑스선, 감마선)를 뜻하기도 한다.

▷ 엑스선X-ray : 핵 밖으로 방출되는 파장이 짧고 투과력이 강한 전자파 방사선으로 물질을 잘 투과하여, 재료의 시험이나 의학용(C.T.촬영)으로 사용되어 진단의학과 현대 물리학의 발전으로 1895년 렌트겐이 발견 이후를 20세기 과학의 분기점으로 보며 최초의 노벨 물리학상을 수상 하였다.

▷ 무지개rainbow : 무지개는 물 문인 '물지게'가 변한 무지개로, 대기 중 수증기에 의해 태양광선이 굴절, 반사, 분산되면서 나타나는 기상학적 현상으로, 무지개는 하늘에서 태양이 위치한 반대편에 형성되게 되며, 모양은 원형이나 지표면에서는 호 모양으로 생기지만 높은 공기 중에서 보면 원형이다.

물방울의 크기에 따라 쌍무지개에서 4차 이상도 발생하나, 흐려져서 3차 이상은 잘 안 보이고, 무지개색은 프리즘으로 보면 207가지로, 우리나라와 독일 멕시코는 5색 무지개, 미국은 6색, 이슬람은 4색으로 말하나, 7가지 색은 뉴턴이 서양인의 7음계, 행운의 수, 성경의 완전한 수이며 성스러운 수를 생각하여 7가지 색으로 설명하였다. 요즘은 미세먼지로 시야를 흐리게 하여 무지개 보기가 어려워지고 있다.

- 행성行星(혹성) : 질량이 핵융합 반응을 일으킬 만큼 크지 않고, 그 궤도 주변에 있는 천체들에 대해 압도적 영향력이 있는 항성 주변을 공전하는 천체이다.

  ▷ 8행성 : 태양-수성-금성-지구-화성-목성-토성-천왕성-해왕성-(명왕성은 '왜소행성'으로 퇴출당하였음)

  ▷ 소행성 : 태양을 공전궤도로 하여 돌고 있는 조그만 바윗덩어리 천체로, 대부분 반지름이 50㎞ 이하이며, 태양계에서는 궤도를 알고 있는 소행성만 4,000개가 넘는다.

  ▷ 지구형 행성 : 주로 암석 덩어리로 이루어진 행성으로 수성, 금성, 지구, 화성 등이다.

  ▷ 목성형 행성 : 주로 가스 덩어리로 이루어진 행성으로 목성, 토성, 천왕성, 해왕성 등이다.

- 위성衛星 : 행성, 왜소행성, 소행성, 카이퍼대 천체Kuiper Belt Objects와 같은 태양계 천체의 주변을 공전하는 천체로, 태양계의 6개 행성은 지구의 달을 포함하여 185개의 위성을 가지고 있다.

  ▷ 달 : 인류가 직접 탐험한 최초이자 유일한 우주로, 지구에서 떨어져 나가 생성된 달에 의하여 음력, 조수潮水의 이동, 일식, 월식이 일어난다.

- 카이퍼 벨트 : 태양계의 해왕성 궤도보다 바깥이며, 황도면 부근에 천체가 도넛 모양으로 밀집한 영역이다.

- 오르트 구름 : 먼지와 얼음이 태양계 가장 바깥쪽에서 둥근 띠 모양으로

결집하여 있는 거대한 집합소이다.

▷ 혜성彗星(살별 : 꼬리별尾星) : 행성으로 자라지 못한 얼음 먼지들(고체형)로, 주로 카이퍼대와 오르트 구름에 분포하며, 태양계에만 1억 개 정도로 유성우는 혜성의 잔해들이다.

▷ 유성流星(별똥별 : 운석隕石) : 혜성이나 소행성에서 떨어져 나온 모래알 정도 크기에서 바위 정도 크기 되는 미소한 천체들이, 지구의 중력에 끌려 들어가면서 대기와의 마찰로 인해 불타면서 밝은 빛을 내는 운석을 말한다.

▷ 기라성綺羅星 : 밤하늘에 반짝반짝 빛나는 뭇 별, 또는 위세 있는 사람이나 그런 사람들이 많이 모여 있는 모양을 비유할 때 흔히 쓰는 일본어이다.

지구과학

가. 지구의 구조

지름이 1만 2,756㎞이고, 태양에서 1억 4,960만 ㎞ 떨어져 있으며, 초속 29.79㎞의 속도로 365.256일에 한 번씩 공전하고 23.9345시간에 한 번씩 자전한다.

• '지각'은 지구의 겉면으로 두께가 5~70㎞로 지구 부피의 1% 정도로, 해양지각은 약 5~10㎞의 두께로 얇고 밀도가 높으며, 대륙 지각은 35㎞로 높은 산맥의 아랫부분은 두꺼우며, 100㎞ 높이까지 대기권이 형성되어 있다.

• '맨틀'은 지각의 아래 2,885㎞까지는 암석으로 온도가 4,000℃ 정도 되고, 지구 부피의 84%를 차지하고, 지각 바로 아래 있는 맨틀은 고체 상태로 철과 마그네슘이 많이 함유된 암석이 주를 이루고 있고 물의 양도 많아 바다의 1.5배나 된다.

지구의 구조 중 맨틀은 판구조론의 가장 핵심이 되는 부분으로 지질활동에도 절대적인 영향을 끼치며, 화산 활동이 일어날 수 있는 근원이다.

- '외핵'은 액체로 철과 니켈이 녹아 상하 온도 차이와 지구의 자전으로 대류對流를 하며 5,144㎞까지로 외핵이 내핵 밖을 대류를 하면서 지구 자체의 질량으로 인한 압력이 발생하기 때문에, 중심핵에서 열이 생겨 이 열은 지구의 '자기장'을 유지하는 데 중요한 역할을 한다.

- '내핵'은 압력이 높아 고체 상태로 내핵의 온도는 5,500~6,960도이며, 철은 88%, 니켈은 4.5%, 황은 2% 정도의 비율로 존재한다.

- 자기장磁氣場 : 지구가 자석 역할을 하며 자기 극점은 매년 조금씩 위치가 변하며, 자기장은 우주선宇宙線과 태양의 입자들로부터 방패 역할을 한다. 지구에는 오로라가 발생하고, 장거리 이동하는 철새는 방향을 감지한다. 태양풍에 의한 자기장 교란은 전자파 장애, 나침판 교란, 인공위성 피해 등도 일으킨다.

- 지구의 운동 : 46억 년 전 태양계 생성 시 뭉쳐진 가스 입자들의 중력이 증가하면서, '중력붕괴'를 일으켜 가스들은 서로 떨어져 나갔고, 태양계 성운의 회전력에 의해 일정방향으로 돌기 시작한 각운동량 보존법칙角運動量保存法則, conservation of angular momentum에 따라 계속 돌았다.

  ▷ 자전自轉 : 지구의 자전은 지구가 남극과 북극을 잇는 선을 축으로 초속 463m/sec 반시계방향으로 회전하는 현상으로 밤과 낮이 발생하는 원인이다. 태양을 기준으로 했을 때 '24'시간마다 회전하며, 원자시계를 기준으로 하는 현대적 하루를 기준으로 하면 달은 매년 지구로부터 3.8cm씩 멀어져 1세기 전 하루의 길이는 현재보다 약 1.7밀리 초(1/1,000) 짧다.

  ▷ 공전公轉 : 지구가 하루에 360°/365.25일 도로 평균 초속 29.76㎞/sec 반시계방향으로 태양 주위를 공전하기 때문에 천구 상에서 별자리에 대한 태양의 상대 위치가 서에서 동쪽으로 하루에 약 1°씩 움직이게 되는데, 이를 태양의 연주운동年周運動, annual motion이라고 한다.

천구天球(지구의 관측자 중심에 본 천체) 상에서 태양이 이동한 겉보기 경로를 '황도'黃道라고 부르며, 지구 자전축이 23.5° 기울어져 있으므로 사계절이 있다.

- 북쪽의 기준점

    ▷ 진북眞北 : 어느 지점에서의 진북은 그 점을 통하는 자오선의 북쪽 지점으로 북극성을 가리키나, 서울의 도북 기준 자북 편각은 대략 6.5°W이고 진북은 1° 10′E이다.

    ▷ 자북磁北(자북극) : 자석의 바늘 또는 나침반이 북쪽을 가리키는 방향이 자북이고 경년 변화經年變化(시간의 경과에 따라 변함)가 나타나며 우리나라에서는 진북으로부터 서쪽으로 6~7° 기울어져 있다.

    지구 자기장의 북극은 지리상의 북극과는 일치하지 않아 해마다 조금씩 변하여 2005년의 자북은 캐나다 북부의 엘즈미어섬 부근이며 '20만 년~30만' 년마다 역전된다.

    ▷ 도북圖北 : 지도상에서 경위선 좌표에 따라 설정되는 북쪽을 말한다.

나. 지구의 판구조론

'대륙이동설'에서 발전된 판구조론은 움직이는 대륙을 판으로 정의하고, 움직이는 원동력을 '맨틀의 대류'로 설명하며 '해저 확장설'로 증명되었다. 암석권 판은 지각과 식어서 굳어진 최상부의 맨틀로 구성되며, 그 아래의 연약권은 점성이 있는 맨틀로 대류 작용한다.

2억5000만 전의 '판게아' 판pangea(전체 대지)이 6,500만 년 전에 지금의 모습으로 되었는데, 10개의 주요 판들은 서로 움직이면서 '수렴경계', '발산경계', '보존경계'의 세 종류의 경계가 형성되었으며, 판의 경계를 따라 지진, 화산, 조산 운동, 해저산맥, 해구 등이 발생한다.

- 필리핀 마리아나 해구 깊이가 11,034m이고, 에베레스트산 높이가 8,848m 이다.

- 불의 고리 : 미국과 소련이 1963년 핵실험 감시용으로 전 세계에 설치한 지진계의 검측 결과, 세계 주요 지진대와 화산대 활동이 중첩된 지역인 환태평양 조산대에서, 세계 활화산과 휴화산의 75%와 전 세계 지진의 80~90%도 이곳에서 발생하여 붙여진 용어이다.

- 지구대地溝帶, rift valley : 지구대는 '판 구조 운동'으로 이루어진 대규모의 것을 말한다. 맨틀 대류가 상승하는 곳이 대륙 지각 밑에서 생길 때는 지각이 갈라지며, 양쪽에 거의 평행한 정단층군正斷層群이 발달하며 그 안쪽은 저지低地를 이루게 된다.

  '동아프리카 지구대'는 에티오피아 중부에서 우간다 서부를 거쳐 탕가니카호(말라위호)와 니아사호를 잇는 지대를 장장 4,000㎞ 이상을 달리고 있고, '사해死海(호면은 해수면보다 -395m) 지구'는 요르단 계곡이라고도 하는데, 홍해의 아코바만에서 시작하여 사해를 거쳐 갈릴리호에 이르는 600㎞ 정도가 이어져 있다.

  우리나라에도 길주-명천 지구대와 형산강 지구대 등이 있고, 이 지구대는 산악지방에서 교통로로 이용되기 때문에 지리적으로 매우 중요하다.
  ▷ 지구地溝, graben : 조산 운동造山運動 후기에 나타나는 비교적 소규모의 것으로, 거의 평행한 2개 이상의 정단층正斷層 사이에 발달된 길고 낮은 지대를 말하며, 높게 남아있는 부분은 지루地壘(둘레가 단층으로 경계 지어진 산지)라 한다.

  세계적으로 잘 알려진 지구는 라인 지구 · 바이칼지구 · 오슬로지구 등이며, 한국에서는 공주~진천을 잇는 지대地帶도 지구에 해당한다.

다. 지진

지구 내부에서 오랜 기간에 걸쳐 대륙의 이동, 해저의 확장, 산맥의 형성 등에 작용하는 지구 내부의 커다란 힘으로, 축적된 에너지가 갑작스럽게 방출되어 지구 또는 지표를 흔드는 현상이다.

- 진원震源 : 지진이 일어나는 원인인 에너지가 발생한 점

- 진앙震央 : 진원에서 수직으로 연결된 지표면의 점

- 진도震度 : 지진이 일어났을 때 사람의 느낌이나 주변의 물체 또는 구조물의 흔들림 정도를 수치로 표현한 것.

- 지진의 규모 : 진원에서 방출된 지진에너지의 양을 나타내며 리히터 규모는 규모 1.0은 다이너마이트 60톤에 해당하며 규모가 1.0 증가할 때마다 에너지는 30배씩 늘어난다.

라. 화산 활동

지구 내부에서 형성된 마그마magma가 지각을 뚫고 지표에 분출함을 의미하며 주로 지각이 불안정한 판 경계면에서 발생한다.

- 마그마 : '섭입대'攝入帶(해양판이 대륙판 아래로 밀려들어 가는 곳으로 물이 들어가 마그마가 생기고 지진이 발생한다), '중앙해령'海嶺(벌어지는 암석권인 판 사이를 메우기 위해, 맨틀 부분이 상승하면 압력감소로 마그마가 생겨 분출하여 산맥을 이룬다),
  '열점'熱點(맨틀 심부와 연결되어 마그마가 분출하는 지점), '대륙 열곡대'裂谷帶(좁고 긴 계곡 : 地溝帶) 등에서 맨틀 내지는 하부지각이 열을 받거나 압력이 낮아져 부분 용융하여 생성된다.

- 용암 : 마그마가 분출한 것 또는 그것이 고결된 것.

마. 대기권의 구조

건조 공기의 성분은 그 부피로 질소(약 78%), 산소(21%), 아르곤(0.9%), 탄산가스(0.03%)가 99.9%이며 지구를 둘러싸고 있는 공기의 층을 기권이라고 한다. 기권은 지표에서 높이 약 1,000㎞까지이며, 대기의 약 99%는 높이 약 32㎞ 이하에 존재한다. 기권에는 높이 올라갈수록 기온이

높아지는 층도 있고 낮아지는 층도 있다.

기권은 높이에 따른 기온 변화를 기준으로 대류권, 성층권, 중간권, 열권으로 구분하며, 대류권에서는 기상 현상, 성층권은 오존층에 의한 자외선의 흡수, 중간권은 대기권 중 가장 낮은 온도, 열권은 오로라 등의 특징이 나타난다.

• 구름이 생기는 대류권對流圈

기구를 타고 하늘로 올라가면서 온도를 측정해 보면, 지표면으로부터 약 10~12㎞(적도 지방은 16㎞ 정도, 극지방은 8㎞ 정도) 높이까지는 기온이 계속해서 내려가는데 이 구간을 대류권이라고 한다.

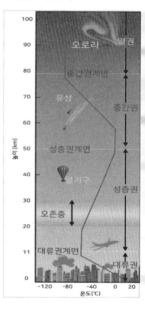

대류권에서는 1㎞ 올라갈 때마다 기온이 약 6.5℃씩 내려가고, '대류 운동'으로 인해 구름이 생기며, 눈이나 비가 내리는 여러 가지 기상 현상이 나타나게 된다.

▷ 지구 복사열輻射熱 : 태양에서 방출하는 열을 직접 지구가 흡수하여 다시 열로 내놓은 것을 말한다.

• 안정적인 성층권成層圈 : 성층권은 대류 권계면圈界面(11㎞)으로부터 높이 50㎞까지의 대기층으로, 질소가 대부분이며, 기압의 변화가 없고 습도가 낮으며, 바람과 구름도 거의 없다. 이 구간에서는 고도가 상승할수록 기온이 높아져 성층권 꼭대기인 성층권 계면에서의 기온은 지표 온도보다 약간 낮은 정도가 된다.

▷ 제트기류 : 편서풍의 상층부인 대류권의 상부 혹은 권계면 부근에 존재하는, 풍속이 증가하고 풍향이 거의 일정하여 폭이 좁고 풍속이 강한 제트류jet stream가 발생하여 북반구에서 겨울철 '한대 제트기류'는 북위 35°에 위치하고, 여름철에는 북향하여 북위 50°에 가까워지며, 평균풍속은 겨울철에는 시속 130㎞, 여름철에는 시속 65㎞이다. '아열대 제트류'는 위도 30° 부근에 위치하며, 티베트 고원 남부에서는 서에서 동

으로 흐른다.

▷ 경제적인 비행고도 10,000m의 비밀 : 제트기류는 1944년 태평양전쟁 때 B29 폭격기가 10,000m대에서 폭격할 때, 오폭 원인과 운행시간 차이가 제트기류로 파악되어, 동경 폭격 시는 3,500m로 하강하여 정확한 폭격을 하였다.

'성층권 하부'(대류 권계면) 부근 구간에서 비행기가 비행하는데, 공기에 의한 양력확보와 제트엔진을 위한 산소를 공급한다. 구름이 없어 눈, 비와 같은 기상 현상이 나타나지 않아 매우 안정되어, 비행기가 가장 다니기 적합한 구간으로 파악하였다.

1952년 처음으로 대류 활동의 난기류 및 공기저항이 최저 구간인 10,000m(35,000피트)의 구름 위 제트기류인 편서풍대를 이용하여, 경제 속도인 시속 900~1,000㎞로 비행하였다. 우리나라에서 미국으로 갈 때 편서풍을 이용하여 2시간 이상의 시간 절약과 유류 절감하고, 귀국할 때는 북극항로를 이용한다.

운항 중 난기류 발생은 구불구불한 제트기류와 높은 산맥 및 적란운積亂 雲(수직 구름) 구간을 운행할 때 발생한다.

▷ 편서풍偏西風 : 편서풍은 지구 전체적으로 위도 30° 부근의 아열대고압 대와 위도 60° 부근 저압대 간 기압의 차이로 인해 대규모의 바람이 발생하는데, 지구 자전에 의한 전향력轉向力, Coriolis Force의 영향으로 편향되어 서쪽에서 동쪽으로 부는 바람이 편서풍이다.

태풍의 진로를 보면 태풍은 위도 5~10도 부근에서 발생해 북상하여 위도 30도 근처까지는 북서진하다가, 위도 30~60도에서는 편서풍의 영향을 받아 북동진하고, 황사와 중국 미세먼지는 편서풍을 타고 넘어와 피해를 준다.

▷ 무역풍貿易風 : 아열대 지방의 바람으로 중위도 고압대에서 적도저압대로 부는 바람으로, 북반구에서는 북동쪽으로 방향이 쏠려서(편동풍) 북동무역풍, 남반구에서는 남동쪽으로 쏠려서 남동무역풍이라 부른다.

역사적으로 유럽인들은 노예무역을 할 때 남동무역풍과 편서풍을 효과적으로 이용하여 아프리카로 가서, 서인도 제도나 미주지역으로 갈 때는 남동무역풍을 이용했고 노예를 내려놓고 유럽으로 돌아올 때는 편서풍을 이용했다.

▷ 태양으로부터 오는 자외선을 막아주는 오존층(O_3)

성층권의 중간 부분인 고도 20~30㎞ 부근에는 '오존'(O_3)이 밀집한 오존층이 있어, 오존층은 태양으로부터 오는 해로운 자외선을 차단하여 지구의 생명체들을 보호해주는 역할을 한다.

오존은 산소 원자 3개가 결합하여 만들어진 기체로, 우리 몸에 직접 닿으면 해롭지만, 성층권에서 태양으로부터 오는 자외선을 흡수해서 지구상에 사는 생물들을 보호하는 역할을 한다. 세계 각국은 오존층 파괴물질을 사용 금지하여 파괴된 오존층이 복구된 상태로 국제 협력의 좋은 사례이다.

• 가장 추운 중간권 : 성층권 계면으로부터 80㎞ 높이까지의 중간권은 대류권과 마찬가지로 고도가 높아지면 온도가 점점 내려간다. 그래서 중간권계면의 온도는 대기권 중에서 가장 낮은 -90℃까지 떨어진다.

또 우주에서 날아오는 돌멩이들이 대기 중에 들어와서 1~2초 동안 일등성 정도 밝기의 빛을 내는 '유성'流星(별똥별)도 중간권에서 잘 나타나는 현상이다.

• 대기권의 끝인 열권熱圈 : 열권은 중간권 계면 이후부터 대기권 끝이라고 할 수 있는 높이 약 1,000㎞까지의 구간을 말한다. 열권에서는 고도가 높아질수록 기온이 상승하는데 태양 활동이 활발한 대낮에 열권 상부의 기온은 2,000℃ 이상이 된다.

열권의 기온은 파장이 0.1㎛ 이하인 자외선을 열권에 있는 질소나 산소가 흡수하기 때문에 온도가 높아지며 공기의 양이 워낙 적어서 그리 뜨거움을 느끼지 못한다.

또 열권에 있는 전리층은 라디오파를 반사하는 성질이 있어서 위성의 도움 없이도 멀리 떨어진 지역들의 무선 통신이 가능하며, 우주 '왕복선과 국제 우주 정거장 궤도'는 모두 열권에 포함된다.

▷ 오로라aurora : 극지방에서 초고층 대기인 열권에서 나타나는 발광發光 현상으로, 태양으로부터 날아온 전기를 띤 입자들이 지구 자기장에 의해 극지방으로 모이면서, 고도 100~500㎞ 상공 대기의 산소 분자와 충돌하여 아름다운 빛을 내는 현상이다.

우주탐사와 산업화

아폴로 프로젝트에서 유발된 부가가치만 180조 원에 이르는 것으로 추산된다. 나사는 2012년 기준으로 약 1,800개 기술 상품들이 우주 기술에서 파생된 것으로 집계했다.

전자레인지, 냉동 건조식품, 가정용 정수기, 진공청소기, 메모리폼 베개와 매트리스, 적외선 체온계, CT, MRI, 레이저 혈관 수술이나 라식 수술 기술인 '엑시머 레이저 기술', 공기청정기, 화재경보장치, 내비게이션, ABS 브레이크, 연료전지, 스키안경, 하수종말처리장 정화기술, 소방관의 이산화탄소 경보기, 최근 사용하는 골프채, 테니스 라켓, 낚싯대 등 스포츠 레저용품은 모두 우주선을 제작하기 위해 개발된 특수재료를 활용한 제품들이다.

한민족과 별자리 문화 북두칠성

청동기 시대의 고인돌과 고구려 고분 벽화에 북두칠성北斗七星이 그려져 있으며 북두칠성은 재물과 재능을 주고 아이들의 수명을 늘려준다. 비를 내려 풍년이 들게 해주는 신으로, 도교에서 유래한 칠성신을 불교에 흡수되어 칠성각에 모시어 사찰의 수호신으로 자리 잡고, 칠여래七如來, 칠성도 불화로 발전하였다. 장독대 칠성단에 정한수井한水를 놓고 '비나이다 칠성님께 아들 점지 비나이다'를 빌었다.

　결혼식 '초례'醮禮는 북두 칠성님께 제를 올리는 초재醮齋에서 온 것이며, 죽을 때는 관 바닥에 북두칠성을 표시한 '칠성판'七星板을 깔고 시신을 모시었다. '상투'는 상두上斗(북극성)가 변한 것으로도 보며, '윷놀이판'은 북극성을 중심으로 1년 사계절 동안 사방위로 돌아가는 북두칠성의 천체 운행을 나타낸다.

　경복궁과 창덕궁은 '자미원'紫微垣(북극성 주변 성좌星座)을 본떠지었으며, 북두칠성 기운을 받고 태어난 인물로는 김유신, 강감찬, 정몽주, 안중근(안응칠)이 있다. '돼지머리 고사'는 7 구멍의 북두칠성을 의미하기도 하고, 돈豚이 돈과 발음이 같아 재물을 의미하기도 한다.

- 계절별 북두칠성 모양 : 태양계가 북극성을 중심으로 돌고 있어 봄 자정쯤에는 북두칠성이 북극성 위에 있고, 가을 자정쯤에는 북극성 아래에 있다. 반시계방향으로 돌아 북두칠성의 위치로 계절과 시간을 알 수 있으며, 불교 卍는 북두칠성 변화의 모양이라는 설도 있다.

- 행운의 수 '7' : 수메르문명 및 유대 문화에서는 천지창조를 7일에 하시고, 7개의 장미 모양 촛대를 켰다. 우리나라는 환국을 7명의 환인이 3301년을

다스렸고, 전국 체전 시는 참성단에서 7 선녀가 채화한다.

▷ '7 조룡'으로 '정각원'(경희궁 정전)의 7 조룡爪龍과 '근정전'의 7 조룡爪龍에서 칠조룡은 북두칠성과 관련하여 칠성 신앙의 신앙체계와 맥을 함께 한다.

9장

※

나무와의 산책

인류의 참 좋은 친구인 나무는 우리의 생명과 건강을 지켜주고 재해를 막아줌은 물론, 우리 삶에 힐링을 주는 영원한 벗이다. 우리나라 산림면적은 국토의 63%로 약 631만ha에 이르며 산림비율은 OECD 국가 중 4위로, 핀란드·일본·스웨덴·한국 순으로 세계에서 전쟁 후 산림복구를 성공한 유일한 나라로, 한강의 기적과 함께 '민둥산의 기적'을 이루었다.

'문명 앞에는 숲이 있었고 문명 뒤에는 사막이 남는다' 말이 있듯이, 산림의 중요성을 이해하기 위해 식물학적 생태와 인문학적 소양을 알아보고자 한다.

식물의 개요

가. 우주의 탄생

우주는 138억 전에 빅뱅으로 탄생하여 지구의 나이는 46억이며 생물은 별 먼지들인 원자가 38억 년에 태어나고, 인류는 신생대인 300만 년~500만 년 전에 태어나 3만 년 전에 호모 사피엔스로 진화하였다.

나. 식물의 생성

식물이란 엽록소를 가지고 광합성을 하여 스스로 양분을 생산하며, 옮겨 다니지 않고 한 자리에서 자라는 생물로, 35억 년 전 광합성을 해 산소를 공급하는 남세균藍細菌(시아노박테리아)이 등장하고, 4억 3천만 년 전 실루리아기에 이르러 바닷속에서만 살던 생물 중에서 식물이 먼저 땅 위로 진출하였다.

3.6~3억 년 전의 석탄기 때는 50M 이상의 인목鱗木(고생대 살았던 화석 식물)들로 울창한 숲이 형성되고, 대기 중 산소 농도는 33%에 이르렀으며, 1억 4000만 년 전에는 속씨식물이 생성되었다.

- 살아 있는 화석나무 : 화석 속에 볼 수 있는 나무로, 현재까지 살아 있는 나무는 은행나무와 소철(2억 5000만 년 전) 및 메타세쿼이아(6500만 년 전)가 있다.

다. 식물의 분류

- 번식 방법
  - ▷ 민꽃식물 : 고사리같이 꽃이 안 피고 포자로 번식한다.
  - ▷ 종자식물 : 소나무, 옥수수같이 꽃이 피어 종자로 번식한다.
- 종자식물의 밑씨 위치
  - ▷ 겉씨식물 : 암꽃과 수꽃이 따로 피고 주로 바람에 의해 수정이 이루어지며, 씨방이 없는 구과毬果(둥근) 식물인 침엽수로 소나무·향나무·노간주나무·잣나무 등으로 목재를 생산하고, 은행나무와 소철은 씨방이 없으나 침엽수가 아닌 단독으로 '은행나무' '소철'로 구분한다.
  - ▷ 속씨식물 : 생식 기관으로 꽃과 열매가 있는 꽃식물 중 밑씨가 씨방 안에 들어있는 활엽수 식물로 오늘날 전체 식물의 약 80%를 차지한다.

• 잎의 모양

▷ 침엽수針葉樹, soft wood : 침엽수는 바늘처럼 생긴 잎이 달린 양수陽樹로, 척박한 토지에 어릴 때 햇볕이 들면 잘 살아나고, 끝눈 생장을 해 위로 곧게 자라며, 가지는 상부 햇볕이 잘 드는 곳에 자라고, 큰키나무로 겉씨식물에서 구과 식물만을 가리키며 직립형으로 줄기와 가지의 구별이 명확하다.

대부분 상록수이고 뿌리 깊이가 얇아 산사태에 취약하며, 송진으로 불이 잘 붙고 화력이 좋아 잔불이 오래가 산불에 취약하다.

바늘잎은 기온이 낮은 지역에서 수분의 손실을 막고, 바람의 저항을 적게 하려는 것이다. 겨울 추위에도 잎이 얼지 않는 것은 프롤린, 베타인과 같은 아미노산과 당분이 부동액으로 작용하여, 동해冬害를 막아 추운 곳에 잘 적응된 식물이다.

한옥에 사용되는 목재는 주로 압축력이 강하고 여름은 물론 겨울에도 조금씩 자라 일 년 동안 자라는 속성수로, 가격이 저렴한 침엽수인 소나무가 재료의 질감이 좋고 가공성이 뛰어나 건축 재료로 많이 쓰인다.

▷ 활엽수闊葉樹, hard wood : 잎이 넓은 나무로 속씨식물 쌍떡잎식물에 속하며, '낙엽활엽수'와 '상록활엽수'로 나누고, 상록활엽수는 어릴 때 햇볕이 적어도 잘 자라는 음수陰樹이다. 가지는 하부에도 자라고 주로 따뜻한 남부지방에서 잘 자라며, 뿌리가 깊어 산사태 방지와 산불에 강하고 줄기와 가지의 구별이 없어진다.

활엽수는 봄·여름에만 자라 늦게 자라고, 제재製材 때 목재 양이 적으며 물관과 세포가 구분되어 세포조직이 단단하며, 비중이 높고 무늬가 아름다워 주로 장식재, 가구재, 악기로 사용되며 비싸다.

• 풀과 나무 구분, 형성층 : 풀은 형성층이 없고, 나무는 줄기의 겉껍질과 목질부 사이에 부름켜形成層가 있어서 부피 생장(2차 생장)을 하는데, 물관(물이 잎으로 가는 통로)과 체관(양분이 뿌리로 가는 통로) 사이에서 끊임없이 세포분열을 함으로써, 부름켜 바깥쪽에는 새로운 체관이 계속

만들어지고, 안쪽에서는 새로운 물관이 계속 만들어진다.

횡단 구조는 나무껍질·체관·부름켜·물관 순서구조로, 안쪽 나이테 부분인 심재heart wood는 리그닌(목질소)과 고무질 수지로 채워져 자라지 않으며, 보통 색이 짙고, 강도, 내구력, 비중 등 물리적인 성질이 변재보다 양호하다.

- 발아發芽 : 발아는 보통 종자(씨앗) 속에 들어있는 식물이 성장을 시작하는 시점으로, 어린뿌리와 어린싹이 출현하며 발아의 조건은 적당한 기온, 수분, 산소만 있으면 발아하고, 대부분 식물은 빛의 유무와 관계가 없으나 종자의 종에 따라서 광 발아 종자와 암 발아 종자로 나누어진다.

  ▷ 광 발아 종자 : 잎담배·상추·양상추·담배·파·당근·겨우살이와 솔松씨 따위는 센 빛을 받아야 발아한다.

  ▷ 암 발아 종자 : 토마토·가지·오이·양파·백합·호박·비름

  ▷ 플라타너스의 씨앗처럼 몇 년 동안 땅속에 있다가 껍질이 닳아서 줄기가 나오기 시작하는 것도 있다.

  ▷ 불에 타야 발아를 시작하는 씨앗은 자연발화 현상이 자주 발생하는 곳에 서식한다.

  ▷ 동물의 몸에 들어갔다가 나와야 발아하는 씨앗도 있다 : 도도새와 카발리아 나무

  ▷ 사과 씨 같이 일정한 기간 차가운 곳(영하 4~5도)에서 저온 처리를(춘화처리) 해서 휴면을 깨야 싹 트는 것이 있다.

- 돌연변이에 의한 개량종 : 사과 배 감등의 과일 씨를 심으면 아그배나 고염이 열리는데, 이는 개량종을 접붙여 생산한 과일로, 돌연변이 전의 모습으로 열리는 확률이 높기 때문이다.

- 숲의 천이遷移, succession : 처음 불모지에는 지의류地衣類, 1~2년생 초본류, 관목, 양지성 교목(소나무 : 양수림), 음양 혼수림, 내음성 교목류(참나무 : 음수림)로, 극상림이 조성되어 순환한다. '광릉숲'은 현재 갈참나무, 졸참나무, 서어나무가 중부의 극상림을 보여, 유네스코 '생물화 보존 지역'

으로 지정되었다.

라. 작물과 가축의 품질 개량법(육종)

품질 개량으로 수량증대→품질 개량→친환경→사람별로 필요 따른 맞춤형으로 발전시켜가고 있다.

- 전통 육종(교배) : 우량한 재료를 탐색·수집하여 교배하는 방법을 말한다.
  ▷ 분자육종 : 육종기술에 분자 마커molecular marker를 활용한 분자생물학 기술을 접목한 육종기술로 각 개체의 유전적 특성을 확인하여, 효율적으로 우수한 개체를 판별하는 육종기술이다.

- 유전자 변형GMO : 유전자 변형은 특정 작물에 없는 '새로운 유전자'를 인위적으로 결합하여, 새로운 특성의 품종을 개발하는 유전공학적 기술로, '농수산물 품질관리법'에 근거하여 콩·옥수수·콩나물·감자에 대한 'GMO 표시제'를 시행하고 있다.

- 유전자 가위(단백질) : 유전체게놈에서 특정한 유전자 염기서열을 인지하여, 해당 부위의 DNA를 절단하는 인공 제한효소restriction endonuclease로서, 인간 및 동식물 세포의 유전자 교정genome editing에 사용된다.
  '유전자 교정'은 미리 특정하게 조작된 인공 제한효소가 유전체에서 특정한 DNA 구간을 절단한 후, 이를 수리하는 과정에서 원하는 유전자를 짜깁기하듯이, 빼거나 더하는 방식으로 이루어진다.
  ▷ 크리스퍼CRISPR : 3세대인 크리스퍼 유전자 가위는 교정하려는 DNA를 찾아내는 RNA(리보 핵산)와 DNA를 잘라 내는 제한효소인 Cas 9를 결합하여 만든 유전자 편집 기술로, 각종 동물이나 식물의 형질 개량, 질병 치료, 해충 퇴치부터 인간 배아의 유전체를 교정하는 실험까지 활용되고 있으나, 이에 따른 생태계 파괴나 윤리적 문제에 대한 우려도 제기된다.

- 녹색혁명 : 미국의 보르그 박사가 우리나라 토종의 키 작은 밀로 '앉은뱅이 밀'을 개발하여, 6배의 증산으로 노벨평화상을 받은 식량 생산력의

급속한 증대 또는 이를 위한 농업상의 여러 개혁을 일컫는 말이다.

▷ '통일벼(IR667)'는 '허문회' 박사가 국정원의 협조로 입수한 다양한 벼의 품종으로, 원연교잡遠緣交雜(유전형질의 특성이 다른 작물끼리의 교배)이 가지는 잡종 불임不姙 문제점을 세계 최초로 3원遠 교잡에 성공하였다. 이에 '보릿고개'라 불리는 식량문제를 극복하고 허 박사는 녹색혁명의 장본인으로 '과학기술인 명예의 전당' 인물로 선정되었다.

마. 숲의 효과

숲은 국토의 보전, 홍수조절, 갈수 완화, 수질 정화 등의 기능을 통한 '녹색 댐'이라 한다. 하류의 주민 생활과 산업시설 등을 지킬 뿐만 아니라 휴양기회의 제공과 자연환경 보전으로 산림의 공익가치는 연간 221조 원으로, 국민 1인당 426만 원의 혜택을 보고 있다.(산림청 국립산림과학원 2018년 기준)

• 대기 정화기능 효과 : 숲은 광합성작용을 통해 지구온난화 현상을 일으키는 이산화탄소 등 온실가스를 흡수하고(75조 6천억), 한편으로는 사람의 호흡에 필요한 산소를 생산하여(13조 1천억), 이산화탄소 흡수량이 2018년 기준 4,560만 톤이라고 한다.

2050년이면 숲의 노령화로 1,400만 톤으로 감소가 예상되어, 정부는 숲 가꾸기를 통하여 30억 그루의 나무를 심어 4,700만 톤으로 향상하는 개벌皆伐(다 베어냄) 계획은, 좀 더 과학적이고 생태 및 국민의 정서를 고려한 계획이 되었으면 한다.

▷ 수령별 수종별 이산화탄소 흡수량과 경제림 조성 : 광합성으로 1ha 기준 연간 흡수량은 20년생 강원지방 소나무 10.1t, 잣나무 11.8t, 낙엽송 10.5t, 리기다소나무 13.9t, 편백 나무 8.8t, 신갈나무 15t으로 나타났고, 중부지방 소나무는 25년생일 때(15.8t)가 이산화탄소 흡수량이 가장 많았다. 30년생 후부터 적어지고 저장량은 100살 넘은 나무가 40~80살 된 나무보

다 10배 이상 많으나, 죽고 연소 시 다시 배출하며. 낙엽 및 토지도 이산화탄소를 저장한다고도 한다.

이산화탄소의 흡수량은 측정연도별 수종별 지역별로 수치가 차이 나고, 전문가별로 다른 의견도 많아, 우리나라 산림은 이제 비옥하여져 목재 생산, 이산화탄소 감소, 바이오매스(목재 펠릿) 발전, 환경보존 등을 종합한 건강한 생태와 경제림 조성 사업을 시행하여야 한다.

▷ 탄소 배출권 : 지구온난화 유발 및 이를 가중하는 온실가스를 배출할 수 있는 권리로, 배출권을 할당받은 기업들은 의무적으로 할당 범위 내에서 온실가스를 사용해야 한다.

할당량 기준은 교토 의정서 가입국들은 2012년까지 이산화탄소 배출량을 1990년 대비 평균 5% 정도 감축하여야 하며, 남거나 부족한 배출권은 시장에서 거래할 수 있다. 2015년부 한국거래소가 배출권 시장을 개설해 운영하며, 2021년에 HD 제철의 배출부채가 1571억 원이고, 2021년 t당 1만8000원대인 탄소 배출권 가격이 연내 최소 3만 원대로 관측이 제기된다.

▷ 식목일 : 나무를 많이 심고 아껴 가꾸도록 권장하기 위하여 국가에서 정한 날로, 식목일이 4월 5일은 24절기의 하나인 청명淸明 무렵이 나무 심기에 적합하다는 이유도 있지만, 신라가 당나라의 세력을 한반도에서 몰아내고, 삼국통일의 위업을 달성한 날이자, 조선 성종이 세자와 문무백관들과 함께 동대문 밖 선농단에서 직접 밭을 일군 날로, 1946년 미 군정청이 4월 5일을 식목일로 제정해 오늘날까지 행사를 계속하고 있다.

• 녹색 댐의 홍수조절 및 수량공급량 : 숲이 저장할 수 있는 저수량은 수자원 총량의 15%인 192억 톤으로, 이는 소양강댐(저수량 29억 톤에 홍수조절량 5억 톤)의 10개 양이며, 댐 건설비로는 18조3천억 원이 필요하며, 갈수기에도 하루에 1ha당 2.5톤을 흘려보내 계곡이 마르지 않게 해준다.

• 수질 정화능력 : 질소나 인이 많이 포함된 빗물은 토양 미생물이 활동하는 산림토양을 통과하는 동안 유익한 물질이 되어 식물의 양분되고, 물은 맑고 깨끗해지며 정수비용으로 13조 6천억 원의 가치가 있다.

- 토사 유출방지기능 효과 : 토사 유출방지기능 효과는 숲이 조성될 경우 나무가 없는 산에 비해, 1ha당 토사가 흘러내리는 양을 약 1/206로 감소시킬 수 있어(23조 5천억) 국토의 보전상 매우 중요하다.

- 숲의 휴양기능 효과 : 사람들이 산림 내 자연환경 등에 의한 휴양기회 활동을 통하여 고용기회의 증대, 소득증대, 지역사회의 발전 등과 같은 부수적인 효과(18조 4천억)가 있다.

- 생물 다양성 유지 효과 : 숲 내에 다양한 생물 종의 생육공간을 유지함으로써(10조2천억) 현세대 및 미래세대를 위한 유전적 다양성을 유지하여야 한다.

- 산림 경관(28조4천억), 대기 질 개선(5조9천억), 산림치유(5조2천억), 열섬 완화(8천억) 등의 경제적 효과가 있다.

신비한 식물의 세계

가. 광합성光合成과 호흡

광합성은 식물의 엽록체에서 빛 에너지를 이용하여, 이산화탄소(CO_2)와 물(H_2O)로부터 탄수화물(글루코스 : 포도당)과 산소를 생산하는 과정이다.

글루코스는 녹말, 지방, 단백질 등으로 전환되어, 줄기, 뿌리, 종자, 열매 등에 저장하여, 인류를 포함한 지구상 거의 모든 생물체의 기본 생존에 필요한 식량 및 산소 등의 근본 에너지를 공급하는 역할을 한다.

호흡은 주로 낮에만 하는 광합성과는 달리 온종일 하며, 식물이 광합성을 통해 얻은 양분(포도당)과 산소를 결합하여 에너지를 생성하여, 생장, 번식 등 생명 활동에 이용하고 물과 이산화탄소를 방출한다.

따라서 식물은 광합성을 통해 이산화탄소를 흡수하고 산소를 방출하고, 호흡을 통해서는 산소를 흡수하고 이산화탄소를 방출한다. 그 결과 식물체에서 낮과 밤의 기체 출입이 반대로 일어난다.

- 지구온난화와 광호흡 : 식물에 따라 일정 기온이 올라가면 증발량을 줄이기 위해 기공을 막아 이산화탄소 농도가 낮아지고, 이때 광합성을 돕는 효소가 산소와 결합해 이산화탄소를 방출하는 '광호흡'을 하여, 이산화탄소가 흡수량보다 배출량이 오히려 많아져, 숲이 지구를 더 뜨겁게 만든다.

- 햇빛을 많이 모으기 위한 식물의 잎 : 햇빛을 서로 잘 받기 위해 식물에 따라 어긋나기, 돌려나기, 마주나기, 뭉쳐나기를 하며 각자 살아간다.

- 고랭지 채소가 크고 빨리 자라는 이유 : 해발고도 600~1,000m 정도의 고지로, 일조량이 많으며 일교차가 크고, 여름철에도 20도 정도의 기온을 유지하여, 병충해가 적고 평탄지대보다 촉성재배促成栽培가 가능하다.

  고랭지 식물은 낮에 광합성으로 만든 양분(생산량)은 썰렁한 밤에 호흡(소비)량이 적어, 많이 남은 양분을 잎·뿌리·줄기·열매·씨앗들에 저장하므로, 봄가을 식물인 감자·무·배추들이 맛있고 큼직하며 빨리 자란다.

나. 증산작용蒸散作用

잎에서 식물체 속의 물이 수증기가 되어 기공을 통해 밖으로 나오는 작용으로, 우리나라 '수자원 이용현황'을 보면 총 강우량 1276억 톤 중 증발산량蒸發散量이 43%, 바다 유출이 31%, 이용량은 26%(하천이용량 13%, 댐 이용량 10%, 지하수 3%)로 물 스트레스(물 부족) 국가다.(2001년 수자원이용현황)

- 증산작용의 의의
  ▷ 식물의 물 상승의 원동력
  ▷ 식물체의 체온 조절
  ▷ 식물체 내의 수분량 조절
  ▷ 식물체 내의 무기 양분 농축

다. 나무뿌리 이야기

뿌리의 구조는 '뿌리골무' 위에 '생장점'이 있어 세포를 만들고, '뿌리털'은 삼투압에 의해 물과 양분을 흡수한다. 뿌리가 하는 일은 '지지'支持, '흡수'吸水, 산소를 받아들이고, 이산화탄소를 방출시키는 '호흡'呼吸작용과 '저장'貯藏역할을 한다.

나무뿌리는 바람에 의한 지지와 잔뿌리 주변에는 균사菌絲가 있어, 토양에서 질소, 인, 수분을 나무뿌리에 공급하고, 그 대가로 광합성으로 만든 탄수화물 양분을 받아 공생 관계이다.

이 곰팡이실 연결망을 통하여 나무끼리도 양분을 주고받아 지하에서는 서로 연결 연대하나, 나뭇가지는 수관 기피 현상으로 독립을 하고 있다.

• 나무를 옮겨 심고 막걸리를 붓는 이유 : 식물의 뿌리 주위에는 다른 곳보다 50%나 많은 토양 세균들이 분포하는데, 식물의 뿌리는 여러 유기 영양소를 내보내 이들 미생물을 키워 공생하는바 막걸리를 부어 미생물을 증식시킨다.

• 식물의 생체량, 뿌리함량비 : 1년생 식물들은 잎줄기가 뿌리보다 외려 발달하여 뿌리/줄기(뿌리함량비)의 값이 0.1~0.2이고, 생장이 아주 빠른 나무는 0.2~0.5, 생육이 느린 극상極相, climax 상태의 나무들은 0.5~1.0의 값을 보인다고 한다.

뿌리는 수종에 따라 독특한 형태를 가지고 있어서, 적송과 같이 심근성을 나타내거나, 낙엽송과 같이 중간형, 밤나무와 같이 얕은 뿌리성을 가진다.

건조한 지역에서 자라는 수목일수록 뿌리 쪽이 많이 발달하여, 미국 유타주의 사막에서 자라는 관목은 지하부가 지상부보다 9배가량 더 무겁지만, 온대 지방의 사과나무나 소나무 종류는 상부가 지하부보다 5배가량 더 크다.

- 토양 공기 및 이상적 토양 : 땅속 나무뿌리는 산소 호흡을 하는데, 지상 공기의 산소는 20.97%, 이산화탄소 0.03%에 비하여, 토양 공기는 산소가 약간 적고, 이산화탄소는 10~100배에 이른다. 이에 이상적 토양은 45%의 광물질, 5%의 유기물, 50%의 기공(20% 액상, 30% 기상) 공간을 유지하여야, 물과 산소공급이 원활하다.

  물속에 사는 맹그로브 나무와 습지에 사는 낙우송落羽松 및 주산지 왕버들은 '호흡뿌리'로 산소를 공급하며, 바위에 사는 식물은 바위틈 사이로 뿌리가 들어가 풍화작용을 일으키며 살아간다

라. 나무는 왜 단풍이 들고 낙엽이 지나요?

나무가 가을이 되어 하루 중 최저기온이 5℃ 아래로 내려가면, 월동준비로 증산작용을 막기 위해 나뭇잎과 가지 사이에 '떨켜 층'을 만들면 물의 공급이 줄어, 광합성이 안 되고 잎 속에 있던 양분은 산성도가 증가한다.

잎 안에 쌓인 녹말로 인해 잎 속의 엽록소가 분해되고, '카로틴'이나 '크산토필' 같은 노란색을 띠는 색소와 '안토시안' 같은 붉은색을 보이는 색소가 새로 생성된다. 붉은색 단풍나무가 많은 것은 진딧물이 붉은색을 싫어해서 진화하였다고 한다.

밤나무나 떡갈나무는 떨켜를 만들지 않는데, 이들 식물은 더운 지역에 살았기 때문으로 잎이 갈색으로 변하여 가지에 붙어있다가, 겨울의 강풍에 조금씩 나무에서 떨어져 나가는 것이다.

상록수의 잎은 많은 종류가 2~3년간 유지되다가 새로운 잎이 나게 되면 떨어지는데, 침엽수 역시 겨울철에는 광합성이나 증산작용 등의 대사작용이 줄어들어, 불필요한 낭비를 줄이기 위해 몸을 움츠리려 잎이 떨어진다.

기상청이 정의하는 '단풍 절정'이란 정상에서부터 80%가 물든 때를 말하며, '첫 단풍'은 20~30%가량 단풍이 드는 때며, 우리나라 단풍은 설악산과 오대산 정상에서 시작되어 하루 약 25㎞씩 남쪽으로 내려가는 현상을

보인다.

마. 식물생태학의 단신

- 피톤치드phytoncide : 피톤치드는 식물의 피톤Phyton과 살균력의 치드Cide가 합성된 말로, 식물이 자신의 생존을 어렵게 만드는 박테리아, 곰팡이, 해충을 퇴치하려고, 일부러 생산하는 살생 효능을 가진 휘발성 유기 화합물을 통틀어 일컫는 말이다.

- 삼림욕森林浴 : 숲속을 거닐며 수목이 방출해내는 신선한 공기와 피톤치드 phytoncide라는 방향성 물질을 전신으로 호흡함으로써 건강을 증진 시킨다. 기관지 천식, 폐결핵 치료, 정신 안정, 전신 피로 해소 등의 효과를 주며, 초여름부터 초가을까지 일사량이 많고 온도와 습도가 높은 시간대가, 효과적인 것으로 알려져 있다.

- 나무 키 : 나무의 키는 뿌리의 삼투압, 물관의 모세관 현상, 물 분자의 응집력, 잎 증산작용의 합작에 의한 물기둥으로 결정되며, 떡갈나무는 1시간에 40m까지 올라가고 중력을 고려할 때 120~130m를 한계로 본다. 침엽수의 키가 크고 수명이 긴 것은 활엽수의 물관보다 1/10 정도의 헛물관의 밸브 기능이 효율적인 것으로 판명되었다.
  세계에서 가장 큰 나무는 '하이페리온'으로 캘리포니아주 레드우드 국립공원에 있는 아메리카 삼나무며, 높이는 115.92 m이고, 나이는 600살 이상으로 추정된다.

- 나무의 수명 : 식물의 수명이 장수하는 것은 생존 조건이 불편한 것을 극복하여 많은 성공률을 이루기 위해, 슬로우 라이프 스타일로 진화하여 수종에 따라 번식이 어려울수록 오래 살고 열매도 많이 열린다.
  참나무의 수명은 700~800년이며 그토록 생존하면서 꾸준히 열매를 맺지만, 열매가 자손으로 성공하는 확률은 십 년 이상에 한두 그루가 자손으로 성공한다.

세계 최고령나무는 미국 캘리포니아주 화이트마운틴에 사는 '므두셀라'라고 이름 붙여진 브리슬콘 소나무로 약 4,800살이었으나, 2004년에 스웨덴 가문비나무 뿌리가 9,550살로 발견되었으며, 우리나라 최고령나무는 울릉도 도동항 향나무로 약 2500여 년이다.

- 지혜로운 나무의 겨울나기 : 겨울철 추위에 대한 나무의 저항력은 수종과 나무의 크기와 부위(잎, 가지, 줄기)에 따라 차이가 있으며, 식물은 생명유지수단으로 물을 절대적으로 필요하나, 겨울철에는 이 물이 어는 과정과 세포막의 성질, 세포액 농도가 변화하여 추위에 견디는 힘을 좌우하게 된다.

  ▷ 낙엽 떨어트리기 : 날씨가 점점 추워지면 잎줄기에 떨켜 층을 만들어, 잎을 나무로부터 모두 떨구어 증산작용을 막아 줄기에 수분을 줄이고, 앙상한 가지로 겨울잠을 자며, 낙엽은 지표 온도를 보호한다.

  ▷ 저온순화低溫馴化 단열재 : 나무는 날씨가 추워지면 저온순화가 되어, 세포 속의 물이 적어지고 세포와 세포 사이 공간에 얼음 결정이 만들어지며, 이곳이 얼 때 세포 안의 수분은 밖으로 빠져나와, 세포 밖에서 만들어진 얼음은 보온단열재 역할로, 세포를 동해로부터 막아준다.

  ▷ 부동액 처리 : 세포 속에 가지고 있던 물관의 물을 1/3 상태까지 탈수시켜, 당류의 농도를 높여 부동액처럼 되면 결빙 온도가 낮아지게 되고, 모든 대사 활동을 중지하고 깊은 잠에 빠져들게 되는데, 단풍나무나 고로쇠나무 사과나무, 장미 등이 부동액을 만든다.

  ▷ 침엽수의 광합성 : 침엽수는 온도가 낮더라도 햇빛만 있으면 초겨울이나 초봄에도 광합성을 하는데, 이때 에너지는 열로 변하며 광합성을 하려면 물이 꼭 있어야 한다.

  헛물관(가도관, 완전히 세포막에 싸여 있어 천공이 없다)의 지름이 작다 보니 설령 헛물관이 얼어도 기포가 잘 발생하지 않으며, 기포가 생겨도 아주 크기가 작아 나무 조직으로 다시 흡수될 뿐 조직에 피해를 주지 않는다.

▷ 두꺼운 껍질 및 기름 성분 : 굴참나무 등은 두꺼운 나무껍질로 보호하며, 자작나무는 나무껍질에 기름이 있어 보온효과를 증대시킨다.

• 생체시계 : 식물은 생체시계로 밤낮의 길이와 기온의 변화를 감지하여 꽃 피는 시기를 조절한다. 밤의 길이가 짧아지면 꽃을 피우는 봄꽃식물들은 '장일성 식물'이라고 하고, 밤의 길이가 길어지면 꽃을 피우는 가을꽃 식물들은 '단일성 식물'이라고 하며, 밤의 길이와 관계없이 피는 꽃은 '중일성 식물'이라 한다.

▷ 가로등으로부터 10m 정도 떨어진 지점에서(6~10 룩스의 밝기) 벼는 16%, 콩은 43%, 참깨는 32%, 들깨는 94%의 수확량이 감소하는 것으로 나타났다.

▷ 두해살이식물(월년생越年生) : 겨울 추위를 겪어야 꽃을 피우는 식물들로, 겨울 밀은 겨울을 지나지 않으면 다음 해에 정상적으로 개화하지 못하여 열매를 맺지 못하며, 밀은 봄에 파종하여 그해에 개화 결실하는 일년생식물이다.

• 꽃이 피는 시기가 다른 이유
▷ 나무가 해를 가리기 전에 일찍 피는 봄꽃
잎이 나오기 전에 꽃을 먼저 피우는 꽃은 곤충이 경쟁자 없이 먼저 쉽게 차지하려는 것(충매화)과 바람에 의한 꽃가루의 이동(풍매화)에 방해가 되는 잎을 피하려는 것 꽃들 외에 키가 작은 야생화는 숲속 나무의 잎이 자라 햇빛을 가리기 전 일찍 꽃을 피우고 번식을 준비며, 복숭아나무나 사과나무, 배나무 같은 과실수는 봄철에 꽃을 많이 피워, 여름과 가을에 걸쳐 커다랗고 맛이 좋은 열매를 키워 내려 한다.
▷ 번식에 필요한 새와 곤충이 많은 여름꽃
여름철에는 벌이나 나비, 꽃등에, 꽃무지, 벌새 등이 모여들어 꿀과 꽃가루를 가져간다. 식물은 많은 곤충에 먹이를 제공하고, 다른 개체의 식물과 꽃가루를 주고받는 유성 생식을 한다. 따라서 식물의 번식에 유리한 여름은 다양한 꽃이 피어난다.

▷ 늦게 피어 씨도 작고 열매도 거의 없는 가을꽃

가을철에는 보통 낮의 길이가 10시간 정도로 짧아질 때 꽃이 피면 단일식물로, 가을이 지나 겨울이 다가오기에 늦게 꽃을 피우는 식물은 씨도 작고 대부분 열매가 없다.

• 타감작용他感作用 : 타감작용은 생물체가 자체적으로 만든 생화학적 물질을 분비하여 주변의 다른 생물체의 발아, 생장, 생존 및 생식 등에 영향을 주는 생물학적 현상으로, 신약개발과 친환경농법이 개발되기도 한다. 타감 물질로는 소나무와 쑥은 뿌리에서, 단풍나무는 잎의 안토시아닌, 허브 식물은 독특한 향기, 마늘에 포함된 알리신, 고추 매운 성분의 캡사이신 등이 알려져 있다.

▷ 멀칭 우드 칩mulching wood chip 및 짚 깔기 : 여름철에는 습도를 유지하고 겨울철에는 보온효과와 잡초가 자라지 않으며, 병충해가 발생하지 않고 미생물 번식을 도와준다.

• 수관기피樹冠忌避 : 수관은 나무의 가장 윗부분으로 줄기 끝에 가지와 잎이 달린 부분으로, 수관 기피는 일부 수종들 사이에서 관찰되는 현상이며, 각 나무의 우듬지(꼭대기 줄기)가 뚜렷한 영역과 경계선 내에서만 성장하여, 아랫부분까지 햇볕을 받고 바람 불 때는 서로 상처를 받지 않으려고도 하며, 병충해의 전파를 방지하는 효과도 있다.

• 멸종의 길 근친 교배近親交配 방지 : 동식물은 동종교배 방지로 유전형질의 다양성을 확보하고, 열성화 방지로 위험에 닥쳤을 때 전멸하는 경우를 막기 위함이다. 암술과 수술의 위치와 길이가 다르고 시차를 두며 성숙하고, 색상, 모양, 크기, 향기의 차별은, 번식을 위한 매개 곤충의 다른 유인으로 이종교배를 강화하는 수단이다.

은행나무, 소철, 버드나무, 뽕나무는 암수가 다른 나무이고, 소나무, 개암나무, 철쭉도라지, 봉선화, 무화과는 암수가 같은 나무에 있는 자웅동주로, 암꽃이 위에 있고 늦게 피고, 수꽃은 아래에 있고 일찍 피어, 제꽃가루받이의 회피전략을 한다.

백합의 경우는 꽃가루가 암술머리에 붙으면 꽃가루의 성장이 정지되어 씨가 맺히지 않으며, 붓꽃의 경우는 암술머리와 수술 사이에 꽃잎과 같은 구조가 생겨서 교배를 차단한다.

• 현대판 노아의 방주seed vault : 생태계는 먹이사슬로 식물이 광합성으로 포도당과 산소를 만들면 초식 동물이 살아나고 다시 육식 동물로 이어지는데, 세계 식물 종의 40%가 멸종 위기에 놓여 있고, 2020년 말 기준 50년 사이 동물의 3분의 2가 사라졌다는 보고서도 있다.

기후변화, 자연재해, 전쟁, 핵폭발의 인류 대재앙에 대비하여 우리나라 '국립백두대간수목원'은 봉화군에 야생식물 종자 200만 점을 보관할 수 있는 시설을, 지하 46m에 영하 20°C 습도 40% 이하를 유지하여 2021년 3월 기준 9만 5395점을 보관하고 있으며, 노르웨이는 작물作物 종자 150만 개를 보관할 수 있는 시설을 산 중턱 100m 터널에 설치하여, 현재 111만 1405점을 저장하고 있다.

• 과수의 해거리隔年結果 : 과일나무에서 과일이 많이 열리는 해成年와 아주 적게 열리는 해休年가 교대로 반복해서 나타나는 현상으로, 성년에는 꽃도 많이 피고 과일도 많이 열려 양분을 소비한다.

다음 해의 꽃이 될 꽃눈의 분화가 시작되는 8월경까지도 과일의 성장이 계속되기 때문에, 꽃눈의 분화가 불량해지고 꽃의 소질素質도 저하하여 다음 해는 과일이 잘 안 열리는 휴년이 된다.

해거리 감소를 위하여는 성년에 결과지結果枝의 가지치기를 많이 하고, 꽃과 어린 과일을 솎아 준다. 수세樹勢가 약화 되지 않도록 시비施肥(거름 주기)에 주의하고, 되도록 빨리 수확하여 조기낙엽早期落葉을 방지하면 해거리를 최소한으로 막을 수 있다.

나무 신약과 발명품

오랫동안 인류를 먹여 살린 식물은 이제 신약과 바이오 연료의 보고로 식물의 중요성을 인지하여야 할 것이며, 식물의 신약과 약초는 너무 많아 제외하고

- 식물의 능력을 활용한 발명품을 알아보면
  ▷ 장미의 뾰족한 가시의 모양의 철조망
  ▷ 바람에 날리는 민들레 씨는 낙하산
  ▷ 도꼬마리(산 우엉)의 벨 크로(찍찍이)
  ▷ 단풍나무 씨앗의 헬리콥터 날개
  ▷ 연잎의 방수복과 방수페인트
  ▷ 부레옥잠이나 연꽃, 수련, 부들, 갈대, 물억새의 수질 정화

나무를 보면 역사가 보인다

- 무령왕릉 목관 : 목관의 재질은 일본이 원산인 금송金松으로, 한반도에는 살지 않았던 목재로, 백제 목수가 만들었거나 일본에서 관을 보내준 것으로 추정되어, 무령왕(사마왕)이 일본에서 태어나 백제 25대 왕이 되어 왜와 백제와의 밀접한 관계를 알 수 있다.

  현재 금송을 기념 식수로 애용하고 있는데 현충사, 금산 700의 총, 도산 서원의 금송은 잘못된 기념 식수의 사례이다.

- 팔만대장경 경판 수종 : 팔만대장경에서 사용한 나무는 240 여장의 표본 조사 결과, 산벚나무(64%), 돌배나무(14), 자작나무(9), 층층나무(6), 단풍나무(3) 등으로, 치밀하고 탄력이 있어 가구 및 건축물에도 사용하는 수종이다.

- 광륭사廣隆寺(고류지) 목조 미륵보살 반가사유상 : 교토 고류지 사찰은 신라인 진하승이 세운 사찰로, 일본 불상은 노송(측백나뭇과의 일본 특산종)을 여러 조각으로 조립하나, 본 불상은 우리나라 적송赤松(춘양목) 통나무이다. 이에 우리나라 83호 국보와 같은 사람 또는 공방에서 신라인이 제작한 것으로 추정되며 일본 국보 1호로 지정되었다.

- 천마총 말다래(장니障泥 : 흙 받이) : 천마도天馬圖는 자작나무 껍질로 만든 말다래에 그려진 그림으로, 미술사적 가치를 넘어 따뜻한 남쪽 나라 왕의 무덤 유물로 나왔다는 것은, 북방에서 내려온 민족이동의 묘한 향수를 일으키게 한다.

우리나라 명품 나무들

- 정이품송 : 세조가 법주가 행차 시 가지가 올라가 어가가 지나가게 하여, 벼슬을 받은 600년이 넘은 소나무

- 용문사 은행나무 : 우리나라 최고령 나무로(1,100~1,300) 원효대사 또는 마의태자가 심었다고 하며, 당상직첩堂上職牒 벼슬을 받았고, 고종 승하, 광복, 6/25시 크게 울었다고 한다.

- 현고수懸鼓樹 : 의령의 600년 된 느티나무로, 임진왜란 시 곽재우 장군이 북을 매달고 치며, 의병을 모아 훈련한 ㄱ자 나무로 지금도 '홍의 장군축제'를 열고 있다.

- 석송령石松靈 : 예천의 소나무로 1920년 '이수목'이 토지를 나무에 상속 등기하여, 세금 내고 장학금을 주는 나무가 되었다.

식물의 단상

- 나이테 방향 표시는? : 물관과 체관 사이에 부름켜가 있어, 여름과 겨울에 다르게 분열하여 생기는 나무의 나이테를 살펴보면, 방향을 알 수 있다는 것은 잘못 알려진 사실이다.

  평지에서는 원형이고, 경사지에서 자라는 소나무, 향나무 같은 침엽수는 압축성이 강하여 아래쪽으로 나이테가 더 넓어지고, 참나무나 물푸레나무 같은 활엽수는 인장력이 강하여 위쪽으로 나이테가 더 넓어진다.

- 나무는 거짓말을 하지 않는다 : 224억짜리 '스트라디바리' 바이올린의 1716년 만든 진품 판정을, 나이테의 폭 등 상태와 과거 기후와 연결하여, '자연은 기록을 남길 때 실수하지 않는다'를 증명하였다.

- 가로수의 조건
  ▷ 기후와 풍토에 알맞은 수종
  ▷ 잎의 크기가 크고 겨울에 낙엽 지는 활엽 낙엽수
  ▷ 도시의 햇볕, 건조, 열, 대기오염에 강한 수종
  ▷ 이상한 냄새나 사람에게 해로운 물질이 없는 수종

- 나무 재, 잿물(오짓물)의 이용 : '잿물'은 나무를 태운 재를 물로 거른 물로, 재의 10% 성분인 탄산칼륨(K_2CO_3)이 물속에서 가수분해된 알칼리성으로, 단백질의 기름때 세탁에 효과가 있다.

  한지 제지할 때 볏짚, 메밀대, 콩대 등을 태운 알칼리성 '잿물'로 닥나무를 삶아, 표백과 함께 중성지로 산화를 방지하여 오래 보관한다.

  '회유'灰釉(잿물)라고도 하여 그릇 표면에 유리질 막을 만들기 위한 유약으로, 식물의 '재'에서 탄산칼륨을 제거한 재의 앙금에 '부엽토'를 혼합한 것으로, 주성분은 규산硅酸(SiO_2)·산화칼슘(CaO), 등으로 이루어졌다.

  재거름을 알칼리라는 말은, 재를 뜻하는 아랍어인 '칼리kali'에서 유래하였으며, 재가 알칼리 성분으로 토지의 산성화 방지에 효과적이다.

- 숲 해설 장소
  - ▷ 역사와 함께하는 창경궁 나무 이야기
  - ▷ 광릉 국립 수목원 숲 해설
- 나무 치료 자격증
  - ▷ 문화재 수리 기술자(식물 보호)
  - ▷ 식물 보호 산업기사

10장

생활 속 나무 이야기

소나무

우리나라 사람이 가장 좋아하는 민족의 나무로 애국가 가사에도 있고, 출생과 결혼식 및 장례식까지 우리 문명과 문화를 함께하며, 솔잎에서 뿌리까지 다양하고도 폭넓게 이용되는 소나무에 대하여 알아보고자 한다.

- 소나무 이름 : 소나무의 이름으로 '솔'은 으뜸으로 '수리'가 '솔'로 변화되었다 추정하며, 옛날 진시황제가 소나무 덕에 비를 피할 수 있게 되어 공작의 벼슬을 주어 송松 자가 되었다고 한다.
- 소나무 생태 : 한반도 전 지역에 생존하며 침엽 상록수로 솔잎은 뭉쳐나는 2쌍(리기 테다소나무는 3개, 잣나무는 5개)으로 2년 후 낙엽 지며, 솔방울은 5월에 수분하여 다음 해 6월에 수정하고 2년 후 맨땅에 떨어져 햇빛을 충분히 받아야 발아한다.

  요즘은 낙엽이 많아 발아가 어렵고 기후변화로 온도 상승과 봄 가뭄으로 음성 활엽수로 대체되는 것이다. "50년 전 우리 산의 60%를 덮고 있던 소나무 숲이 25년 전에는 40%, 현재는 25% 정도로 급속히 줄고 있다"

  ▹ 송충이가 없어졌어요 : 숲에 많던 송충이가 없어진 이유에 대해 인터넷에는 황사로 송충이 숨구멍이 막히고 시멘트 화로 굳어서 없어졌다 하나,

'국립산림과학원' 해충담당자 의견은 숲이 울창해지고 임산 연료 채취 감소로 습도가 올라, 곤충 미생물이 많이 자라 '솔나방'이 살 수 없어 1980년대부터 거의 없어졌고, 도시지역은 소독으로 없어졌다.

- 소나무의 종류

 ▷ 적송赤松 : 나무껍질과 겨울눈의 색이 붉어 적송, 단단하여 금강송金剛松, 속살이 황금색으로 황장목黃腸木, 춘양역에서 운반하여 춘양목이라고 부르며 이엽송이다.

 ▷ 곰솔海松 : 바닷가에 주로 자라며 줄기가 흑갈색으로 흑송, 솔잎이 억세어 곰솔이라고 하며, 겨울눈은 회백색이며, 곰솔 숲은 바닷가 사구砂丘의 이동방지 효과가 있어서 특별히 보호되고 있다.

 ▷ 백송白松 : 600여 년 전 중국에서 들어와 줄기가 밋밋하며, 비늘처럼 벗겨진 곳이 회백색을 띠고 잎이 3장인 삼엽송이다.

 ▷ 반송盤松 : 아래서 가지를 많이 쳐 쟁반 같아 반송이라 하고, 가지가 만 가지로 갈라져 나간다고 해서 만지송萬枝松이라 하며, 일본에서는 다행송多幸松이라 부른다.

 ▷ 리기 테다소나무 : 리기다소나무는 왜 정시 아까시와 함께 들어와 늦게 자라고 재질이 약하여 1952년 '현신규' 박사가 리기다소나무와 테타 소나무를 교잡하여 '기적의 나무'로 개량한 삼엽송이다.

 ▷ 금송金松 : 일본 특산이며 잎은 2개가 합쳐져서 짧은 가지 위에 15~40장씩 돌려나기하여 도산형逃散形(흩어진 모양)으로 잎과 열매만 소나무와 비슷하여 잘못 붙여진 이름으로, 삼나무와 메타세쿼이아와 같이 '낙우송'과에 속하며 온대 지역에서 잘 자라고 물을 좋아하는 특징을 가지고 있다.

- 수형별樹形別 종류 : '동북형'은 함경남도 해안지방, '금강형'은 강원도 일대, '중남부평지형'은 서남부해안지방, '안강형'은 경상북도 일대, '중남부고지형'은 평안남도에서 전라남도에 걸친 내륙지방에 분포하는 것을 말한다.

- 소나무와 민속 이야기 : 초례상 양쪽 병에 꽂은 소나무는 잡신을 물리치

고, 장수를 빌며 절개를 지키고, 잎이 헤어지지 않고 하나가 되어서 최후를 마감하여 백년해로의 모습을 보이고, 대나무는 맹아력이 왕성하므로 자손의 번성을 비는 뜻이며 죽어서는 소나무 관에 묻혀 솔밭에 묻힌다. 천연두(마마)가 유행하면 싸리 바구니에 솔잎을 넣어 처마에 매달아 놓으면 마마신이 얼씬도 못 한다고 믿었고 10월 상순에 행하는 '성주받이' 굿 때는 소나무 가지로 성주(가택신)의 신간神竿(신대)을 삼아 강신시킨다.(일반적으로 신대는 잎 달린 대나무로 함)

성주城主,成造는 집을 관장하는 최고의 신으로 대들보에 좌정하며 '성주풀이'에 보면 성주신의 근본과 솔 씨의 근본이 경북 안동 땅 제비원으로 되어있고, 이곳에서 솔 씨가 생겨나 전국으로 소나무가 퍼지고, 그 재목으로 집을 짓게 되었기 때문에 제비원이 성주신의 본향이자 솔 씨의 본향이기도 하다.

십장생의 소나무는 옛 시인 묵객의 예술적인 걸작이 많으며 그중에 추사 김정희가 유배지 제주도에서 변함없는 우의를 감사하며 그렸다는 세한도歲寒圖, 松柏는 국보로 지정되어 있다.

천연기념물로 지정된 속리산 정이품 소나무는 일명 '연걸이 소나무'라고도 하는데 수령이 800년이 넘으며 세조가 복천암(신미 대사)을 찾아가던 길에 이 소나무 밑을 지나게 되었다.

강원도 영월의 장릉莊陵 주위에 있는 소나무들은 모두 장릉을 향해 굽어 있어 억울한 단종의 죽음을 애도하고 그에 대한 충절을 나타낸 것이라고 한다.

소나무는 으뜸 나무이고 타감작용으로 진달래와 철쭉 외 나무는 거의 못 살아, 뱀이나 곤충이 없어 조상숭배의 유교 사상이 지배적이었던 조선조 때는 묘지 목으로 송림이 둘려져 있다.

▷ 금줄禁- : 부정不淨한 것을 금기禁忌한다는 뜻으로 대문·길 어귀·신목神木·장독 등에 걸쳐놓은 주술적인 줄로, 장독에 금줄을 치는 것은 장독을 장맛을 달게 해 주는 철룡신天龍神:靑龍(터주신, 장독신)이 깃든 신전神殿이라 생각하기 때문이다.

'왼 새끼'를 쳐 두는 곳은 비일상적·비정상적인 공간인 신성 공간이며, 짚은 쌀을 열매 맺게 하는 줄기로 힘을 상징한다.

'흰 종이'는 화폐의 상징으로 재운財運을 기원하는 동시에 신에게 바치는 공물供物로서의 기능도 가지는 것으로 보이며, 흰색은 밤에도 눈에 잘 띄는 색깔로 금역禁域의 식별을 쉽게 하기 위한 기능도 작용했을 것으로 보인다.

'솔가지'는 상록 색으로 불변의 기운을 상징하고, 바늘 모양의 뾰족한 잎은 사악한 기운을 물리칠 수 있다는 주술력을 상징한다.

'붉은색의 고추'는 남성을 상징하며, 붉은색은 이른바 양색陽色으로 악귀가 가장 무서워하는 색깔이다.

'숯'은 음기陰氣의 상징인 검은색이며 땅속에서도 썩지 않고 모든 것을 정화하는 것이므로, 사악한 기운을 미리 흡수하여 막아 달라는 뜻을 가진 것으로 해석된다. 또 숯은 불의 기운으로 벽사의 의미 및 붓의 상징으로, 자녀들에게 학운學運이 깃들기를 기원하는 뜻을 가진 것으로 해석하는 이도 있다.

'버선본'을 한지로 만들어 거꾸로 붙여 사기가 들어가도록 하였다.

• 역사 속 소나무 이야기 : 창녕 비봉리 패총 늪에서는 8,000년 전 소나무로 만든 배나무 조각이 발견되어 우리 조상들의 소나무 활용도를 알 수 있고, 경주 신라 흥덕 대왕 능 주변에는 수호자로 소나무 숲을 이루어 조선의 왕릉에도 이어져 소나무를 심고 있다.

청령포의 관음송觀音松은 단종이 유배 생활을 할 때, 이 소나무의 갈라진 사이에 걸터앉아서 쉬었다는 전설이 있다. 단종의 비참한 모습을 보았고觀, 오열하는 소리音를 들었다는 뜻에서 관음송이라 불렀다고 한다.

이순신 장군은 거북선을 소나무로 건조하여 삼나무로 건조한 일본 '안택선'을 박치기로 무찔렀고, 김정희는 세한도歲寒圖에서 '이상적'의 인품을 '겨울이 지나서야 소나무와 잣나무가 시들지 않는다는 사실을 안다.' 의미로 소나무의 의리를 표현表現하였다.

- 소나무 목재와 솔가지의 활용 : 소나무는 침엽수로 연재軟材이나 압축력이 크며 나무가 곧고 크며, 향이 좋고 가공이 쉬워 문화재 등 목재로 가장 많이 사용한다.

  소나무 상처의 세균을 막기 위한 송진은 2차 대전시 연료로 사용하였으며, 묵으로는 소나무를 태운 송연묵松煙墨을 최고로 친다.

  도자기 재벌구이 때의 가마 온도는 1200~1300℃ 정도로, 장작은 두툼한 소나무 껍질을 벗겨 3~4년간 말린 육송 통나무가 화력이 좋고 볼 튀김과 재가 없어 사용한다. 이때 불의 온도와 바람 등에 따라 다양한 색을 내는 자기가 만들어져, 세상에 단 하나뿐인 작품들이 탄생한다.

  전통 '그을림'기와는 성형 후 장작 또는 솔가지로 연기를 피워 그을리면, 탄소막이 생겨 방수성과 강도가 좋다.

- 소나무의 식용 및 약재 : '솔잎'은 仙人의 식품으로 유명하고, 송편은 솔잎을 시루 밑에 깔아야 제맛이 나고, 부패하는 것을 방지하며, 송실松實·송지松脂·'송화'松花 등도 불로장수의 약이다. '송기松肌떡'은 봄에 흰색깔의 안 껍질을 벗겨서 말린 가루로 만든 것으로 '똥구멍이 찢어지게 가난하다'라는 말이 생겨났다.

  '송이버섯'松栮은 30~40년 된 적송의 잔뿌리에서 자라는 버섯으로, 마사 토질에 지중온도가 14~24℃를 대략 2주간 유지하고 적당한 솔잎이 있어야 하며, 위장, 신장기능을 보하고 항암효과도 좋다.

  '송근봉'松根捧은 살아 있는 소나무 뿌리에 자라는 균핵으로 통풍, 중풍 신경통 등에 탁월한 효능이 있다.

  '복령'茯靈은 소나무를 벌채한 뒤 3~10년이 지난 뒤 뿌리에서 기생하여 성장하는 균핵으로, 이뇨 작용이 있어 신장염·방광염·요도염에도 효과가 있다.

  '호박'琥珀은 송진이 땅에 떨어져서 묻힌 후, 퇴적층 내에서 고온과 고압 조건을 받아 1000년 정도가 지나면 반 화석화 되고, 이러한 지속적인 열과 압력을 1000년 정도 더 받게 되면 호박이 형성되게 되어, 어혈을 없애는 약재와 단추 등의 장신구 보석으로 사용하였다.

대나무

대나무는 절개와 정절을 나타내어 선비들이 좋아하였고 각종 생활용품으로도 활용하였기에 생태와 생활 속 이야기를 알아보고자 한다.

• 대나무 생태 : 대나무는 볏과 외떡잎식물로 형성층이 없어 나이테가 없고, 줄기는 원통형이며 가운데가 비어있는 상록성 여러해살이 식물로, 바나나와 야자나무와 같이 풀인데 나무로 오해를 받는다.

　연평균기온이 10℃ 이상이며 연중 최저기온이 -10℃ 이하로 내려가지 않고 연간강우량이 1,000㎜ 이상인 지방에서 잘 자란다.

　대나무는 마디마다 생장점이 있어 매우 빠르게 자라 15~50일이면 키와 두께가 다 자라고, 하루 동안에 1m까지 자랄 수 있다고 한다. 초여름 성장이 끝나고 나면 몇 년이 되어도, 비대생장肥大生長이나 수고樹高 생장은 하지 않고, 부지런히 땅속줄기에 양분을 모두 보내 다음 세대 양성에 힘쓰는 것이 보통 나무와 대나무가 다른 점이다.

• 대나무 꽃 : 대나무의 꽃은 벼꽃과 비슷하고 개화병開花丙 혹은 자연고自然故라고도 하며 개화 시기는 3년, 4년, 30년, 60년, 120년 등으로 다양하며, 대나무밭 전체에서 일제히 꽃이 핀 후 90% 정도 고사하며, 땅줄기로부터의 새순은 3~5년 후 나온다.

　대나무 수령樹齡은 3~4년은 가지의 마디에서 나온 가지 수로 알 수 있으나, 그 이상은 어려워 연도 표시를 한다.

• 대나무 상징 : 대쪽같은 기질은 절개節槪와 정절貞節을 상징하며, 매화·난초·국화와 함께 '사군자'四君子로 일컫고, 겨울의 추위에 굴하지 않는 식물로서 송, 매와 함께 '세한삼우歲寒三友'로 불린다. 무속신앙에서는 대

나무를 신령스러운 나무로 여겨 신간神竿(신대)으로 사용하고 무속인이 머무는 집에는 대나무를 세워두기도 한다.

- 대나무의 활용 : 죽세 가공품의 수출에 의한 외화획득, 해태생산용 발, 어구, 비닐하우스용 자재, 펄프원료, 죽순의 식용, 식기, 가구, 의복 등 다 각적인 효용성을 가지고 있어 매우 수익성이 높다.

  고대사회의 주요한 전쟁 무기였던 활·화살 및 창과 붓대, 퉁소·피리 ·대금 등의 악기도 대나무로 만든다.

  ▷ 조릿대 : 조리를 만드는 대나무

- 대나무 단신

  ▷ 대나무는 판다 곰의 먹이며, '영덕대게'는 다리가 대나무 모양으로 붙여진 이름이다.

  ▷ 이산화탄소 흡수량은 ha당 33.5톤/년으로, 소나무의 9.7 톤/년의 3.45배를 흡수하며, 피톤 키드는 편백나무보다 20%가 많다.

  ▷ 갈대라는 이름은 대나무와 유사한 풀로 속이 비어있고, 뿌리로 번식하여 '갈잎(가랑잎 : 마른 잎)을 달고 있는 대나무' 의미이다. '여자의 마음은 갈대'는 수에즈 운하 준공 기념 오페라인 베르디의 '아이다'의 가사로, 원 단어는 '깃털'을 갈대로 번역하였다.

  ▷ '청사靑史에 길이 남는다'의 청사는 죽간竹簡에 역사를 기록한 연유에서 생긴 말이다.

  ▷ 활을 잘 쏘는 동이족東夷族 활은 대나무, 산뽕나무, 참나무, 물소 뿔, 소 힘줄을 동물성 아교阿膠풀과 민어 부레풀魚膠로 붙여 만들고, 여름 습기 방지를 위해 화피樺皮(자작나무, 벚나무 껍질)로 감싸 조선의 활이 힘이 세며, 조선의 비밀병기 편전片箭(애기 살) 최대 사정거리는 1,000보며 유효사거리는 400보(240m)이다.

- 국궁과 양궁 차이 : 활쏘기는 사냥에서 시작하여 전쟁 무기로 발전하고 지금은 스포츠로 오랜 시간 인류와 함께하여, 중국은 창을 잘 쓰고 일본은 칼이면, 우리 민족은 활을 산지가 많아 산성에서 아래에 있는 적을

공격하기가 좋은 무기로 발전시켰다.

우리 민족을 중국에서 동이족東夷族이라 하여 동쪽의 활 잘 쏘는 오랑캐라 하였으며, 주몽(활 잘 쏘는 사람), 이성계, 정조대왕 등이 역사상 명궁이었고, 올림픽에서 양궁의 실력을 보면 활 잘 쏘는 유전자도 있는 듯하다.

▷ 국궁國弓 : 우리나라 전통의 무예로 택견, 씨름과 함께 무형문화재(궁시장弓矢匠)로, 조준 장치가 없는 전통 활로 사거리는 145m에, 2m×2m 과녁貫革 어디에 맞아도 명중으로, 많이 명중시킨 사람이 승리하며, 활 잡는 방법은 몽골형(엄지와 인지의 아귀로 화살 끝을 잡고 엄지로만 당기는 방법)인 엄지로 잡아 귀 뒤 어깨까지 당겨서 쏜다.

▷ 양궁洋弓, Archery : 영국 헨리 8세 시대부터 발전하여 조준기를 부착한 활로, 30~90m별로 지름 12.2cm 과녁의 10점 점수판 중심으로 맞추어 고득점자가 승리하며 활 잡는 방법은 유럽이나 지중해 인근 지역에서 주로 사용한 지중해 형Mediterranean Style(인지와 중지를 이용하여 손가락으로 당기는 방식이며, 몽골형은 상대에 손등을 보여 부정적 의미로 생각함)을 개량 발전시켜, 인지, 중지, 약손가락으로 귀에까지 당겨서 쏜다. 경기력에서 심리 요인의 중요도는 다른 스포츠보다 압도적으로 높아 절반이 넘는 51.9%에 달한다.

▷ 석궁石弓 : 중세 유럽에서 사용하던 무기

• 군 계급장

▷ 장군 계급장 : "별" 스스로 빛을 발휘하는 천체로써 군의 모든 경륜을 익힌 완숙된 존재임을 상징한다.(우주 공간의 천체 상징)

▷ 영관 계급장 : 대나무 잎 9개를 아름답게 꽃 모양으로 구성하고 중앙에 다이아몬드를 두어 사철 항상 푸르름과 굳건한 기상, 절개를 상징한다.

▷ 위관 계급장 : 금강석은 지하층에 위치하여 장교로서의 초석을 의미하는 것으로, 초급간부로서의 국가 수호의 굳건한 주축임을 상징한다. (지하를 상징)

▷ 부사관 계급장 : 성장(계층)과 도약을 뜻하며 병의 상위계급으로서 장

교와 병간 교량적 역할 및 지상의 모든 식물과 승리, 투지를 표현한다. (원사의 ☆은 사병 최고의 경륜을 익힌 완숙된 존재임을 상징)

▷ 병사 계급장 : 지층을 의미하며 군조직의 기반으로서 복종심, 단결, 전우애를 바탕으로 한 군인정신을 상징한다.

참나무

중부지방에 극상림으로 가장 많이 분포하고 활용도와 생활 속 이야기가 많아 생태와 민속 이야기를 알아보고자 한다.

- 참나무의 명칭 : 참나무과 참나무속에 속하는 낙엽활엽수의 총칭으로 여러 수종樹種을 가리키는 명칭이며, 유용한 나무라는 '참나무'와 도토리를 생산하므로 '도토리나무'라고도 불리고 한방에서는 '상실'橡實이라 한다.

- 참나무의 생태 : 수꽃 '이삭'은 새 가지의 잎겨드랑이에서 밑으로 처지고, 암꽃 이삭은 잎겨드랑이 윗부분에 곧게 피어 근친 교배를 방지하며, 우리나라 대표적 수종은 상수리나무·굴참나무·떡갈나무·신갈나무·갈참나무·졸참나무 등을 꼽을 수 있다.

  이들 중 떡갈나무·신갈나무·갈참나무·졸참나무는 꽃이 핀 해에 열매가 성숙하지만, 상수리나무와 굴참나무는 꽃가루받이 후 수정까지 13개월이 걸려 다음 해 10월에 성숙한다. 어려서는 음지에서도 잘 자라기 때문에 소나무 숲을 침입하여 참나무 숲으로 바꾸어 놓기도 한다.

- 참나무의 활용 : 재목은 매우 단단하여 가구재나 항목(갱목)으로 쓰며, 특히 로마와 영국에서는 참나무로 배를 건조하였다. 참나무의 페놀성분이 바닐라 향을 더해줘 고급 포도주나 위스키를 숙성하는 술통, 굴참나무의 코르크cork 마개, 도토리묵, 표고버섯 골목榾木(버섯 균이 퍼진 나무), 숯 제조와 열매 삶은 물 타닌 성분은 염색약으로 쓰기도 한다.

- 참나무 6형제의 종류와 구분

  ▷ 상수리나무 : 잎은 긴 타원형으로 잎 가장자리에 바늘 모양의 톱니와 12~16쌍의 측맥이 있다. 잎 뒷면에 짧은 털이 있으며 연한 녹색이다. 상수리나무의 도토리는 크고 많이 열려 대용식품의 재료로 쓰였으며, '상목'橡木, '역목'櫟木, '상실'橡實에서 유래한 '상실이'가 '상수리'로 변했다고 전해진다.

  ▷ 굴참나무 : 잎은 타원형으로 바늘 모양의 톱니가 있으며 뒷면에 별 모양의 작은 털이 촘촘히 나 있어 흰빛으로 보인다. '껍질에 굴이 지는 참나무'라는 말에서 '굴참나무'가 된 것으로 추정하고 있다. 나무껍질에 코르크가 잘 발달하여 방수성과 보온성이 높아 예전에는 지붕을 이는 재료로 쓰였는데 이러한 집을 굴피집이라고 한다.

  ▷ 떡갈나무 : 잎은 달걀 모양이며 가장자리에 물결 모양의 큰 톱니가 있으며, 잎 뒷면에 갈색 털이 촘촘히 있다. 예전에는 우리나라와 중국 등에서 떡갈나무 어린잎으로 떡을 쌓아 먹었다고 하는데, 이제는 일본에서만 그 풍습이 남아있다.

  ▷ 신갈나무 : 잎은 달걀 모양이며 가장자리에는 물결 모양의 톱니가 있다. 잎 아랫부분이 귀처럼 발달하며 잎자루가 없다. 옛날에 짚신 바닥에 까는 깔창으로 쓰여서 신갈나무라는 이름이 붙여졌다는 유례가 있다.

  ▷ 졸참나무 : 잎은 달걀 모양이며 참나무 중에 잎이 가장 작아 졸참나무로 불린 것으로 추정된다.

  ▷ 갈참나무 : 갈참나무 잎은 가을 늦게까지 달려있고 단풍이 황갈색으로 눈에 잘 띄어 '가을 참나무'로 부르던 것이 '갈참나무'로 된 것으로 추정하고 있다.

- 참나무와 민속 이야기 : 꽃이 필 5월에 비가 많으면 농사는 풍년이 되고, 그 대신 도토리가 수정受精을 못하여 흉년이 들며, 옛날부터 상수리나무는 들판을 보고 열매를 맺는다고 하여, 흉년이 들면 도토리가 특히 많이 달려서 배고픈 백성들을 살렸다 한다.

참나무의 잎과 열매

　제우스의 상징으로 번개, 독수리, 참나무로 유럽에서는 참나무에 신이 깃든다고 믿어, '제우스'의 제단에 떡갈나무 가지를 받치는 풍습이 있다. 고대 '켈트'(인도~아리안 계통) 신앙에서는 참나무oak를 신성하게 여겨서 드루이드(사제계급)들이 종교제의를 올리는 장소나 성소로 삼았고, '드루이드'는 '참나무에서 자란 겨우살이를 찾는 이'란 뜻에서 유래하였다.

　독일의 국화는 참나무로 화폐와 훈장에 참나무 가지와 도토리 문양이 있으며, 손기정 선수가 베를린 올림픽 시 히틀러에게 받은 화분이 대왕참나무로 서울시 보호수로 지정되어 있다.

　도토리를 좋아하는 동물은 다람쥐, 청설모, 멧돼지, 어치로, 멧돼지는 주식인 도토리를 청설모가 숨겨 놓은 것을 먹고 있는데, 요즘은 먹을 것이 없어 시내로 내려와 보신탕같이 도토리묵 불매 운동이 시도되고 있다. 어치는 기억력이 좋아 다 찾아 먹으나, 다람쥐는 묻어둔 곳을 15% 정도 못 찾아 나무의 번식에 도움을 주고 있다.

　스페인 특산품으로 유명한 햄인 '하몬' 중에서 최고 등급인 하몬 이베리코 데 베요타는, 도토리만 먹여서 키운 건강한 돼지의 뒷다리로 만들며, 도토리 주어오면 10만 원 이하의 과태료를 부과한다.

'개밥에 도토리'라는 속담은 따로 떨어져서 어울리지 못하는 사람을 이르며, 별 차이가 없다는 말로 '도토리 키 재기'라거나 '난쟁이끼리 키 자랑하기'란 속담도 있다.

아까시나무

아까시나무false acasia는 싸리나무, 오리나무, 리기다소나무와 함께 민둥산의 척박한 토지를 비옥한 토지로 만들어, 사방과 연료림 생산에 적합한 수종이다. 꿀밭과 목재로의 기여가 크고, 이제는 수명을 다하여 참나무 등에 자연적으로 자리를 양보하여, 오히려 산림녹화 수종으로 선정할 정도임에도 오해가 많아 진실과 오해를 알아보고자 한다.

• 아까시나무의 명칭 : 잎 모양이 '아카시아'와 닮아 학명이 'false acasia'로 '가짜 아카시아' 또는 '아카시아 닮은' 뜻이나, 우리나라는 '가시'가 달려있어 '아까시'로 부르는 콩과의 낙엽교목이다. 북아메리카 원산으로 오스트레일리아의 국화인 '골든 와틀'같은 열대지방 원산인 '아카시아'Acacia 와는 다르다.

• 아까시나무의 생태 : 뿌리혹박테리아로 척박한 땅에서 질소를 고정固定 (살아 있는 세포나 세포를 구성하는 분자구조를 일시적 또는 영구적으로 정지하는 일)하여 잘 자라, 사방용 지피地被식물로 적합하며, 비옥한 토지로 변하면 햇볕을 좋아하는 극 양수로, 참나무 등에 자리를 내주고 있다. 나무 땔감으로 자꾸 베어내면 맹아지萌芽枝(휴면 상태에서 난 가지)가 계속 나와 점점 더 성질이 사나워져 가시만 무성해지는 가시덤불이 되어, 목재로도 못 쓰고 숲만 망가진다. 그대로 두면 번식도 하지 않고, 콩과

천근성淺根性(뿌리가 얕게 들어감) 식물로, 수명이 50~60년 정도 지나면 자연 도태되는 착하고 고마운 나무다.

- 아까시나무의 활용 : 1891년 일본 사람이 중국 북경에서 묘목을 가져와 인천에 심은 것이 처음이라고 하며, 아까시나무 목재는 색상과 무늬가 아름다우며, 뒤틀림이 거의 없어 고급 목재로 사용한다. 압축강도는 참나무보다 1.6배로 잘 부러지지 않고, 방부효과가 월등해 옛날 마차의 바퀴 및 체대와 야외 벤치용으로 많이 사용한다.

  아까시나무의 이산화탄소 흡수량은 가장 많이 흡수하는 상수리나무와 비슷하며, 꿀벌은 세계 100대 농작물의 71%를 꽃가루받이하고, 농작물 총생산량의 1/3을 차지한다.

  우리나라 꿀의 70%를 아까시나무에서 채취하고 있어, 꿀벌의 환경 생태 보전적 가치가 6조 원(2008년, 그린피스는 373조 원으로 추산)으로, 아까시나무는 밀원蜜源의 보호와 생태계의 보전을 위한 중요한 자원이라 하겠다.

- 꿀벌이 멸종하면 4년 내 인류도 멸종? : 꿀벌의 개체 수가 지난 10여 년간 약 40~50%가 감소한 원인으로, 꿀벌은 변온 동물로 기후변화에 적응을 못한다. 바이러스, 꿀밭부족, 농약사용, 전자파 등으로 벌집 나간 벌들이 돌아오지 못하여, 유충과 여왕벌이 폐사하는 등 여러 요인이 있어, 요즘 과수원에서는 사람이 수분하는 실정이다.

- 나무의 지혜 '가시' : 자기 생존 전략과 초식 동물로부터 방어적인 가시의 지혜로

  ▷ 경침莖針 : 줄기의 일부 또는 끝이 변화되어 생긴 견고하고 예리한 돌기로, 초식 동물의 침해 방지와 증산작용 억제로부터 식물을 보호한다. - 찔레나무, 탱자나무

  ▷ 엽침葉針 : 잎의 변태로 생겨 증산작용을 억제하고, 초식 동물의 침입을 방지하며, 아까시 턱잎이 변한 가시는 2~3년 후 나무가 단단하여 동물의 침입 우려가 없어지면, 떨어지기 시작한다. - 선인장

  ▷ 피침皮針 : 줄기의 표피와 피층의 일부가 돌출하여 생성된 가시로, 동물

의 침입방지를 하는 장미 가시가 있다. - 엄나무, 두릅나무, 화살나무

• 잘못된 표기 사례 : 아까시나무가 아까시아로 잘못 알려진 것은 '과수원 길' 가사(1972년)와 아까시아 껌 CM 송 영향으로 보며, 박미경의 노래 '민들레 홀씨 되어'에서 '홀씨'는 꽃이 피지 않는 식물이 번식을 위해 퍼 뜨리는 단세포의 생식세포인 포자胞子를 지칭하는 말로, "민들레 씨앗이 되어~~"가 바른 표현이다.

• 비료목肥料木 : 임지林地의 지력을 증진해 임목의 생장을 촉진하기 위하여 심는 나무로, 아까시나무 · 싸리나무 · 오리나무류 등을 많이 심고 있다. 비료목의 직접적인 효과는 질소함량이 많고 분해되기 쉬운 많은 엽량葉量 :낙엽을 토지에 환원還元하고, 뿌리의 뿌리혹균에 의하여 질소함량이 많은 분비물을 토양에 공급하여, 토지의 물리적 · 화학적 성질과 미생물의 번 식조건을 양호하게 하는 점이다.

은행나무

지구의 재앙과 일본 원자폭탄 투하에도 살아남고 사찰 서원, 향교 등에 우리 민족과 함께 살고, 가로수 및 정자에 많이 심는 은행나무에 대하여 알아보고자 한다.

• 은행나무 명칭 : 황색 열매의 모양이 살구와 비슷하여 '은행'銀杏(은빛 살 구)이라고 하며, 30년은 지나야 열매를 맺기 시작하여 할아버지가 심으면 손자가 열매를 본다 하여 '공손수'公孫樹로 불리기도 한다. 잎의 모양이 오리발을 닮았다 하여 압각수鴨脚樹라고도 하며, 'ginko'는 스웨덴 린네가 일본어 발음 ぎんなん긴난, Ginnan을 잘못 읽고 붙인 이름이다.

• 은행나무의 식재 : 은행나무는 중국, 한국, 일본에 주로 서식하고, 중국에 는 공자가 살구나무 아래에서 학문을 닦아 행단이라 하여 문묘文廟에 살

구나무를 심었다. 우리나라는 은행나무를 사단祠壇·문묘文廟·묘사墓舍에 심었고, 사찰에서는 약재 나무로 심었다.

정자나무로는 느티나무, 팽나무, 은행나무를 3대 정자나무라고 하고, 가로수로는 은행나무, 버즘나무, 벚나무와 함께 많이 심는다.

▷ 행단杏壇 : 학문을 닦는 곳을 이르는 말로 공자가 살구나무(은행나무) 단에서 제자를 가르쳤다는 고사에서 유래한다.

- 은행나무 생태 : 은행나무는 신생대 에오세 시대에 번성했던 식물로, 2억7천만 년 전의 화석으로 발견되는 살아있는 화석나무로, 빙하기를 거치고 원자폭탄 투하시도 살아남아, 은행나무문에서 유일하게 현존하는 식물로, 일가친척이 전혀 없는 문, 강, 목, 과, 속이 은행나무다. 다양한 질병과 곤충에 저항성이 커 오래 살며, 양평 용문사에 있는 은행나무는 그 높이가 60m에 수령은 약 1,300년생이다.

잎의 분류에서도 활엽수가 아닌, 침엽수, 은행나무, 소철로 분류하며, 잎은 긴 가지에 달리는 잎은 어긋나고 짧은 가지에서는 뭉쳐나기 한다. 기후변화와 더불어 섭취 및 배설로 종 정보를 전파하는 매개 동물의 멸종 탓에, 오늘날 은행나무는 인간이 관리하지 않으면 스스로 번식하고 자생할 수 없게 되어, 사람들이 살지 않는 곳에는 분포하지 않는 것이 매우 특이하다.

암수가 다른 나무로 수 꽃가루인 정충精蟲(은행나무와 소철의 생식세포)은 2~3개월 동안 꼬리를 움직여 수정하는 형태로 진화 흔적이 남아있다. 2011년 6월 산림과학원이 수나무에만 있는 유전자를 발견하여, 1년 이하의 묘목의 암수 감별이 가능해졌다. 따라서 농가에는 은행 채집이 가능한 암나무를, 거리에는 악취가 풍기지 않는 수나무를 심을 수 있게 되었다.

- 은행나무 활용 : 은행잎을 찧어서 날콩가루와 섞어 빈대를 쫓아내고, 방 바닥의 은행잎은 개미, 바퀴벌레를 막고, 책갈피는 좀 벌레를 막았다. 은행나무 재질이 무르며, 나뭇결과 나이테 무늬가 촘촘하고 아름다워 가구재로 좋고, 잎에는 flvonol이라는 물질이 많이 들어있어 고혈압, 심장병약

의 재료로 쓰인다.

자작나무

나무를 태우면 '자작자작' 소리가 난 다 하여 붙은 이름이고, 많은 민족이 영험한 나무로 여러 곳에서 신성시하였기에, 민속 및 활용에 대하여 알아보고자 한다.

• 자작나무의 생태 : 위도가 높은 시베리아나 북유럽, 동아시아 북부 숲의 대표적인 식물로, 표피가 하얗고 벗기면 종이처럼 벗겨지며, 목재는 아주 단단하고 곧다.

• 자작나무의 민속 : 혼인婚姻의 혼은 계집녀女에 저녁 혼昏으로 음양이 교차하고 어둠에서 새로운 세상 밝은 세상으로 나가는 의미로, 해 질 무렵에 촛불을 켜고 결혼식을 올리는 것을 '화촉을 밝힌다'라고 하는데, 이때 화촉樺燭이 바로 기름기 많은 자작나무 껍질로 만든 초이다.

시베리아 샤먼들은 자작나무를 우주수宇宙樹로 삼아 알타이족이 신성시하는 수목으로, 함경도 · 평안도의 산골에서는 영궤靈几(궤연 : 신주 놓는 자리)를 만들기도 하는데 이것은 잘 썩지 않기 때문이다.

사람이 죽으면 시신을 감싸 칠성판에 깔기도 하고, 장사지낸 3년 후에 다시 개묘開墓하여 시신이 백골白骨이 된 것을 자작나무 껍질로 빈틈없이 감아, '미이라'처럼 만들어 다시 묻고 분묘를 만들어, 부모의 백골白骨을 오래 보존하고자 한 풍습이 있었다.

• 자작나무의 활용 : 천마총의 말 다래가 기름기 많은 자작나무 껍질이고, 팔만대장경 경판도 벌레가 먹거나 뒤틀리지 않아 사용하였다. 우리나라 활을 만들 때는 궁배弓背를 감는 데도 사용하였고, 나무의 질이 좋고 썩지 않으며 벌레가 먹지 않아, 건축재 · 세공재 · 조각재 등에 좋다.

핀란드나 러시아에서는 사우나 속에서 잎이 달린 자작나무 가지를 자기 몸에 툭툭 치면 술기운을 없앤다고 하며, 20세기 후반 이후로 자일리톨 껌을 만들었다. 보드카는 자작나무 숯을 채워 넣은 정류탑이 있는 증류기 Pot Still로 증류하여, 악취 나는 성분이 흡수되어 산뜻한 맛을 낸다.

메타세쿼이어

세쿼이어는 미국 인디언의 문자를 창시한 추장을 기념하여 지은 나무 이름이고, 메타세쿼이어Metasequire : dawn redwood는 중생대(2억 2,500만 년 전부터 약 6,500만 년 전) 공룡과 함께 살던 살아 있는 화석식물이다.

1939년 일본인이 화석을 보고 '뒤after(새로운)의 세콰이어'의미로 이름을 지은 후, 1946년 중국의 중국 양쯔강 상류인 쓰촨성과 후베이성에서 발견하였으며, 한국에서는 포항에서 이것의 화석이 발견되었다.

우리나라에는 1956년 식물 육종가 현신규 박사가 들여와 산림청이 번식시킨 뒤, 1970년대부터 가로수로 보급하여 가장 유명한 메타세쿼이아 가로수길은, 1975년 고건 도지사가 심은 담양에서 순창으로 가는 24번 국도와 남이섬 겨울 연가 촬영지가 유명하다.

나무는 재질이 연하여 목재로 잘 쓰이지 않으나, 펄프재로 쓰이고 극양수陽樹며 물을 너무 좋아해 뿌리가 하수도관을 막아 시내 가로수로는 심지 않는다.

- 공룡恐龍, Dinosaur(파충류) : 중생대(약 2억 2,500만 년 전부터 약 6,500만 년 전) 1억 6,000만 년 동안 지구의 옛 주인으로 몸통 아래쪽에 다리가 발달하여 4족 보행은 물론 2족 보행으로 잘 걷고 뛸 수 있게 하였다. 현세의 새가 공룡으로부터 진화했다는 생각은 분지학分枝學과 같은 새로운 방법론과 여러 깃털 공룡의 발견 및 골격의 구조가 더 확실하게 해주었다.

지구상에서 공룡(정확하게는 비 조류형 공룡)이 사라진 시기는 대략 6,600만 년 전으로 추정된다. 공룡 멸종의 천재지변설은 운석 충돌, 화산 폭발 등의 원인과 점진설은 수십 혹은 수백만 년에 걸친 지구 환경의 변화로 보기도 한다.

남해안 세계 3대 공룡 발자국 화석지대는 남해안에 호수가 있었고 화산 활동이 적었던 공룡 지상 낙원으로, 이 지역 중생대 퇴적암이 파도로 세굴되어 공룡 발자국이 많이 발견되었다.

리기 테다 소나무

사방사업과 산림녹화를 위하여 1952년 '현신규' 박사가 미국 유학 중에 개발한 소나무로, 리기다소나무는 추위에 잘 견딜 뿐 아니라 메마른 땅에서 잘 자라는 성질이 있으며, 테다소나무는 재질이 뛰어나고 생장이 빠르나 추위에 약하다.

두 나무의 장점만을 살리기 위해, 꽃피는 시기가 테다는 4월이고 리기다소나무는 5월에 피는 다른 나무를 인공 수정하여 성공한 교잡종으로, 리기 테다소나무를 육성하여 재적 생산이 리기다 보다 1.5배로, 세계 임목 육종학의 역사에 기록될 성과를 거두어 미국 임목 육종교과서에 소개되었다.

1962년 케네디 정부의 미국 상원에서 '한국은 경제발전도 못 하여 희망이 없으니 경제원조를 삭감하자'라는 안을, '알렉산더 월리' 의원이 미국 탄광 지역을 리기 테다소나무로 산림녹화를 성공한 사례를, 한국에서 온 '기적의 소나무'로 소개하여, 원조를 삭감하지 아니하여 한국은 빠른 경제 발전을 할 수 있었다.

· 현신규 박사 : 리기 테다소나무 및 신품종 포플러인popla(the people's tree) '은수원사시나무'(현사시나무Yogi)를 개발하여 우리나라 산림녹화와 국

가 경제발전에 크게 공헌하여, 광릉 '국립 수목원'에 동상을 건립하고, '과학기술 명예의 전당'에는 장영실, 허준, 우장춘과 함께 헌정하였다.

- 현사시나무 : 사시나무는 잎자루가 길어 작은 바람에도 '사시랑이'(가늘고 약한 물건이나 사람)처럼 떨어 '사시나무 떨듯 떤다'라는 유래가 된 이름이다.

  은수원사시나무는 1950년 미국산 은백양과 수원사시나무 사이에서 생긴 잡종으로 생장 속도가 빠르며, 현사시나무 이름은 박정희 대통령이 현 박사의 성을 인용하여 지었고, 'Yogi'라는 이름은 수원 '여기산' 자생지를 인용한 이름으로 호주와 뉴질랜드에 수출하여, 그 나라 산림녹화에 크게 이바지하였다.

벚나무

'벚나무'는 꽃자루가 모여 작은 자루에 달린 후 가지에 달리고 꽃필 때 잎이 나와 자라며, '산벚나무'는 꽃자루가 가지에 직접 달린다.

'왕벚나무'는 제주도 한라산과 해남 두륜산이 원산지로 자생하며 4월에 꽃이 잎보다 먼저 흰색 또는 홍색의 꽃 3~6개가 산방화서織房花序(같은 높이로 한 평면을 이룸)로 달리고, '겹벚나무'는 다른 벚나무보다 늦게 4월 하순에서 5월 상순에 잎이 나온 후 꽃이 핀다.

- 벚나무의 활용 : 팔만대장경의 판은 60% 이상이 산벚나무로 만들어졌으며, 활 손잡이를 '화피'樺皮라는 산벚나무의 껍질과 자작나무 껍질로 부드럽게 감아주어 방수처리 및 보존을 강화하였다.
- 진해 군항제 : 1952년 충무공 동상을 세우고 추모제를 행한 것이 유래가 되어, 1963년부터 해마다 벚꽃이 피는 시기에 맞춰 개최되는 유서 깊은 축제이다.

▷ 진해 벚꽃 : 진해 벚꽃은 1905년 러일전쟁 승리기념으로 일본이 전승 기념탑건립과 함께 심은 것을 이승만 대통령 때 베어내고, 1966~1980년까지 일본 교포 및 일본 재력가가 기증하여 다시 심은 나무이다. 일본은 창경궁에도 벚나무를 심어 '창경원'으로 공원화하였다.

▷ 워싱턴 D.C. 벚꽃 : 일본과 미국이 조선 및 필리핀의 지배를 위해 1905년 맺은 가쓰라-태프트 밀약을 맺은 후, 1912년 우호의 상징기념으로 워싱턴에 3000그루를 기념 식수한 후 설치한 '일본 체리'라는 표지석을, 이승만이 항의하여 '동양 체리'로 변경하였다.

• 일본의 벚꽃 : 벚꽃은 관습상 일본의 국화國花이다. 단, 일본 황실의 상징은 국화菊花이고, 일본 여권에 들어가는 꽃 역시 국화菊花이다. 일본 경찰과 자위대의 휘장과 계급장에는 벚꽃을 쓰고, 일본 속담에 '꽃은 벚꽃이요 사람은 무사'처럼 벚꽃은 사무라이 이미지이며, 일본 총리와 일본 정부의 상징으로는 오동잎을 사용한다.

▷ 사쿠라Japanese cherry, さくら : 벚꽃의 일본 이름과 여당과 야합하는 야당 정치인을 이른 부정적 의미는, 소고기로 둔갑한 말고기를 지칭하던 말 '사쿠라 니쿠'에서 유래했다는 설이 있다.

오리나무

오리나무五里의 이름은 조선에서 올이 남기>오리 남기>오리나모>오리나무를, 1921년 일제가 향명식香名式(좋게 설명하여 부르는 이름)으로 한자를 차음遮音하여 五里나무로 기록하여, 오리마다 거리 목으로 심었다고 이야기하고 있으나 근거가 없다.

안동 풍천의 하회탈이 12세기 고려 시대에 토종 오리나무 만들어진 국보로 '오리'는 탈이고 얼굴이며, 새鳥類 오리는 하늘과 인간과 땅을 연결해주는 신성함 있어, 인간의 정신세계(얼)와의 인연이 있는 명칭이라 하겠다.

공기 질소를 고정하는 효과가 있는 비료 목 수종으로, 생장 속도가 빠르고 척박지와 습지 주변에도 잘 자라, 속성 사방수砂防樹와 왕릉 저지대 습지에 많이 심었으며, 일본이 원산지인 '사방오리나무'는 아까시나무와 함께 제거 수종이다.

결혼식 전안례奠雁禮의 나무 기러기, 나막신, 함지박, 하회탈, 목기를 오리나무로 만들었다.

- 물오리나무 산오리나무라고도 하며 습지나 척박지에서도 생육이 잘되기 때문에 녹음 수, 자연보전용 또는 중부지방 사방용으로 심었고, 남부지방은 사방오리나무를 심었으며, 국내에는 오리나무, 물오리나무, 두메오리나무, 사방오리나무, 좀사방오리나무, 덤불오리나무, 떡오리나무 7종이 서식한다.
  ▷ 숙취 해소와 간 보호 음료로 '여명 808'이 유명하다.

주요 나무 이름 유래

- 대추나무 : 가시가 많아 대조목大棗木에서 유래하였으며 초여름이나 되어야 겨우 잎 싹을 내밀기 시작하여, 게으름을 피우는 옛 양반과 비유하여 양반 나무라고도 한다.

  제사상에 과일을 진설할 때 조율이시棗栗梨枾 순으로 놓으며, 씨가 하나로 임금을, 밤은 한 송이에 3톨로 삼정승을, 배는 씨앗이 6개라서 육조판서, 감은 8개의 종자가 들어있어 조선 팔도를 각각 상징한다는 속설이 있다.

  폐백 시 필수적인 과일로 꽃이 피면 모두가 열매를 맺어 다남多男을 기원하며, '삼복에 비가 오면 보은 처녀의 눈물이 비 오듯이 쏟아진다.'라는 속담이 있다.

  벼락 맞은 나무(벽조목霹棗木)는 단단하여 물에 가라앉으며, 속이 붉어

악귀를 쫓아준다는 믿음 때문에 도장, 목걸이, 휴대전화걸이, 염주 따위의
재료로 인기가 있다.

• 살구나무 : 살구나무는 개고기를 먹고 체했을 때 종자를 달이어 마시어
살구殺狗에서 온 말로 하나 우리말 살(솔)고에서 온 순수 우리말로 살은
'태양(햇살 등)', 고는 '사람'을 뜻한다.

중국에서는 병을 고치는 의사를 행림杏林이라 하고, 공부하는 곳을 행단
杏壇이라 하며, 살구나무 목탁이 청아하고 맑으며 빨래 다듬이대로 사용
하였다.

• 회화나무괴화:槐花나무 : 괴목槐木의 중국어 발음이 회화로 '회화나무'라 하
며, '槐'(괴)자는 귀신과 나무를 합쳐서 만든 글자로, 잡귀를 물리치는 나무
로 알려져 있고, 8월에 아까시 꽃과 비슷한 흰 꽃이 핀다.

회화나무가 사람이 사는 집에 많이 심은 것은 잡귀를 물리치는 나무로
알려져 있어서, 조선 시대 궁궐의 마당이나 출입구 부근에 많이 심었다.

서원이나 향교 등 학생들이 공부하는 학당에도 회화나무를 심어 악귀를
물리치는 염원을 하였고, 나무의 기상이 학자의 기상처럼 자유롭게 뻗어
'학자수學者樹'라고도 불리운다.

우리나라의 유교 관련 유적지에서는 거의 예외 없이 회화나무를 볼 수
있고, 동네 어귀에 세 그루를 심으면 집안에 삼정승이 난다는 속설도 있다.

• 느티나무 : 회화나무와 함께 한자어는 괴목槐木이며, 한결같이 늘 푸르고
늦게 티가 난다 하여 느티나무라 하며, 사찰의 기둥을 싸리나무라 하면
사리함을 만드는 느티나무를 말하고, 마을에는 대개 큰 정자나무와 당산
목堂山木(수호신)으로 많이 심었으며, 목재는 결이 곱고 단단해서 밥상·
가구재, 불상을 조각하는 데 쓰였다.

▷ 괴산군 유래

신라 진평왕 28년(606) 장수 찬 덕이 가잠성에서 백제군에게 100일 동
안 공격을 받아 성이 완전히 고립되었으나, 찬 덕은 항복하지 않고 성
안의 느티나무에 머리를 들이받고 자결하여, 태종 무열왕(김춘추)은 찬

덕 장군의 뜻을 기리기 위해서 "가 남성"을 '괴양'이라고 부르게 하였다.

- 복숭아꽃(복사꽃) : 귀신의 두목이 복숭아나무로 맞아 죽은 일이 있어 귀신은 복숭아나무를 무서워한다 하여 집안에는 심지 않고, 제사상에도 안 올리며 무당들이 귀신 쫓을 때 복숭아 가지를 사용한다.

  장수의미로'서왕모와 천도복숭아'라는 전설에서, 천도복숭아는 천상에서 열리는 과일로 이것을 먹으면 죽지 않고 장수한다는 전설로, 도교에서 옥황상제의 부인인 서왕모가 갖고 있던 복숭아밭에서 복숭아를 훔쳐 먹은 손오공은 불사신이 됐고, '삼천갑자 동방삭'에서 동방삭이 서왕모의 복숭아를 훔쳐 먹어 신선이 되었다고 한다.

  도색桃色은 복숭아의 봉합선 골이 여근을 닮았다고 하고, 복숭아 모양새는 여자의 벗은 엉덩이 같다고 하여 섹스와 연결한다.

- 밤나무 : 밤나무는 뿌리와 줄기의 중간 부분에 오랫동안 껍질을 그대로 매달고 있어, 자기를 낳은 근본, 즉 조상을 잊지 않는 나무라는 효, 부귀, 다산의미로 제상에 꼭 밤을 올리고, 사당이나 묘소의 위패를 만들 때 밤나무 목재를 쓴다.

  자식 많이 낳으라고 폐백 때 대추와 함께 밤을 신부에게 던져주는 풍습은, 중국에서 '자오리쯔'早立子와 '자오성귀이쯔'早生貴子란 말이 '결혼한 부부들이 하루빨리 자식 많이 낳기를 바란다'라는 뜻으로, 조율자棗栗子가 중국어로 '자오리쯔'로 발음이 같아서 밤 대추를 던져주는 풍습이라는 설도 있다.

  밤나무 목재는 단단하고 방부제 역할을 하는 타닌 성분이 많아 잘 썩지 않으므로 쓰임새가 다양하고, 철도 침목은 세계 모든 나라에서 밤나무 목재를 사용했었다.

  ▷ 율곡栗谷 호랑이에 물려 죽는 운을 막기 위해 밤나무 1,000그루를 심어 호를 율곡이라 한다.

  ▷ 너도밤나무 : 울릉도 특산으로 친척 벌 밤나무이다

▷ 나도밤나무 : 잎 모양이 밤나무와 비슷하나 밤나무와 아무 관계가 없는 나무이다.

• 감나무의 오덕五德
  ▷ 문과 : 감나무는 잎이 넓어서 글씨를 쓸 수가 있어 文
  ▷ 무과 : 목재가 단단해서 화살촉을 만들 수 있어 武
  ▷ 충성 : 겉과 속이 한결같이 모두 붉어 忠
  ▷ 효도 : 치아가 없는 노인도 즐겨 먹을 수 있어 孝
  ▷ 절개 : 서리를 이기고 오래도록 감을 매달고 있어 節

• 버드나무 : 나뭇가지가 부드럽다는 뜻의 부들 > 버들 > 버드 나무로 변함.
  ▷ 수양垂楊버들 : 길게 늘어지는 버들
  ▷ 미루美柳나무 : 미국에서 들어온 버들
  ▷ 양치질 : 버드나무로 이쑤시개를 하여 요지 : ようじ : 楊枝
  ▷ 히포크라테스와 동의보감에 진통제 : 아스피린의 제조 원료
  ▷ 미루나무와 무궁화 및 벼농사의 친환경 농법 : 미루나무의 무당벌레가 처음에는 무궁화의 진드기를 잡아먹고, 성충이 되어서는 벼의 멸구, 벼 물바구미를 잡아먹어 미루나무와 무궁화를 논가에 심으면 좋다.

• 버즘나무Plat anus : 나무껍질의 형태가 피부병의 일종인 버짐이 핀 것처럼 생겼다 하여 붙여진 이름으로, 북한에서는 '방울 나무'라고 하며, 잎이 넓어 '플라타너스'라 한다.
  각종 대기오염에 강하고 공기 정화능력이 커 도심의 가로수, 공원 수, 녹음 수로 많이 심는다. 뿌리가 얕고 위로 높게 자라며, 잎이 넓으므로 다른 수종에 비해 여름철 우기에 비바람에 의해 쓰러질 우려가 있어, 가로수의 경우 매년 늦겨울에서 초봄 사이에 전정 작업을 시행한다.
  ▷ 그리스 에게해 동남쪽에 있는 코스섬에는 히포크라테스가 야외 수업으로 제자를 가르쳤다는 플라타너스가 살고 있다.
  ▷ 아카데미의 기원 : 플라톤은 야외 수업을 그리스 신화 속 영웅인 '아카데모스'의 이름을 딴 '올리브나무' 숲속에서 하여, 그 이름을 따 아카데미

라 불리고, 그 이후로 설립한 수없이 많은 다른 학교와 대학들도 '아카데미'라는 이름을 얻었다.(행단 : 공자가 살구나무 아래에서 수업)

- 미스 김 라일락(수수꽃다리) : 1947년 미국인 식물 채집가가 북한산에서 야생의 털개회나무(수수꽃다리) 종자를 채취해 미국으로 가져가, 원예종으로 개량한 뒤 여직원의 이름을 붙였다고 해서 더 유명하며 미국 라일락 시장의 30%를 장악하고, 우리나라는 1970년대부터 기술료를 물어가며 수입하고 있다.

- 구상나무 : 한국 특산종으로 제주도 한라산의 중턱 이상에 숲을 이루고 있으나, 기후변화로 큰 피해를 보고 있으며, 미국과 유럽에서는 20세기에 미국인이 개량하여, '한국전나무'Korean Fir로 부르며 크리스마스트리로 가장 많이 애용한다.

- 회양목淮陽木 : 원래는 잎이 황색으로 버드나무 닮아 황양목黃楊木이나, 강원도 석회암 지대인 회양군에 많이 생육하여 회양목으로 부른다. 느리게 자라 단단하고 균일하여 조선 시대에는 목판활자, 호패, 표찰, 장기알, 머리빗, 측량 기구와 목관악기나 현악기의 줄받이, 도장, 관인이나 옛 선비들의 낙관도 대부분 회양목으로 했다.

- 호두胡桃나무 : 오랑캐 나라에서 들어온 복숭아처럼 생긴 열매로 고려말 '유 청신'이 원나라에서 가지고 와 천안 광덕사에 심었다 하며 판문점 평화의 집 탁자를 뒤틀리지 않아 남북관계도 잘 되라는 염원을 담아 2,018cm 제작하였다.

- 불두화佛頭花 : 백당나무를 우리나라에서 개량한 종으로, 꽃 모양이 스님의 머리 같고, 4월 초파일을 전후해 꽃이 만발하며 향기가 없어 벌이 없다.

- 수국水菊 : 물을 좋아하고 꽃이 공과 같아 수구화水球花가 수국으로 불리며, 토양이 강한 산성일 때는 청색을 많이 띠게 되고, 알칼리 토양에서는 붉은색을 띠는 재미있는 생리적 특성을 갖는다.

- 모란牡丹 : 굵은 뿌리 위에서 새싹이 수컷의 성기 형상이라고 모牡자와 꽃 색이 붉으므로 란丹이라 하였고, 부귀화富貴花와 화중왕花中王이라고 하기도 한다.

  신라 선덕여왕은 당 태종으로부터 벌과 나비 없는 모란꽃 그림을 받고 여왕을 빗댄 것으로 보아, 보란 듯이 향기 나는 분황사芬皇寺를 건립하였다.

- 박달나무 : 단군왕검이 박달나무 아래서 신시를 열었다고 전하며, 단군檀君의 '단'도 박달나무라는 뜻이며, 홍두깨 · 곤봉 · 수레바퀴 등으로 이용된다.

- 향香나무 : 나무에서 향기가 나는 나무.

- 오미자五味子 : 익는 열매에서 신맛, 단맛, 쓴맛, 짠맛, 매운맛의 다섯 가지 맛이 섞여 있다는 나무.

- 다래나무 : 냄새 및 맛 열매의 맛이 달다.

- 물푸레나무 : 잔가지를 물속에 넣으면 푸른 물이 울어 난다.

- 팽나무 : 열매를 팽총膨銃의 탄환으로 사용할 때 날아가는 소리가 팽~한다.

- 목련木蓮 : 꽃이 연꽃 모양으로 나무에 달린 연꽃.

- 모과木▽瓜 : 열매가 참외 닮아서 목과가 모과로 부르다.

- 닥나무 : 나뭇가지를 분지를 때 "딱"하고 소리가 난다.

- 생강나무 : 잎이나 가지를 꺾으면 생강 냄새가 난다.

- 인동忍冬초 : 반상록으로 겨울도 참고 잘 견딘다.

- 철쭉 : 독기 있어 양들이 비틀거려서 온 말로 척촉躑躅이란 한자어에서 유래하였다.

- 층층나무 : 나뭇가지가 층층을 이룬다.

- 튤립나무 : 꽃의 모양이 튤립꽃과 비슷하다.

- 배롱나무 : 백일홍百日紅 나무, 간지럼 나무라고도 부른다.

- 잣나무korea pine : 한국이 원산지로 까치가 좋아하여 작 나무鵲(까치)가 잣 나무로 불리며 오엽송이다.

- 전나무 : 수액이 하얀 젖과 같아 젖 나무가 전나무로 불린다.

11장

❀

생활 속 도자기 이야기

인류가 처음 토기를 만들기 시작한 것은 대략 BC 2만 년에서 6000년경 사이이며, 우리나라에서 토기를 만들기 시작한 것은 BC 6000~5000년경 농경 사회로 정착 생활을 하면서이다. 음식과 식량을 저장하기 위해, 주변의 흙으로 빚은 토기로 시작하여, 우주선의 대기 진입을 위하고, 의료 국방 무기에 사용되는 세라믹까지 발전하였다.

상감청자가 국보로 지정되며, 명나라 도자기가 563억 원에 경매되고, 임진왜란을 도자기 전쟁이라 하며, 조선의 막사발이 이도다완으로 일본 국보가 되는 예술품이 되기도 하는 흙과 불과 시간이 어우러진 도자기의 과학·역사·발전·예술성 등에 대하여 알아 도자기 문화재 감상에 많은 관심을 더하였으면 한다.

도자기의 개념

도자기陶瓷器, ceramics, china, earthenware는 점토에 장석, 석영 따위의 가루를 섞어, 성형, 건조, 소성燒成한 제품이다. 소지素地의 상태와 소성 온도 따위에 따라, 토기, 도기陶器, 석기炻器, 자기瓷器로 나눈다. 점토의 살과 석영의 뼈 및 장석의 옷, 유약이 불의 온도에 따른 화학적 변이로, 강도, 방수, 투명도, 색, 소리 등이 변하는 인류가 개발한 첨단 과학이다.

도자기의 유래와 역사

신석기시대 이집트에서는 이미 BC 5000년경부터 토기(질그릇)가 있었다고 전해지고 있으나, 2012년 사이언스 발표에 의하면 중국 강서성 선인동 유적江西省 仙人洞(장시성 시엔런통) 토기가 2만 전으로 발표하였다.

처음에는 햇빛에 말리기 시작하여 노상 불에 구운 토기는, 물이 새어 나오고 쉽게 깨어져 청동 문명 이집트는 동광銅鑛을 800℃에 녹이는 불을 사용하고, 사막 모래에서 우연히 유리를 만들었으며, 철기 문명인 히타이트 Hittite 제국(서기전 1450~1200)은 철을 녹이기 위해 1,000℃ 이상의 온도까지 사용하였다.

중동에서는 나무의 재가 도자기 표면에 달라붙어 점토와 작용하여, 유리질琉璃質을 형성하는 자연유自然釉를 발견하고, 도자기 유약을 개발하게 되었다.

은殷·주周 시대부터는 1,200~1,300℃의 높은 온도에서 도자기를 구워 내는 방법을 알고 있었으며, 당唐·송宋 시대에는 각지에서 동양풍의 독특한 도자기인 청자·백자가 만들어져 서양사람들을 놀라게 하였다.

고려 시대는 청자, 조선 시대는 분청사기와 백자가 있었고, 유럽은 18세기 독일의 마이센(폴란드 아우구스트 1세)에서 처음으로 도자기를 만드는 데 성공한 후, 영국 도자기는 홍차 문화에 큰 영향을 주어, 영국 산업혁명의 발전과 자본주의 발전에도 이바지하여 '본차이나'가 태어났다.

도자기의 종류와 특징

• 토기(질그릇) : 토기는 점토질의 태토胎土(질)를 사용하여, 바닥이 수평으로 가마가 올릴 수 있는 850~950℃ 정도에서 구운 것을 말한다. 유약을 씌우지 않았고, 다공질 그대로의 토관·기와·화분 등으로, 점토 내에는 기포氣泡가 약간 있어 다공성이며 흡수율이 23% 정도이다.

구울 때 산소가 차단되지 않아 붉은색을 띠고, 철분이나 망간 등의 불순물이 섞여 있는 2차 점토를 이용하여, 산화 소성酸化塑性(산소 공급)하면 밤색계열의 색상을 내고, 연기를 쐬거나 환원還元(산소 제거)으로 소성하면 회색에서 검은색의 색상을 띤다.

신석기시대는 빗살무늬토기, 청동기 시대에는 민무늬 토기를 사용하였다.

• 도기陶器(질그릇) : 도기는 600~1100℃ 이상 오르면, 점토 속의 '산화알루미늄'이 견고한 결정으로 바뀌면서, 두드리면 둔하고 탁한 소리를 내는 약간 무른 도질토기가 만들어진다.

산화번조酸化燔造(가마에 불을 땔 때 산소를 많이 들여보내는 방법으로 토기는 황색·갈색·적색을 띠며, 청자와 백자는 황색이나 갈색을 머금게 됨) 위주로 구워내며, 초벌구이 표면에 유약釉藥을 입혀 유약 구이를 한 것으로, 10% 정도의 흡수성이 있어 유약으로 흡수성을 막으며, 옹기그릇(질그릇과 오지그릇)을 말한다.

진시황릉의 병마용兵馬俑, 위생도기, 타일, 하품인 식기류, 변기, 세면기, 욕조, 타일, 정수기 필터, 반도체, 자기 용품 등의 제작에 활용되고 있다.

▷ 옹기(오지그릇) : 숨 쉬는 그릇 : 한민족만이 가지는 독특한 저장용 큰 항아리를 말하며, 자기를 제외한 토기·오지·질그릇·옹기 등을 통틀어 옹기라고 하고 통기성, 저장성, 발효성, 경제성이 있다.

성형기법은 초기 철기시대에 중국으로부터 전래 된 물레 위에 올려놓고 방망이로 다림질(다듬는 일)하고, 유약으로 잿물灰釉을 사용하며, 가마는 전통적인 통 가마(등요登窯)에서 1200~1230℃로 한 번만 번조燔造(굽다)하여 완성한다.

조미료와 주식·부식물의 저장 용구, 주류 발효 도구, 음료수 저장 용구 등으로 사용하였고, 옹기장(옹기 만드는 기술자)을 중요무형문화재로 지정한다.

'질그릇'은 진흙으로만 만들어 구워, 잿물을 입히지 않은 그릇으로, 공기가 잘 통하여 곡식을 담아 두어도 벌레가 생기지 않는다. '오지그릇'은 질그릇에 잿물을 입혀 다시 구워, 윤이 나고 단단한 그릇으로, 열에 강하고 흡수성이 적기 때문에, 취사용, 운반용, 수납용 등으로 널리 이용된다.
▷ 푸레 도기(푸레 옹기) : '푸르스름하다'의 '푸레'와 순수 황토를 사용하여 표면에 유약이나 잿물을 바르지 않고, 1,300도의 높은 온도에서 소금을 뿌려 완성한 '도기'라는 뜻이며, 숨 쉬는 도기로 서울시 무형문화재다.

• 석기stoneware, 炻器 : 저급점토, 특히 석영·철 화합물·알칼리토류·알칼리 염류 등의 불순물을 많이 함유하는 점토를 주성분으로 하여 용기를 만들어 유약을 바른 후 초벌구이하지 않고 1,200~1,300℃의 온도에서 환원번조還元燔造(가마 온도가 1,100℃ 이상일 때, 땔감을 많이 넣고 산소를 막아 불완전연소가 되게 하는 방법으로, 토기는 회색·회 청흑색이 되고, 백자는 담청색을 머금고, 청자는 아름다운 비색이 됨)한 것을 말한다.

자기와 도기의 중간쯤으로 거의 흡습성이 없는 상태까지 구워 유약을 바른 것으로, 부엌용 용기, 화로, 병, 내산 병, 내열 내산 벽돌, 도관, 외장 타일, 기와 등이 있다.

• 자기瓷器는 중국식 표기 : 磁器 : 끈기를 갖춘 순도 높은 백토白土, 高嶺土인 태토胎土(질)로 모양을 만들어 초벌구이하고, 그 위에 장석질長石質의 유약을 입혀 1,300~1,350℃에서 재벌구이하면, '규산(석영)이 든 장석' 계통을 녹이는 본바탕의 자기화와 유약을 용융시킨 '유리질'로 그 조직이 치밀한 것을 말한다.

이를 백자라고도 하며 두드리면 금속성이 나고 흡수율이 거의 없는 표면이 보석 같은 광택이 난다.

▷ 사기沙器 : 고령토, 장석, 석영 따위의 백토白土 가루를 빚어 유약을 바르고 구워 만든, 희고 매끄러운 자기질 그릇을 조선에서 통칭한 용어로서, 다소 거친 흙을 쓴 것을 말하며 막사발 등으로 많이 쓰였다.

▷ 본차이나Bone China : 주로 소의 뼈를 물에 고아 지방脂肪과 교질膠質을 빼고 1,000℃에서 태운 골회를, 자토磁土나 고령토와 섞어서 구워 만든 영국 특산의 자기를 말하는데, 1748년에 T. 프라이가 처음으로 특허를 얻은 것으로 되어있다.

① 정제된 순수 뼛가루를 30% 이상 함유하고 있다.

② 백색도와 투광성이 뛰어나고 색상이 부드럽고 우아하다.

③ 일반자기보다 강도가 강하며 가볍고 질기다.

④ 특유의 섬유질로 인해 보온성이 뛰어나다.

⑤ 도자기 식기로 가장 인기가 높은 고급 재질이다.

• 타일tile : 지붕을 덮거나 벽, 바닥을 까는데 사용되는, 돌이나 콘크리트 혹은 점토질 소성 제품인 자기를 말한다.

• 세라믹ceramic : 세라믹 물질은 기본적으로 무기 물질이나 비 금속성 물질이고, 열처리를 통한 결정질을 형성할 수 있는 탄소나 실리콘이 주성분 원소이다.

강한 산이나 염기, 부식성 조건에서도 높은 저항성을 보이며, 내열성은 고온(1,000℃ 이상)의 열처리를 통해 소결 과정을 거쳤기 때문에, 점토 벽돌에서 우주 왕복선의 내열 타일fine ceramic에 이르기까지 다양한 분야에 활용된다.

도자기의 원료

가. 가소성 원료, 점토

태토胎土(소지素地 : 흰색 점토)로 끈기를 가지고 성형을 유지하는 가소성可塑性 재료인 점토에, 고령토·장석·규석·납석 등을 혼합한 뒤 곱게 빻거나 물에 걸러내어 만들며, 청자토·백자토·분청토·옹기토·조합토·산청토 등이 있다.(고령토, 황토, 점토)

• 점토粘土, clay : 지름이 0.002mm 이하인 미세한 흙 입자로, 암석이 풍화·분해되면 주로 규소·알루미늄과 물이 결합하여, 점토광물이 이루어진다.

• 고령토高嶺土, Kaolin : 고령토는 도자기에 있어서 가장 중요한 재료로써, 도자기의 태토와 유약의 원료가 되는 점토로, 중국의 고령에서 주로 생산되었기에 고령토라 한다.

　고령토는 장석류(규산(석영 : 유리, 수정), 알루미늄, 나트륨, 칼슘, 칼륨, 알칼리 따위로 이루어진 규산염광물)가 탄산 물에 의한 화학적 풍화작용을 받을 때 생성된다. 순백색 또는 회색이고 유리 광택이 나며, 도자기의 원료로 사용되고, 가소성可塑性이나 내화성耐火性이 강하여 1,760℃에서 녹는다.

나. 골격 재료(제점製粘 원료), 규산질

인체의 뼈대 역할로, 불에 견디고 단단한 물질을 형성하는 비가소성非可塑性인 '규산질(유리질)'로, 유약의 원료와 제점製粘(골격) 원료로 사용하여, 소지素地의 건조, 소성수축으로 인한 기물의 왜곡, 균열방지, 내화성을 조절하여주는 역할을 한다.(규석, 규사, 나무 재, 골회)

다. 녹이는(매용재媒鎔劑) 원료(융제融劑), 장석질

골격재인 규산 질(유리질)을 점토 내에 있는 알루미나 성분과 작용하여 점토에 잘 붙게 하는 녹이는 용해제로, 강도를 높이고 각 입자가 결합하도록 하며, 낮은 온도에서 자기화磁器化하여 굳게 하는 역할로 '장석질'과 '석회석'이 있다.

유약

유약釉藥은 도자기를 제조할 때 성형하여 구운 소지素地 위에, 엷게 피복·밀착시키기 위해 바르는 규산염 유리질의 잿물을 말하며, 유리질로 반응하는 재료와 그것을 적당한 온도로 녹여주는 걸 도와주는 용매 재료로 이루어져 있다.

유약을 바르는 목적은 표면에 광택을 주어 제품을 아름답게 하는 것 외에도, 강도를 더하고 표면을 반질반질하게 하여, 더러워지는 것을 방지하는 데 있다. 또 흡수성을 없애어 물이나 화학약품에 대한 저항성을 증가시킨다는 실용 면에도 도움이 된다.

- 유약의 3대 원료
  - ▷ 규석은 유리질이 주성분으로써 유약의 중추적 역할을 한다.
  - ▷ 장석은 점토 내에 있는 알루미나 성분과 작용하여 점토에 융착시키는 작용을 한다.
  - ▷ 석회석은 유약표면의 광택과 유연성에 영향을 준다.
- 자기유 : 자기와 같이 고온도(1,200~1,500℃)에서 소성하는 것으로서 장석·석영·석회석·고령토 등이 있으며
- 도기유 : 도기陶器와 같이 저온도(960~1,000℃) 소성에는 고령토·붕사·

장석·석회석 등이 사용되고 색채를 가하기 위해서는 철·구리·코발트 등의 산화 금속 화합물이 혼합된다.

- 잿물Ash(오짓물) : 식물성을 태운 재로써 소나무, 떡갈나무, 볏짚 등의 재로, 미끈미끈한 탄산칼륨을 제거 후 앙금만을 분리하고, 약간의 부엽토를 혼합하여 사용하며, 고려청자의 비색은 소나무나 떡갈나무 재를 이용하여 만들었다.

- 녹유綠油 : 납을 매용제煤熔劑로 하여 구리가 산화하여 녹색을 빛깔이 나게 하는 저화도유底火度油로, 통일신라 시대에는 단단하게 구운 태토胎土에 녹유를 바른 기물이 많으며, '청기와'도 그 한 예이고 조선 초 근정전은 청기와였다.

가마

소성燒成·용융熔融 등의 열처리 공정을 수행하기 위해서 사용하는 장치로서, 도자기·벽돌·유리·시멘트 등 요업제품의 제조공정에 사용되고, 가마는 연소장치·연소실·가열실加熱室·연도煙道 및 연통으로 구성된다.

가마는 형태에 따라 평지平地 가마, 경사 가마(통굴 가마登窯 : 굴뚝 역할)와 사용 연료에 따라 장작가마(20~30% 성공), 전기가마, 가스 가마(90% 성공)가 있다.

- 산화염酸化焰 : 산소가 많은 상태에서 타는 붉은색의 불꽃은 산화염으로, 철이 산화되면 붉은색 토기가 된다.

- 환원염還元焰 : 산소가 부족한 상태에서 타는 파란 불꽃은 환원염이라고 부르며, 이때 불과 공기는 태토와 유약에 함유된 철분까지 끌어내어, 청자의 경우 푸른빛이 감돌고, 진사는 아름다운 붉은색을 낸다.

도자기의 제조공정

가. 소지토素地土의 제조(꼬박) : 체취, 수비水飛(불순물 제거), 토련土鍊(수분과 입자를 균일하게 함)

나. 성형 : 물레

다. 장식 : 상감, 투각(여백을 파냄) 음각, 양각(경계를 파냄)

라. 건조 : 점토분의 수분을 증발시킨다.

마. 초벌구이

바. 시유施釉

사. 재벌구이 : 유리질로 변하면서 20% 정도 소성 수축한다.

도자기의 종류

• 상감청자 : 고려 12세기에 상감청자는 반 건조된 그릇 표면에 무늬를 음각한 후, 그 안을 백토白土나 흑토黑土로 메우고 초벌구이로 구워낸 다음, 청자유靑瓷釉(3%의 철분함유)를 발라 다시 구워내는 재벌구이를 하여, 무늬가 유약을 통해 투시되도록 제작된다.

상감기법象嵌技法은 고려의 도공들이 처음 창안해 낸 방법이었고, 청자의 비취색翡翠色(물총새)은 환원염으로 불완전연소로 생긴 일산화탄소가, 청자 표면에 있는 산화철을 환원시켜, 환원된 산화철에 함유된 철 이온 때문에 청자가 비취색을 띤다. 제기祭器 및 선불교의 다도의 다기茶器로 많이 사용하여 발전하였다.

▷ 청자 상감 모란 국화문 참외 모양 병靑瓷象嵌牡丹▽菊花文참외模樣瓶 : 입구는 참외 꽃봉오리를 형상화했고, 몸통 부분은 참외 모양을 하고, 바닥 아래는 주름치마 모양으로 다산多産 의미이다.

▷ 매병梅瓶 : 꿀, 술이나 음료병인데 일본인이 매화꽃 꽂으면 예쁠 것 같다 하여 매병이라 한다.

- 청화백자靑華白磁 : 14세기 원나라 유목민은 '게르ger(몽골의 주거용 천막) 색과 제사 시도 우윳빛 술을 사용하는 흰색 신봉으로 백자를 선호하고, 청색은 이슬람의 물과 하늘의 상징으로 고온에 타지 않는 코발트(회청색) 로 무늬를 그리고, 그 위에 투명유약을 입혀 환원염에서 구워낸 도자기이다. 명나라로 이어져 조선에서도 15세기 중엽 생산하였다.

- 분청사기 : 회색 또는 회흑색의 태토胎土 위에 정선된 백토로 표면을 분장한 뒤에, 유약釉藥을 씌워 환원염還元焰에서 구운 조선 초기의 도자기로, 분장회청사기粉粧灰靑沙器의 준말이다.

- 백자白瓷 : 白磁 : 백자는 철분의 함량이 거의 섞이지 않은 곱게 수비水飛(흙 따위를 물에 섞어 휘저어서 잡물을 제거하는 일)된 백자 태토로 만들어, 투명유를 발라 재벌구이한 흰색 자기이다.

    어떤 물감으로 그림을 그렸느냐에 따라서 순백자, 상감 백자자토赭土(산화 철이 많음), 청화백자(코발트), 철화백자(산화철 : 임진왜란 이후 17세기 조선의 독창적으로 유행하였음), 진사백자(산화구리) 등의 종류로 분류한다.

생활 속 도자기 이야기

- 도자기 경매가 : 송나라 미인침(베게)이 563억 원, 명나라 계영배가 377억 원, 조선의 달항아리가 31억 원에 팔리고, 중고시장 4만 원 접시가 명나라 도자기로 8억 원에 경매된 기록도 있다.

- 도자기 포장 방법 : 실크로드의 육상 운반 시는 점토로 포장하고, 해상 운반 시는 볏짚으로 포장한 후 속을 벼로 채웠다.

- 도자기 명명법命名法
    ▷ (종류)-(장식)-(문양)-(형태)의 순에 따라 명명한다.
    예) 청자 음각 연단문 참외 형 주자

▷ 분류의 예

① 종류에 의한 분류 : 청자, 백자, 분청사기, 청화백자, 백자

② 장식에 의한 분류 : 모깎기, 투각, 상감

③ 문양에 따른 분류 : 매화문, 죽문, 연화문, 화조문 등

④ 형태에 따른 분류 : 매병, 편병, 연적, 주자, 호壺(항아리)

• 이도다완井戶茶碗 : 고려다완이라고 하며 조선 시대 16세기 후반과 17세기에 걸쳐 경상남도 양산과 창원 일원에만 생산된, 조선의 분청사기 막사발(제기)이 찻그릇으로 일본으로 건너갔다.

'와비차'인 '말차'(가루차) 찻사발로 사용하였으며, 수수하고 꾸밈없는 자연미를 갖춘 생활용품으로 주목받은 보물로, 일본인들이 도자기 전쟁이라 부르는 임진왜란을 일으키는 계기가 되었으며, 일본인들이 데려간 도공들은 일본 도자기 산업의 중심이 되었다.

사발은 석회질 점토로 대량생산하고, 두께가 두껍고 열전도율이 낮으며, 차의 타닌을 흡수하여 잡아준다.

• 임진왜란 도공 포로

▷ 이삼평李參平 : 아리타 도잔 신사 : 공주 동학사 박정자 삼거리가 고향으로 임진왜란 시 포로가 되어 규슈지방 사가현 아리타 도자기 시조가 되었다.

▷ 심수관沈壽官 : 사쓰마 야키薩摩燒 : 남원이 고향으로 정유재란(1598년) 포로로 잡혀가 1대 심당길에서 시작하여, 지금은 12대부터 15대 심수관으로 불리며 규슈九州 사쓰마 현(가고시마현) 도자기를 만들고 있다.

• 조선의 첨단기술이 왜로 넘어갔나?

▷ 도자기 기술 : 임진왜란으로 도공이 포로로 잡혀갔으나 조선은 도공들을 천민으로 대하여, 조선으로의 포로 귀환을 거부한 체 일본에 남았다. 이들이 생산한 도자기를 유럽에 수출하여 유럽 문물을 도입하고, 도공이 철 제련소를 만들어 공업 국가로 발전하여, 제국주의 국가로 성장하여 조선이 패망하였다.

▷ 은 제련 회취법灰吹法 : 연산군 시대 개발한 수은을 이용한 은 제련의 첨단기술을, 조선은 광산 개발을 금지하여 매장하였으나, 일본은 간첩을 보내 가져감은 물론, 아예 우리 기술자 2명이 직접 제련도 하였다. 국제 무역 화폐인 은을 17세기에 전 세계의 1/3가량을 보유하며, 조총을 구매 생산하여 임진왜란을 일으켰다.

▷ 은광의 저주 : 볼리비아 포토시 은광은 스페인이 16세기부터 250년간 원주민 800만 명의 희생으로 채굴하여, 세계 은의 2/3를 공급하며 세계 은본위 화폐제도를 만들고, 처음에는 부국이었다. 생산 기반의 약화를 가져오고, 영국이 은 부족으로 아편을 팔아 일으킨 아편전쟁은 청나라의 멸망을 가져와, 조선의 패망까지 이어져 세계사를 바꾸었다.

아르헨티나의 이름은 라틴어로 '은의 나라'로 이는 볼리비아 은이 아르헨티나의 강을 거쳐 유럽에 공급하여 생긴 이름이다.

12장
⊛
현대판 자산어보

요즘 극장가에 영화 '자산어보'의 인기가 대단한데, 예로부터 수산물은 남성에게는 정력식품, 여성에게는 피부미용식품, 어린이와 노약자에게는 보양식품으로 인정받았으며, '동물은 삼키고, 인간은 먹고, 영리한 자만이 즐기며 먹는 법을 안다.'라는 말이 있다.

우리가 식도락가가 못되어도, 먹고 싶은 음식에 대하여 잘 알고 그 이야기까지 알고 먹는다면, 행복은 배가 되고 즐거움은 오래 기억될 것이다.

인류의 머나먼 조상은 물고기로 추정하여 4억 7,000만 년 전 얕은 바다에서 원시 어류로 살다가 민물고기로 살며, 네발을 가지고 폐호흡을 하여 3억 7,000만 년 전 육지로 올라와 인류의 조상으로 진화하였다는 어류의 신비한 이야기도 상상해보며 주변에서 자주 보는 어류를 중심으로, 정약전이 그리도 많은 관심을 가졌던, 어류 관련 인문학 소양을 넓혀 보고자 한다.

자산어보

자산어보兹山魚譜는 정약전이 1814년(순조 14)에 저술한 어보魚譜로, 정약전은 정약용의 형으로 서양 학문과 사상에 접한 바 있는 이벽李檗 · 이승

훈 등 남인 인사들과 교유하며 특별히 친밀하게 지냈다.

이들을 통해 서양의 역수학曆數學을 접하고, 나아가 천주교에 마음이 끌려 신봉하여, 1801년에 신유사옥이 일어나 많은 천주교 신도들이 박해를 입게 되자, 아우 약용과 함께 화를 입어 약용은 장기를 거쳐 강진에 유배되고, 그는 신지도薪智島를 거쳐 흑산도黑山島에 유배되었다.

여기서 복성재復性齋를 지어 섬의 청소년들을 가르치고 틈틈이 저술하며, 섬 안에 장덕순張德順(일명 昌大)의 도움을 받아 자산어보를 지었으며 끝내 풀려나지 못하고 16년 만에 죽었다.

어류의 개요

가. 어류란?

수중생활을 하고 지느러미가 있으며, 아가미로 호흡하는 '척추동물'로 물고기라 부르며, 대부분은 냉혈동물이지만 참치나 상어와 같은 몇 종은 온혈이기도 하며, 턱이 없는 무악어, 상어나 가오리와 같은 연골어, 그 외의 단단한 뼈로 된 경골어로 분류한다.

수중생활을 하는 것 중, 폐로 호흡하는 고래·돌고래, 성체가 되면 발이 나오는 개구리·도롱뇽, 무척추동물인 오징어(두족류)·조개·해삼·해파리 등은 물고기에 속하지 않는다.

나. 치와 어 : 물고기 이름의 유래

보통 비늘의 유무, 성질이 급하고 느림, 어 자만 제사상 올린다는 여러 속설이 있으나, 국립수산과학원이 정문기 박사의 한국어도보(1977, 일지사)에 나오는 어명을 모두 찾아서 종결 어를 가지고 분류를 한 결과로는 고기 종류에는 '치'로 끝난 이름이 18.23%로 가장 많고, '어'가 16.4%로 2위를 차지했으며 10위까지의 종결형은 치, 어, 리, 기, 돔, 이, 대, 미, 둑, 복 순으로 전체 81.08%가 된다.

선비님들이 자주 봤거나 언급을 해야 할 필요성이 있는 고기들에는 한자 이름이 붙었고, 그렇지 않은 어류들에는 순수 우리말 이름이 보존됐다. 부산, 경남에서는 '넙치'라고 부르는 고기를 서울, 경기에서는 '광어'라고 부르는 것도 대표적인 예이며, 가격 면에서도 양반들 상에 올라갔던 '어'자 달린 고기들이 '치'자 달린 고기들보다 상대적으로 비싸다.

다. 작은 어류가 바다에서 살아가는 법

- 투명생물 : 해파리 같은 생물은 해수같이 투명하여 포식자로부터 보호하며, 수심이 깊은 곳에서도 50%의 투명성을 유지한다.

- 거울 물고기 : 정어리와 청어는 반사하는 비늘을 가져 그들을 보이지 않게 한다.

- 방어피음防禦被陰, countershading : 해양생물의 몸 윗부분은 어두운 색깔을 갖고, 아래쪽은 밝은색을 가짐으로써, 고등어, 돌고래, 상어는 윗부분은 어두워 위에서 봤을 때 어두운 심해와 어우러지고, 아랫부분은 밝게 하여 아래에서 봤을 때 빛이 투과된 표층과 어우러져 못 찾게 한다는 일종의 보호색이다.

- 눈이 두 개인 어류 : 꼬리 부분에 눈과 같은 무늬를 갖고 있어 머리와 꼬리의 방향에 혼란을 준다.

- 어류의 숨바꼭질, 위장 : 문어. 오징어, 넙치 등은 서식환경에 따라 다양한 몸의 색깔로 위장한다.

- 화려한 색깔 : 열대어류들은 화려한 색깔로 산호초와 암초와 어우러져 숨는다.

- 어류가 무리 지어 다니는 이유 : 어류의 80%가 무리를 지는데, 정어리, 전갱이 등은 무리를 짓고, 넙치 등은 해저에서 정착하여 살며, 무리 중 '군영'은 각 개체가 정연하게 같은 방향으로 헤엄치는 상태이며, '무리 지음'은 어떠한 장소에 복수 개체가 집합하고 있는 상태를 말하는데 무리 지음의 이유는

  ▷ 포식자로부터 무리를 지을 때 더 안전하다 : 큰 물고기인 것처럼 보여서 포식자들에게 혼란을 주고, 또 쉽게 달려들지 못하게 하는 효과가 있고, 사방으로 도망치는 어류는 조준이 어려워 사냥 성공률이 떨어지며, 무리 중 한 마리가 정찰을 나가 포식자 정보를 알려 주기도 한다.

  ▷ 먹이를 잡을 때 유리하다 : 무리 중 한 마리가 먹이를 찾으면, 그 정보가 무리 전체로 퍼져 먹이 잡을 기회가 늘어나고 침착해지기 때문에, 산소소비량도 적어 더 효율적으로 움직일 수 있는 '무리 짓는 효과'가 있고, 방어 같은 큰 물고기들은 무리를 이루면서 일부는 먹이를 한 곳으로 몰며 추적하면 나머지 무리는 먹이를 포위하며 사냥한다.

  ▷ 번식기에 암수가 만날 기회도 높고 체외수정 확률이 올라가는 것은 물론, 포식자로부터 알을 지킬 수 있어, 무사히 치어로 자라날 확률도 높아진다.

  ▷ 옆줄側線 : 어류와 양서류의 몸에 줄지어 있는 수압, 물의 흐름, 진동 등을 느끼는 감각 기관으로 무리 지어 헤엄칠 때 사용한다.

라. 어류 이야기

- 싱싱한 생선 고르는 법
  - ▷ 피부는 탄력이 있고 특유의 색과 광택이 있는 것
  - ▷ 비늘은 윤택이 나고 단단히 붙어있는 것
  - ▷ 눈은 맑게 빛나고 밖으로 튀어나온 것
  - ▷ 아가미는 선홍색을 띠고 단단한 조직으로 되어있는 것
  - ▷ 복부는 제자리에 있고 탄력이 좋은 것

- 물고기는 어떻게 잠을 잘까? : 수면이란 눈꺼풀이 없어 눈을 뜬 상태로 자며, 움직임이 적고 외부적 자극에도 약하며, 몸체가 수평 및 머리가 위로 또는 아래로 있는 예도 있고, 수면 시간과 방법은 주행성인 잉어, 붕어, 송어는 저녁에 자고, 야행성 가시고기는 낮에 잔다.

  겨울철 수온이 내려가면 깊은 곳에서 자고, 수온이 올라가면 갯벌 속에서 자며, 부레가 있으면 떠 있는 상태로 자고 부레가 없는 상어류는 해저에서 잔다.

- 물고기의 나이를 알아내는 방법 : 원형 비늘과 빗 비늘이 있는 어류는 비늘에 나무의 나이테처럼 있는 여러 개의 띠인 '융기선'이 매년 한 개씩 생겨, 융기선을 세어 보면 물고기의 나이를 알 수 있고, 비늘이 없는 물고기는 평형을 유지 기능을 하는 '이석'耳石(척추동물의 평형석平衡石)의 나이테 모양의 고리 수로 나이를 알 수 있는데, 2017년 노르웨이 바다에서는 최대 512살로 추정되는 최고령 그린란드 상어가 발견되었다고 한다.

- 플랑크톤(부유 생물)으로 사인을 밝힌다 : 살아 있는 상태에서 사람이 물에 빠지면, 허파로 물이 들어올 때 물속의 플랑크톤도 함께 들어와 허파에 상당량 남아있게 된다. 일부는 혈관을 타고 심장이나 간 같은 다른 조직에까지 퍼지게 되나, 다른 원인으로 인해 숨진 채 물속에 버린 경우라면, 몸속 조직에서 플랑크톤이 발견되지 않는다.

  ▷ 플랑크톤이 미생물 다음으로 작은 이유는 수생식물로 햇볕과 온도와 영양분이 필요로 하며, 물 위에 떠서 광합성하기 위함이다.

- 바다는 지구의 허파 : 바다는 이산화탄소의 대형 저장고로 35억 년 전 광합성을 하는 남세균이 탄생한 후 지구상 생명체의 80%가 바다에 산다. 바다의 식물성 플랑크톤이 지구의 대기 중 산소의 50~70% 이상을 생산하고, 육상 식물과 해조류(바다 채소)가 생산한 것은 50~30% 정도이며, 대기 중 이산 탄소의 25%를 흡수하여 지구온난화를 막아준다.

  ▷ 바닷속 향유고래 한 마리는 죽으면서 이산화탄소 3만 톤을 심해에 저장하고, 1만 2000마리의 배설물에 의한 식물성 플랑크톤은 매년 이산화

탄소 20만 톤을 바닷속에 가두어, 고래 한 마리의 생태적 경제효과의 가치는 28억 원 정도이다.

- 수산물 세는 단위
  ▷ '두름'은 청어나 조기 등을 한 줄에 열 마리씩 두 줄로 엮은 것을 말한다.
  ▷ '축'은 오징어와 낙지를 스무 마리씩 한 묶음을 말한다.
  ▷ '손'은 한 손에 잡을만한 분량을 뜻하는 단위로, 조기나 고등어 등의 생선을 셀 때는 큰 것 하나와 작은 것 하나를 합친 것으로, 고등어 두 마리를 이르는 말로 많이 쓰이고 있다.
  ▷ '태' 나무 꼬챙이에 꿰어 말린 명태 스무 마리를 말하며, 북어 스무 마리는 태 대신 한 쾌 또는 '코리'라고 하기도 한다.
  ▷ '톳'은 김 100장을 한 톳이라고 한다.

바다 이야기

- 바닷물이 짠 이유? : 45억 년 전 지구가 생성된 이후 수많은 해저의 화산 폭발로 분출된 많은 염류물질과 염분을 포함하고 있는 육지의 암석 표면을 빗물이 씻어 내린 염류는 77.7%인 염화나트륨의 짠맛과 10.9%인 염화칼슘의 쓴맛(염분 비 일정의 법칙)을 내는 여러 성분의 염류가 합류되어, 바다 평균 염분은 35‰이고 발트해는 6~8‰로 마셔도 되며 사해는 300‰이다.

- 바다생물이 소금물을 마시고도 살 수 있으나 사람은 마시면 안 되는 이유? : 사람은 바닷물을 마시면 살 수 없다. 바닷물의 염분은 35‰ 정도이나 사람의 혈액 염분은 9‰로 삼투압에 의해 몸에 있는 수분을 빼앗아, 탈수 현상을 일으키기 때문이다.
  ▷ '무척추동물'은 체액이 바닷물의 염분과 비슷하여 삼투압 조절에 신경 쓸 필요가 없으나

▷ '척추동물'처럼 체액과 주변 바닷물의 염분이 다를 경우에는, 삼투현상을 조절하는 능력으로 탈수 현상을 막기 위해, 짠 바닷물을 마실 때, 염분을 아가미에 있는 염분 배출 세포를 통해 밖으로 버림으로써, 체내 염분을 일정하게 조절한다.

▷ 민물고기는 체액의 농도가 민물보다 더 높아, 밖에서 체내로 물이 들어오므로 이 물을 콩팥을 통해 소변으로 배설하는데, 이때 신장에서는 염분의 유출을 막기 위해 염분을 다시 흡수한다.

삼투압을 조절할 수 있는 연어나 뱀장어는 바닷물과 민물을 오가며 살며, 바다거북이나 바닷새도 눈 밑에 과다한 염분을 내보낼 수 있는 기관이 있어, 먹이와 같이 먹은 염분을 몸 밖으로 방출할 수 있다.

• 바닷물의 색깔 : 무지개색에서 빛의 파장이 길면 빨간색으로 나타나고, 차례대로 파장이 짧아지다가 가장 마지막에 보라색을 띠게 되는데, 빛이 바다에 닿는 순간 파장이 긴 붉은 계열 색들은 물에 금방 흡수되고, 반대로 파장이 짧은 푸른 계열 색들은 바닷물을 통과하게 되는데 통과한 빛은 바다의 물 분자에 부딪혀('빛의 산란'), 바닷물을 통과한 푸른 계열 빛만 남아 산란하기 때문에 파란색으로 보인다.

수심이 깊은 검은 바다는 수심 60~70m 이상이 되면 푸른 계열 빛마저 흡수되고, 수십 150m 이상의 심해에는 빛이 사라진 상태가 되어 검은색에 가깝게 보인다.

지중해나 인도양 중 휴양지로 유명한 바다는, 에메랄드 빛깔인 경우는 산호가 많이 사는 만큼 식물성 플랑크톤도 바다에 많이 살고 또한, 비교적 수심이 낮고 산호에서 나온 석회질 성분이 바다에 녹아있어서 에메랄드색으로 보인다.

우리의 황해는 중국의 황하강에서 유입되는 대량의 흙으로 인해 누런색을 띤다.

흑해는 염도가 낮고 산소의 양이 희박하여, 흑해에서만 사는 박테리아가 죽으면서 검은색의 황화수소를 발생시켜 바닷물이 검게 보인다.

▷ 파도의 흰색 : 파도로 빛이 난반사되기 때문이며 모든 색을 섞으면 검은색이다.

• 산호珊瑚가 살아 있는 동물이라고? : 산호는 커다란 바위나 인간의 뇌 모양을, 나무나 풀처럼 줄기와 가지가 나 있기도 한다. 바위에 단단하게 붙어서 바닷속에 핀 꽃처럼 있으나 움직일 수 있는 근육이 있고, 촉수로 다른 생물을 잡아먹으며 사는 엄연한 동물이다.

산호의 몸속에 사는 '갈충조류'라 불리는 수많은 단세포 플랑크톤이 광합성을 하여, 산소와 영양분인 포도당을 만들어 산호에게 제공하며, 산호는 그 대가로 갈충조류가 살아갈 수 있도록 안전한 공간과 영양염류 및 이산화탄소를 제공한다.

지구 전체 바다에서 산호초가 차지하는 면적은 0.1%도 안 되지만 바다의 오아시스로 해양생물의 1/4이 이곳에서 어우러져 살아가고, 사람이 먹는 물고기의 20~25% 정도가 산호초 부근에서 잡히는 것으로 알려져 있다. 쓰나미나 태풍으로 인한 해일로부터 연안을 지키는 천연 방파제 역할도 하고 있다.

▷ 산호초珊瑚礁 : 산호충의 골격과 분비물인 탄산칼슘이 퇴적되어 형성된 암초.

• 역풍에도 '삼각돛'이 앞으로 진행하는 이유는? : 바람의 방향이 수시로 바뀌는 바다에서, 사각 돛을 단 배는 가다 멈추기를 반복할 수밖에 없지만 삼각돛은 바람의 방향과 나란하게 하여 삼각돛 전후의 압력 차이로 발생하는 힘을 '베르누이Bernoulli의 원리'라고 하여, 진행 방향으로 돛을 부풀리면 비행기 날개와 같이 흐름의 차이(양력揚力)가, 돛에 압력 차이를 주어 배를 잡아끄는 힘에 의거 45도로 지그재그를 그리며, 앞으로 나아갈 수 있다.

▷ 대항해시대를 열다 : 삼각돛

동서양의 무역은 육지의 실크로드를 이용하다가, 바다 이용 초기에는 노를 젓거나 밤낮의 온도 차에 의해 방향이 바뀌는 해풍과 계절풍 및 조류의 흐름에 의존하였다.

편서풍이 부는 북위 30~60도 사이의 사람들은 역풍에도 앞으로 가는 배가 필요하여, 16세기 중개무역으로 먹고 살던 네덜란드 사람들이 13세기부터 아랍인이 발명한 삼각돛(라틴 세일)을 이용하여, 유럽에서 일본까지 올 수 있었다.

• 해녀海女:潛女: 바닷속에 산소공급 장치 없이 들어가 해조류와 조개류를 캐는 일을 직업으로 삼는 여성으로, 해녀의 발상지는 제주도로 보이며 우리나라와 일본에만 분포되어, 어려서부터 바다에서 헤엄치기와 무자맥질(잠수)을 배우다가 15, 16세에 이르면 독립된 해녀가 된다.

해녀들은 반드시 두 사람 이상이 함께 짝을 지어 같은 장소에서 물질하며, 바닷가의 주민들은 그들의 어장에서 해산물을 캘 권리를 가지는 한편, 바다의 잡초를 베거나 밀려온 시체를 처리해야 하는 등의 의무가 지워져 있다.

무자맥질하여 보통 수십 5m에서 30초쯤 작업하다가 물 위에 뜨곤 하지만, 필요한 경우에는 수십 20m까지 들어가고 2분 이상 물속에서 견디기도 한다.

주요 기구는 부력을 이용하여 가슴에 안고 헤엄치는 '태왁'(박새기 : 물에 뜬 바가지)과 채취물을 담는 자루 모양의 '망시리'(망사리·망아리)가 있고, '국가무형문화재'와 2016년 유네스코 '인류무형문화유산'으로 등재되었다.

• 수준원점水準原點 : 일제 강점기인 1913~1916년에 청진, 원산, 목포, 진남포, 인천 등 5개소의 검조장檢潮場에서 4년간 해수면 높이를 꾸준히 측정한 평균치는, 현재 인천에 있는 수준원점의 해발고도 26.6871m이다.

나라별로 기준점이 달라 백두산의 높이도 우리는 2,744m, 북한은 원산 앞바다를 기준으로 2,750m, 중국은 천진 앞바다를 기준으로 2,749m이다.

• 갯벌 세계자연유산 지정 : 조수(밀물과 썰물)가 드나드는 해안에 밀물 때는 물에 잠기고, 썰물 때는 드러나는 넓고 평평한 땅으로, 국토면적의

2.5%이며 서해와 남해안 갯벌은 세계 5대 갯벌로 수많은 미생물로 오염된 수질의 '정화능력'이 뛰어나고, 홍수에 따른 물의 흐름을 완화하고 저장하는 역할로 '홍수조절', 태풍이나 해일이 발생하면 이를 일차적으로 흡수하고 완화하여 '해일 피해 방지', '적조 현상 방지', 철새의 이동 통로에 위치하여 기착지로 '서식지' 역할을 한다.

식물성 플랑크톤의 광합성 결과로 산소를 발생시켜 지구온난화를 막아주고, 양식장이나 염전으로 이용되어 갯벌의 수산물 생산력은 막대하여, 육상보다도 약 9배나 높은 가치를 가지고 있는 것으로 알려져 있다.

우리나라 갯벌이 약 1300만t의 탄소를 저장하고 있고, 연간 26만t의 이산화탄소를 흡수하여 연간 승용차 11만 대가 내뿜는 이산화탄소를 갯벌이 자연적으로 흡수한다.

서천 갯벌, 고창갯벌, 신안갯벌, 보성-순천갯벌의 4개 갯벌이 세계자연유산으로 등재되었다.

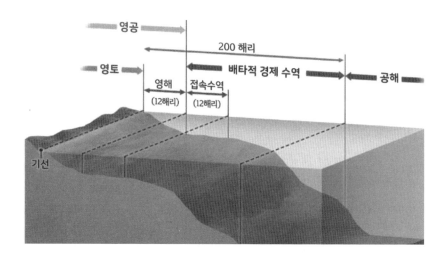

• 해양 관할권의 구분
 ▷ 영해領海 : 주권이 미치는 해양 지역으로서 1982년 유엔해양법회의에서

채택한 12해리로, 영국과 네덜란드 간의 청어 어업 분쟁으로 논의가 시작되었다.

▷ 접속수역接續水域 : 영해 밖에 접속한 일정 지역의 수역水域에서, 연안국이 자국自國의 영토에서 갖는 관세, 재정, 출입국관리 또는 보건에 관한 권익의 침해를 방지하기 위하여 설치한 수역이다.

▷ 배타적 경제수역EEZ : 자국 연안으로부터 12해리는 영해이고 200해리까지는 EEZ로, 천연자원의 탐사·개발 및 보존, 해양환경의 보존과 과학적 조사 활동 등 모든 주권적 권리를 인정하는 유엔 국제해양법상의 수역으로, 1982년 채택된 이 법은 1950~1970년대 영국과 아이슬란드 간의 대구大口 전쟁의 수습책으로 발의되었다.

독도가 중간 수역에 포함되어 있어 일본에서 독도의 영유권을 주장하는 계기가 되기도 하며, 독도는 우리의 영토로 독도 주변의 12해리는 우리나라의 영해로 중간 수역에서 제외되어야 한다는 것이 우리의 주장이다.

▷ 아이슬란드는 북아메리카 대륙판과 유라시아 대륙판의 사이 위에 섬이 존재하고 있는 특별한 경우로, 두 개의 대륙판은 1년에 2cm씩 점점 갈라지고 있어 지구판이론을 증명할 수 있는 화산섬의 나라며, 930년경 세계 최초의 의회인 '알팅그' 입법부를 결성하였다.

▷ 대륙붕大陸棚 : 수심 200m 이내의 얕고 기복이 적은 평탄한 해저지형을 말하며, 그 외연부外緣部는 급경사로 하강하는 대륙사면大陸斜面으로 되어 있다.

제3차 국제연합해양법회(1974년)의 이후 영해의 너비를 측정하는 기선基線으로부터, 200해리(약 370㎞)의 거리에까지 이르는 해면 하의 해저 구역을 대륙붕이라 하여, 일체의 자원에 대한 권리를 주장하는 경향이 강해졌다.

▷ 해리海里 : 해리는 바다에서 거리를 나타내는 단위로 위도 1분(1/60도)에 해당하는 거리로서, 45도 위도를 기준으로 1해리를 1,852m (1.852㎞) 규정하였다.

▷ 마일mile : 로마 시대에 사용된 행군한 거리를 나타내는 기호에서 유래

한 것으로, 1760yd로서 1.609344km에 해당한다.

▷ 노트knot : 배가 한 시간에 1해리(위도 1분)를 이동하는 경우 배의 속력은 1 knot(1,852m/3600s : 0.51m/s)로 knot(매듭)은, 모래시계에 의한 항해 거리를 밧줄의 매듭 수로 계산하여 사용한 용어이다.

▷ 미터Meter : m : 미터의 정의는 북극에서 적도까지의 자오선子午線 길이의 1,000만분의 1로 정의하였고, 정확한 길이는 4천만 7,863m로 측정되었으며, 1983년에 빛이 진공에서 1/299792458 초 동안 진행한 경로의 길이로 다시 정의하였다.

생활 속 어류 관련 언어 이야기

• 수어지교水魚之交 : 중국 삼국시대의 유비와 제갈량의 사이를 비유한 친밀한 사이를 말한다.

• 앙급지어殃及池魚 : 성문에 불이 붙으면 그 화가 성 근처 물가의 물고기에게까지 미친다는 제삼자의 피해를 말한다.

• 코이의 법칙 : 비단잉어 '코이'는 작은 어항에다 기르면 5~8cm밖에 자라지 않지만, 커다란 수족관이나 연못에 넣어두면 15~25cm까지 자라고, 강물에 방류하면 90~120cm까지 성장하게 되어, 사람도 주변 환경에 따라, 생각의 크기에 따라, 엄청난 결과의 차이를 만들 수 있다.

• 메기의 효과 : 노르웨이 어부가 청어를 운반해오는 수조에 청어에 천적인 '물 메기'를 한두 마리 집어넣어, 청어들은 메기에게 잡혀 먹히지 않으려는 몸부림이, 청어를 살아 있게 했던 것이다.

• 큰 가시고기의 부성애父性愛 : 수컷은 수명이 1년으로 번식기가 되면 집을 만들고, 암컷을 부르면 암컷은 알만 낳고 가버리면, 먹지도 못하며 10일 정도 혼자 알을 지키다, 알이 깨어나 둥지를 떠날 때 수컷은 죽으며 새끼의 먹이가 된다.

- 숭어가 뛰니 망둥이도 뛴다 : 원래 뛰어오르는 성질의 숭어가 물 위로 솟구치는 것은 볼만한데, 얼결에 튀어 오른 망둥이의 해괴한 현상에, 무척이나 놀랐을 옛 조상들이 만든 속담이다. 숭어가 뛰는 이유는 지느러미의 기생충을 떼려는 설과 해수에 산소농도가 적을 때라는 설이 있다.

- 문어 제 다리 먹듯 : 먹이 없을 때 필사적 생존 전략이다.

- 빠가 사리 : '동자개'가 지느러미가 움직일 때 '빠가' 소리가 나서 빠가 사리라 부른다.

- 사바사바 : '고등어'를 뜻하는 일본어 '사바'에서 온 것으로, 일본 순사에게 형사 사건을 청탁할 때에 '고등어'를 갖고 가서 청탁하였다는 설이 있다.

스토리텔링 있는 어류 이야기

- 주꾸미 : '자산어보'에서 준어蹲魚(구부리다)로 주그러지며 미끄러지다 의미의 '주꾸미'로, 서해안에 서식하며 야행성이고, 문어, 낙지와 같이 다리 8개이다. 봄 주꾸미 가을 낙지로 3월~5월이 제철이고, 소라와 피뿔고등 껍데기로 잡으며, 타우린의 보고로 피로 해소, 시력, 혈압, 당뇨, 콜레스테롤을 낮추어 심혈관 질환을 예방한다.

- 낙지-두족류 : 낙제어絡蹄魚는 '얽힌絡 발蹄을 지닌 물고기魚'를 뜻하는 말에서 온 낙지로, 북한에서는 오징어를 낙지로, 낙지를 오징어라 부른다. 발이 8개며 야행성인 낙지는 전라남북도 해안의 바위 사이나 개펄에 몸을 숨어 살고, 수명이 1년 정도로 이른 봄 산란을 마치고 대개 죽음을 맞는다.
  ▷ 꽃 낙지 : 가을 낙지로 맛이 뛰어날 뿐 아니라 소득에도 도움을 주며, 펄 속에 박혀 겨울잠을 잔 후 봄에 산란하여 '봄 조개, 가을 낙지'라는 말을 쓴다.

▷ 묵은 낙지 : 겨울잠에서 깨어나 산란을 준비하는 낙지로, 생의 마감을 앞둬 동작이 느린 편이고 맛이 없다.

▷ 세발낙지 : 새끼들은 5~6월이면 어느 정도 자라는데 이 시기의 낙지는 몸집이 작고 발이 가늘다 해서 불리며, 전라남도 목포를 중심으로 한 지역 특산물로 인기를 끈다.

▷ 일본군이 2차 대전 시 조종사에게 다량투여하여 시력을 회복하였고 자산어보에는 지친 소도 낙지를 먹이면 벌떡 일어난다 하였다.

▷ 5~6월 낙지는 개도 안 먹인다.

▷ 묵은 낙지 꿰듯 : 일이 매우 쉬울 때

▷ 묵은 낙지 캐듯 : 일을 단번에 하지 아니하고 조금씩 할 때

• 굴 : 모려牡蠣·석화石花 등으로 표기하며, 선사시대 조개더미에서 많이 출토되었고, 서식은 염분 11~32‰(바다의 평균 염도는 35‰)인 비교적 농도가 낮은 조간대의 바위 등에 부착한다.

바다의 우유라 불릴 정도로 철분의 함량이 많고, 아연은 남성의 스태미나에 좋고, 열량과 지방 함량이 적으며 칼슘이 풍부해 식이조절 시 부족해지기 쉬운 칼슘을 보충하여 다이어트에 도움을 줄 수 있다. 이탈리아 카사노바는 하루에 굴 50개를 먹었으며 로마 황제 음식으로 유명하다.

▷ 어리굴젓 : 얼간하게 짜지 않게 담근 젓으로, 7% 소금물에 희석하여 15~20℃에 15일 동안 숙성시켜 고춧가루 넣어 담갔다.

▷ 굴은 사랑의 묘약 : 아연은 정자생성, 태아의 발육증진, 중추신경계를 발달시킨다.

▷ 굴은 타우린의 보고이다.

▷ 굴의 셀레늄은 중금속 해독으로 세포 기능을 활성화한다.

▷ 굴같이 닫힌 여인 : 정조 여인

▷ 굴 같은 사나이 : 입이 무거운 사나이

• 장어長漁(만鰻) : 전설적 스태미나 음식으로 불포화지방산이며, 콜레스테롤이 침착되는 것을 막아 동맥경화를 예방하고, 비타민 A의 보고라 쇠고

기보다 200배가 넘는다.

성장과 생식, 저항력, 시력, 피부 등 인체에 영향을 미치는 필수 영양소와 정력을 증강하는 뮤신과 콘드로이틴 성분이 풍부하고, 식후 복숭아의 유기산이 지방의 분해를 방해해 설사를 유발할 수 있다.

▷ 뱀장어, 민물장어 : 민물에서 살다 바다로 나가는 회유성 어류로, 세끼 장어는 8000㎞를 헤엄쳐 강으로 올라와 5~12년 정도 생활한다. 산란을 위해 서태평양 필리핀해역에 9개월 동안 먹지 않고 헤엄쳐, 자신이 태어난 수심 2,000~3,000m의 심해에 다다라, 알을 낳고 수정을 마친 후 죽는다. 양식 장어는 실뱀장어를 잡아 8개월~1년 길러 출하하며, 우리나라가 새끼를 부화하는 기술은 아직 초보 단계이다.

▷ 붕장어彌張魚, 아나고穴子 : 바닷속 모래 속에 숨어 살며, 산란은 아열대해역 가까운 곳까지 남하한 후, 봄·여름에 걸쳐 산란한다고 추정한다.

▷ 갯장어, 하모ハモ : 물어뜯는다는 뜻으로 억세고 긴 송곳니를 비롯한 날카로운 이빨이 있다.

▷ 곰장어, 꼼장어, 먹장어 : 눈먼 장어로 가죽을 벗겨도 꼼지락거려 붙여진 이름이고, 수놈 1마리에 암놈 100마리가 함께 살고 바다의 청소부라 불리며, 가죽은 지갑, 핸드백, 구두로 사용한다.

▷ 풍천장어風川長魚 : 강어귀 바닷가에서 잡히는 뱀장어

▷ 메기 잔 등에 뱀장어 넘어가듯 : 슬그머니 얼버무린다.

▷ 뱀장어 꼬리 잡는다 : 무슨 일을 잘못된 방법으로 한다

▷ 뱀장어 눈은 작아도 저 먹을 것은 본다 : 식견이 좁은 자라도 저 살길은 다 마련하고 있음을 비유하는 말이다.

• 멸치蔑치 : 물 밖으로 나오면 바로 죽는다 하여 멸치, 멸어蔑魚:滅漁라 부르며, 칼슘의 왕으로 왜정 시 일본인이 우리 주민을 남해안에 이주시켜, 멸치를 잡아 일본으로 수출하면서 먹기 시작하였다.

▷ 죽방렴竹防簾 멸치 : 물이 얕은 곳에서 대나무 그물 같은 것으로 잡아, 비늘도 떨어지지 않게 잡은 것을 최고로 친다.

▷ 멸치도 창자는 있다 : 작다고 무시하지 말라는 경고 말이다.

- 전어錢魚 : 맛이 좋아 돈 생각하지 않고 먹는 고기라 전어이고, 서남해안에 많이 분포하며 근해성 물고기로, 여름 동안은 외양에서 지내고, 10월경부터 이듬해 3월경에 내만이나 하구의 기수역汽水域(바닷물과 민물이 만나는 수역)에 내유來游(와서 놂)다.
  ▷ 가을 전어 머리엔 깨가 서 말
  ▷ 전어 굽는 냄새에 집 나간 며느리도 돌아온다.

- 청어靑魚(비유어肥儒魚) : 한류성 어종으로 제철은 겨울철인 2~3월이며, 값이 싸고 맛이 있어 가난한 선비들도 잘 사 먹는 물고기라 하여 '비유어'라 부르고, 동해안 지역의 겨울철 별미인 '과메기'의 원래 재료이기도 하다.
  ▷ '청어 굽는 데 된장 칠하듯'이란 지나치게 발라서 몹시 보기 흉한 것을 말한다.
  ▷ '눈 본 대구, 비 본 청어'란 눈이 내릴 때는 대구가 많이 잡히고, 봄비가 올 때는 청어가 많이 잡힌다.
  ▷ 과메기 : 눈을 꿰어 관목貫目이 과메기로 변한 것으로, 청어가 원조지만 통째로 말리면 1달이 소요된다. 따라서 요즘은 꽁치를 갈라서 말리면 2박 3일이면 말린다.
  ▷ 네덜란드를 어업 및 해양 강국으로 만든 청어 : 13~17세기 중세시대에는 피가 많은 붉은 고기는 뜨거운 고기로 탐욕을 불러온다고 하여, 교회에서 정한 기간에는 육식을 엄격히 금지하였다.
  물고기는 탐욕을 부르지 않는 '차가운 음식'으로 생선 수요가 증가하여, 수산업 지역의 경제가 발전하게 됐었다.
  하지만 어느 날 갑자기 청어 떼가 이동 경로를 발트해에서 북해로 바꾸면서, 북해 연안의 작은 나라였던 네덜란드는 나무통에 염장하여 밀봉하는 혁명적인 청어 저장법을 개발하여, 유럽 최대 어업 강국이 되었다.
  16세기 말엔 아시아로 향하는 희망봉 항로를 이용하여 네덜란드령 동인도 회사를 설립하여 해양 강국이 되었다.

- 명태明太 : 인조 때 관찰사가 순시 시 명천의 태 씨 어부가 잡아 '명태'라 하였다. 하며 건조와 상태에 따라, 생태, 동태, 북어北魚 황태, 흑태(먹태 : 황태 작업 시 따뜻한 날씨면 흑태), 백태, 노가리, 코다리, 춘태, 산란한 명태가 살이 별로 없어 뼈만 남다시피 한 것은 꺾태로 20여 가지나 되는 가장 많은 이름이 있는 국민 생선이다

  ▷ 코다리는 반쯤 말린 명태 코를 4마리씩 줄로 꿰어 부르다.

  ▷ 제사상에는 명태 알처럼 다산의 의미와 복덩이로 재운을 기원하는 의미이다.

  ▷ 가게나 이사 집에 명태를 명주실로 감아 집 문 위에 매달면, 명주실은 실타래같이 오래오래 복이 들어오라 의미이고, 혼례 상에 올려 눈을 부릅뜨고 있으면 귀신이 못 들어 와 만사형통이란다.

  ▷ 노가리 풀다 : 말이 많거나 거짓말을 한다.

  ▷ 명란젓 : 명태의 알을 소금에 절여 담근 것

  ▷ 창난젓 : 명태의 창자에 소금, 고춧가루 따위의 양념을 쳐서 담근 것

  ▷ 용대리 황태덕장은 1967년 함경도 사람이 눈, 바람, 추위가 황태 작업하기 좋은 장소로 시작하였으며, '덕'은 물 위에서 낚시질할 수 있도록 만든 발판 모양의 대를 말한다.

  ▷ 황태는 단백질이 북어의 2배, 닭가슴살의 4배이고 56%로 단위 무게당 최고의 단백질 음식이다.

- 홍어洪魚 : 흑산도 '넓은 바다'에서 산다 하여 홍어로, 주둥이가 뾰족하고 마름모꼴이며 포유류나 조류, 연골어류(상어)처럼 체내 수정을 한다. 삭혀서 막걸리와 함께 먹는 '홍탁'과 '삼합'(삭힌 홍어, 삶은 돼지고기, 묵힌 김치)이 전국적으로 알려져 있고, 서남해안 지방에서는 제사상과 잔치 음식에 삭힌 홍어가 거의 빠지지 않는다.

  고려 말 조정에서는 왜구의 잦은 침입으로 공도空島 정책을 펴 영산포(나주)가 홍어의 본고장이 되었고, 냄새는 삼투압 조절에 필요한 연골 속의 요소 성분이 암모니아로 분해되면서 나는 것으로 세균이 번식할 수 없다.

▷ 날씨가 찰 때는 홍어 생각, 따뜻할 때는 굴비 생각

▷ 만만한 게 홍어 거시기 : 거시기가 2개며 가시가 달려 손을 다칠 우려가 있고 암놈이 비싸서 먼저 제거하여 '만만한 사람'에 빗대어 말한다.

▷ 홍어 주낙(긴 낚싯줄에 여러 개의 낚시를 달아 물속에 늘어뜨려 고기를 잡는다)이 그물보다 생태계 피해가 적어 '국가 중요어업유산'으로 지정되었다.

• 문어文魚 : 뇌가 발달하여 머리가 좋고 먹물까지 있으며, 문어 빨판으로 딱 붙으라고 양반들이 시험 볼 때 먹었다. 4쌍 8개의 다리를 가지며 눈은 척추동물의 카메라 눈과 비슷하게 발달 되어있다.

짝짓기는 가을에 수심 20~100m에서 몇 시간 동안 하고 수컷은 몇 달 후에 죽으며, 부화는 5~7개월 걸리며 암컷은 먹이를 먹지 않아 알이 부화하기 전후에 죽는다.

'바다의 카멜레온'이라 불리며 위장하고, 몰래 숨고, 경계색으로 겁주며, 먹물을 뿜어 상어 같은 천적의 후각기를 마비시켜 추격을 피하고, 최악의 지경이면 도마뱀처럼 제 다리를 스스로 잘라 주고 내뺀다.

▷ 문어 제 다리 뜯어먹는 격 : 제 패거리끼리 헐뜯고 비방함

▷ 문어발식 경영 : 대기업이 여러 기업을 거느리는 경영

▷ 경상도 제사 및 잔치 대표 음식이다.

• 게 : 게는 다리가 10개며 바닥을 옆으로 기어 다니면서 바닥으로 떨어지는 해양생물의 사체를 처리하는 식생을 가지고 있어, 바다의 청소부라 불린다.

▷ 대게竹는 다리가 대나무 마디 모양이라 대게로, 껍데기가 얇고 색은 주황색이고, '영덕대게'는 울진 영덕지방에서 잡히는 게로 수심 200~400m 밑바닥에 흙이 없는 깨끗한 모래나 자갈에서만 살기 때문에, 다른 지역의 대게에 비해 맛있고 비싸다.

▷ 홍게 : 붉은색을 띠고 있어서 홍게라고도 불리며, 대게와 비교 시 다리가 납작하고 좀 더 깊은 수심에서 서식하기 때문에, 껍질이 단단하며 강

하고 동해에서만 잡히며 수심 400~2300m의 펄이나 모래 속에서 산다.

▷ 꽃게 : 등딱지 모양이 뾰족하여(곶蟹) 꽃게가 변한 말로, 색은 검은 돌과 비슷하며 서해안의 수심 20~30m 깊이의 바닥에 서식하며, 암수 구별은 배꼽이 젖꼭지 모양이면 암컷이고, 아기 고추 모양이면 수컷으로, 수컷의 제일 맛있는 부위는 집게발의 속살이다.

옛날에 귀신을 막기 위해 대문이나 방문 출입구 위에 엄나무를 꽂았으나 해안가 마을은 꽃게 등딱지를 꽂았다.

▷ 참게 : 민물에서 성장한 후 가을이 되면 바다와 하천이 만나는 하구로 이동하여 산란하고, 이곳에서 부화된 새끼 참게가 이듬해 봄에 다시 민물로 돌아오는 사이클을 가지고 있다.

▷ 킹크랩 : 왕대게 : 알래스카 해안 심해에서 잡는다.

▷ 랍스타 : 바닷가재

▷ 게거품 문다

▷ 마파람(남풍)에 게눈 감추듯 한다.

▷ 독 속의 게 : 너 죽고 나 죽자

▷ 게장은 사돈하고는 못 먹는다.

• 송어松魚 : 연어과의 회귀성 어류이며, 살의 빛깔이 붉고 선명하며 소나무 향이 난다 하여 송어라고 부른다.

바다에서는 동물성 플랑크톤을 먹고 5, 6월경에 하천을 올라오는 소하성溯河性(바다에서 살다 하천에서 알을 낳는 성질)으로, 부화한 알은 약 1~2년 동안 강에서 살다가, 9~10월에 바다로 내려가 3~4년이 지나 강으로 되돌아와, 산란 후 모두 죽는다.

▷ 산천어山川魚 : 송어가 민물에서 부화하여 담수에서 사는 육봉형陸封型으로, 대부분 동해로 흐르는 강에 분포하며 바다에 가지 않은 수컷이 많다.

• 빙어氷魚 : 빙어는 바다에 살다 민물에 갇혀 사는 육봉형으로, 여름철에는 호수나 늪의 깊은 곳에 서식하다가 11월경이면 얕은 곳으로 이동하여 얼음 속에서 잡혀 빙어이다. 4~5월에 하천의 얕은 물 자갈 바닥에 산란하고

나서 죽는다.

▷ 의림지 공어義林池公魚는 1929년 일본인이 양식한 빙어를 의림지에 이식하였다 한다.

• 열목어熱目魚 : 냉수성 물고기로 빙하기에 내려왔다가 용존산소 많은 1급수 이상의 맑고 차가운 물에서만 살고, 여항어餘項魚 > '연목이' > 열목어로 음차이지, 눈이 붉고 열이 많지는 않다.

• 광어廣魚 : 넙치가 표준말이며, 태어날 때는 머리 양측에 한 개씩의 눈이 있고 수면 가까이에서 헤엄치지만, 성장하면서 눈이 머리의 왼쪽에 쏠리고 삶의 터전도 바닥으로 옮겨간다.

▷ 3월 광어는 개도 먹지 않는다 : 겨울 광어가 제철이다.

• 도다리 : 두 눈은 우측에 있고, 산란기는 가을에서 겨울 사이이며, 자연산으로 '좌광우도'로 구분하며, 도다리쑥국이 맛있다.

▷ 봄 도다리, 가을 전어

• 고등어 : 등이 언덕처럼 둥근 모양이라 고등어皐登魚이고 등이 푸르러 벽문어碧紋魚로, 오메가3 지방산이 풍부하여 기억력 향상과 뇌 기능 증진에 도움이 되고, 내장에는 효소류가 많이 함유되어 잡아 올리면 바로 이들 효소가 부패에 박차를 가한다.

▷ 바다의 보리 : 보리처럼 저렴하면서 영양가가 높다.

▷ 가을 고등어와 가을 배는 며느리에게 주지 않는다.

▷ 자반 고등어는 좌반佐飯(소금에 절인 반찬)이 변한 말이다.

• 민어民魚 : 누구나 즐길 수 있는 흔한 물고기로 민어이고, 여름철 냉해지는 오장육부의 기운을 돋우며 뼈를 튼튼하게 해 준다.라고 하여 여름철 일품 보양식이며, 남해안 여수 지역에서는 제사상에 꼭 올라가야 할 생선이라 부를 만큼 맛이 좋은 고급 어종이다.

▷ 어교(부레풀) : 아교는 동물의 가죽이나 뼈를 원료로 한 것과 물고기의 부레를 원료로 한 부레풀을 말하며, 민어의 부레를 이용해 만든 어교魚膠

는 접착력이 매우 뛰어나 나전칠기, 고급 장롱, 각궁角弓을 만드는 데 사용되었다.

- 조기助氣 : 기운을 북돋워 주는 효험이 있어 '조기'라 하며, 서남해에서만 나고, 나라별 좋아하는 생선은 중국 사람은 잉어, 일본사람은 도미, 미국 사람은 연어, 프랑스 사람은 넙치, 덴마크 사람은 대구, 아프리카 사람은 메기, 우리나라 사람은 조기로 잔칫상이나 제사상에 빠지지 않고 오른다.
  ▷ 굴비屈非 : 고려 시대 척신戚臣(친척 신하) 이자겸이 조기를 보내면서 '비록 귀양살이하지만, 결코 비굴하게 굽히고 살지는 않겠다.'라는 의미로 '굴비'라고 적어 보낸 데서 유래되었다.

- 미꾸라지 : 모양이 납작하고 미끄러운 성질 때문에 '미꾸라지'로 불리며, 더러운 물이나 산소가 부족해도 장으로 공기 호흡하여 잘 견디고, 밑이 구려 '미꾸리'라 부르며, 모기 유충을 하루에 1,000마리 이상 먹어 모기 천적이다.
  '미꾸리'는 색깔이 좀 더 진하며 몸통은 둥그스름하고 맛이 있어 토종 대접을 받았으며 양식 기간이 2년이고, 미꾸라지는 몸통은 세로로 납작하며 양식 기간이 1년으로 선호하여, 요즘 추어탕鰍魚湯은 미꾸라지탕이다. 용은 양이고 성공으로 좋은 비유이며, 미꾸라지는 음이고 실패한 자이고 약삭빠르고 나쁜 의미이다.
  ▷ 미꾸라지 천년에 용 된다
  ▷ 미꾸라지 한 마리가 온 웅덩이 흐린다
  ▷ 미꾸라지 국 먹고 용트림한다.

- 다랑어 : 다랭이를 57년 인도양에 첫 출어 한 선원들이 '진짜 고기'라 참치라 하였으며, 포획 즉시 제대로 냉동 처리를 하지 않으면 인체에 해로운 독소가 생성된다.

- 꽁치 : 아가미 근처에 침을 놓은 듯 구멍이 있어 구멍 공空자에 치를 붙인 공치가 꽁치로 변하였고, 겨울철에 과메기로 만들어 먹기도 한다.

- 한치(창 오징어) : 오징어와 비슷하며 45cm에 이르는 성체의 크기에 걸맞지 않게 한 치(3cm)밖에 안 되는 짧은 다리를 가졌다 해서 한치라 하며, 난류성이며 야행성이고 '에깅'이란 마치 새우처럼 생긴 에기餌木 바늘로 잡는다.
  ▷ 한치가 쌀밥이라면 오징어는 보리밥이고, 한치가 인절미라면 오징어는 개떡이다.

- 정어리 : 바다의 목초, 바다의 쌀 : 식물성 플랑크톤을 먹고 자라 큰 물고기의 먹이가 된다.

- 가자미 : 계모가 전처 자식 미워해 머리와 눈이 오른쪽에 모여있어 가짜 어미로 가자미라 부른다.

- 가물치 : 검은 물고기로 피로 해소나 여성의 산후조리용 보양식으로 많이 먹는다.

- 갈치 : 몸이 긴 칼 같아 도어刀魚, 칼치라 불렀다.

- 감성돔 : 검은 돔

- 대구 : 입이 큰 물고기

13장
❀

4대강 사업의 진실과 오해
보시설과 녹조 발생 중심으로

4대강 사업은 지구온난화에 따른 기후변화에 대응한 하천정비사업의 목적으로 홍수와 가뭄대책 등을 일시에 증대시킨 사업이다. 녹조 관련 환경피해 현상이 대청댐과 낙동강 하구 등의 일부 지역과 폭염과 가뭄이 심한 여름 한 철의 현상임에도 녹조 발생과 관련하여 과장된 표현 및 증명 안 된 논리로 4대강 사업과 관련지어 무조건 반대부터 하고 있어 본 공사의 개요에 대하여 정치를 배제한 오직 공학적으로 접근해 보고자 한다.

기후변화 현황

온실가스인 이산화탄소와 이산화탄소의 20~30배 영향을 미치는 메탄가스(축산업이 14.5%, 차량이 12%) 증가로 지구의 기온은 계속 올라가, 태풍의 강도와 횟수 및 폭염과 가뭄 일수가 늘어나고 물 부족과 산불이 일어나며 기습 집중호우로 산사태와 침수피해가 증가하고 있다.

앞으로 언제 어느 곳에서 어떠한 재해가 얼마만 한 피해를 줄지는 온실가스 감축 실적과 우리의 대비에 따라 다를 것으로 지진 발생 예측과 같이 누구도 장담할 수 없는 지경에 이르렀다.

수자원 이용현황

우리나라의 강우량은 홍수기에 편중되고 지역별 및 유역별로 편차가 심하여 최근의 연 강우량은 많으나 인구밀도가 높고 1인당 물 사용 강우량은 세계 평균의 1/6이며 년간 1인당 사용가능량이 1000~1,700㎥ 미만으로 물 스트레스 국가이다.

수자원 이용현황은 총 강우량 1276억 톤 중 증발산량蒸發散量이 43%이고 바다 유출이 31%이며 이용량은 26%(하천이용량 13%, 댐 저류량 10%, 지하수 3%)에 불과하다.

하천취수율(사용량 26% / (유출량 31% + 이용가능량 26%) = 45%)이 20~40% 이상으로, 한국, 인도, 이탈리아, 남아공 등과 같이 '하천취수량 스트레스'가 높은 국가이다.

특히 유출량이 편중되어 댐 같은 담수시설과 물이 부족한 지역의 공급시설도 확충하여야 하며, 절수, 해수 담수화 사업, 인공강우 기술, 폐수를 재이용하거나 우수(빗물)를 이용하는 방법도 마련하여야 한다.(2001년 수자원이용현황)

댐 설계기준 상향과 시설 보강

우리나라 댐 설계기준은 콘크리트댐의 경우 100년 빈도의 저수지 유입량을, 사력댐의 경우는 200년 빈도의 저수지 유입량의 120%(500~1000년 빈도)를 기준으로 산정하였으나 기후변화와 안정성 강화로 '가능한 최대

강우량'(PMP)으로 변경하였다.

'평화의 댐'은 국가 안전보장 회의에서 당초 댐 높이 80m를 125m로 높이고 홍수 범람에 대비하여 콘크리트 덧씌우기 공사까지 하였다.

'소양강댐'의 경우는 당시 1일 최대 강우량을 632㎜로 설계하였으나 '04년 810㎜ 강우로 비상대처계획(EAP : emergency action plan)에 의하면 댐 붕괴 시 서울 시내가 5m 침수하고 배수 시간이 43시간이나 걸린다.

'가능한 최대 강우량'으로 계산 시 880㎜(40% 증가)로 증가하여 소양 강댐을 비롯한 전국 주요 12개 댐에 대하여 범람에 의한 붕괴방지 목적으로 보조 '여수로'餘水路, spillway(기존 여수로의 약 80% 규모) 시설을 추가 설치하였다.(강수량은 강우량과 강설량의 합을 말한다.)

4대강 사업의 개요

강을 비롯한 하천은 하천법에 의거 10년 단위로 '하천 기본계획'을 수립하여 정비하게 되어있어 매년 예산에 따라 부분적으로 정비하던 것을 일시에 정비하며 '운하' 시설을 계획하였다가 취소하여 일부 불필요한 운하 목적 내용이 있다고 주장하기도 한다.

4대강 주요사업으로는 홍수와 가뭄 예방 및 친수 위락공간과 자전거 도로개설사업 등으로 분야별로 시중에서 논란이 되는 부분에 대하여 설명하고자 한다.

가. 홍수 예방

우리나라 대부분의 하천 설계는 일제 강점기 조선총독부에서 근무하던 가지야마 토목기사가 1925년 '을축년 대홍수' 기록으로 연구한 '가지야마 유출량 경험공식'으로 설계하고 일제 강점기에 쌀 증산을 위해 축조한 제방을 매년 하천정비하고 있다.

홍수 예방을 위하여는 가능한 침수 위험지역 개발을 줄이는 것이 최선이나 기개발지의 침수 방지를 위하여는 하천정비로 하천 폭을 넓히고 제방을 높이든지 아니면 준설을 하여야 하고 저류 시설과 유수지 및 펌프장을 설치하여야 한다.

'공사의 순서'는 하류 지역 홍수량 증가를 줄이기 위하여 다목적댐 건설과 강 본류의 정비 후에는 지방하천을 정비하여야 함에도 4대강 사업의 찬반에 매몰되어 지천 정비의 지연으로 일어나는 침수 피해지역 주민들에게는 너무나 가슴 아픈 일이다.

이제는 누구나 인정하며 급한 '지천 정비'로 하폭을 넓히고 제방을 보강하며 수생식물을 심는 수변공간을 확보하여야 할 때이다.

4대강 사업 관련 홍수 예방 내용은 크게 강의 퇴적층 준설과 일부 지역의 댐 축조와 저수지 준설 및 제방 보강공사로 해당 지역 주민들이 먼저 알고 있는 홍수 예방 효과에 대하여는 그동안 태풍에 의한 본류의 홍수피해가 없었던 결과를 고려하여 별 의견이 없다.

나. 가뭄 예방

가뭄 예방시설은 저류량 규모가 9억 톤이고, 공급 가능 수량은 13억 톤이다. 소양강댐의 총 저류량 29억 톤 중 연간 관개·생활·공업용수는 12억 톤이고 팔당댐의 5배 규모를 고려할 때 중대형 댐의 물 공급량 규모이다.

물 부족 여부 논란은 우리나라의 강우량 집중과 산악지형에 따라 '물 이용현황'에서 보듯이 안정적 물 공급이 매우 취약하여 소형 댐을 전국 물 부족 지역에 나누어 추가 건설이 필요하다. 그러나 비점 오염원非點汚染源(오염 통제가 어려운 오염물질)이 적은 적정한 위치선정, 환경피해, 지역 민원,

침수지역의 많은 보상비 등으로 건설이 매우 어렵다.

따라서 절수와 다양한 물 공급방안이 강구되어야 하며 물은 없는 것보다는 약간 문제가 있다 하더라도 있는 것이 절대적으로 필요하다.

4대강 유역 전반에 골고루 저장된 물은 수막水幕 비닐에 의한 난방비 절감 농사 기법의 개발 등과 같이 저수량의 활용방안을 적극적으로 개발하고, 충남 서부지역의 고질적인 물 부족 문제를 해결한 보령댐의 물 공급같이 물이 부족한 가뭄 피해지역에 골고루 공급할 수 있는 송수계획을 수립할 때이다.

다. 강의 환경문제

강의 환경문제는 유럽이나 일본 같이 연간 강우량이 큰 편차 없이 고르게 내리면 댐이나 보가 필요 없겠지만 우리나라는 그렇지 못하여 물 공급과 환경보존이라는 두 마리 토끼를 잡아야 하는 조건이 안타깝다.

강의 기능은 치수, 이수, 배수와 자연정화, 조운漕運, 위락, 발전, 등으로 홍수 예방과 물 공급이 가장 크고 여기에 환경을 살리는 종의 다양성 확보와 친수공간 제공 등도 중요하다 하겠다.

우리나라 강과 하천의 환경문제는 연간 강우량의 편차가 심하여 갈수기에는 건천이 많고 기후변화로 기온이 상승하여 폭염과 가뭄 일수가 늘어난다.

강변에 인구가 밀집한 도시와 공단건설로 한 하천에서 많은 물을 취수 사용한 후 오·폐수를 만들어 버리고, 하류 지역은 또 그 물을 재사용하며 오·폐수를 버리면 하류로 갈수록 수질 악화는 피할 수 없다.

따라서 수질 정화를 위한 다양한 노력을 꾸준히 하고 상수 전용 소형 댐을 곳곳에 건설하여 오염이 덜된 상류의 용수를 공급받는 방법도 검토하여야 할 것이다.

라. 녹조 발생의 진실과 오해

- 녹조綠潮(물꽃水華現象, water bloom)현상이란? : 식물성 플랑크톤이 대량 번식하여 물색을 녹색으로 변화시키는 현상으로 주로 남조류가 원인이 되어 강이나 하천 및 호소 등에서 발생하고, 편모조류와 규조류에 의해 바다가 붉게 물드는 현상을 적조赤潮, red tide라 부르는 것에 대비해 통용되기 시작한 용어이다.

　요즘 남극의 빙하도 흰색에서 '녹색 빙하'로 변하는데 이는 기후변화로 기온 상승과 두 배로 늘어난 펭귄의 배설물로 인한 질소·인의 부영양화로 조류가 증식된 것으로 보고 있다.

　▷ 남조류(남세균) : 엽록소를 가지고 광합성을 하며 물속에 떠다니는 작은 생명체 세균으로 식물성 플랑크톤이라고도 부르며 지구상에는 35억 년 전에 나타났다.

　지구산소의 50~70%를 공급하며 동물성 플랑크톤의 먹이로 먹이 사슬의 하위 단계를 이루고 500만 년 전에 태어난 인류는 물론 모든 생물과 공생하여야 할 존재이다.

　참고로 원유原油는 공룡시대인 중생대 시대에 물속에서 공기가 차단되고 동·식물성 플랑크톤 같은 유기물이 퇴적하여 압력과 열을 받아 생성된 탄화수소 물질로 공룡이 죽어 생성되었다는 것은 전혀 근거가 없다.

- 녹조가 발생하는 요인 : 녹조를 일으키는 남조류는 광합성을 하는 식물성으로, 증식하기 위하여는 '강한 햇빛', 22℃ 이상의 '수온'과 함께 영양분인 질소·인이 많은 '부영양화'富榮養化는 절대적이고 직접적인 요인이다. 유속流速 즉 물의 정체성은 수온과 영양공급에 복합적이며 간접적으로 작용하여 남조류의 증식 관련성에 대하여는 다양한 의견이 있다.

　따라서 녹조현상은 여름철 불볕더위나 가뭄이 있을 때 일어나는 현상으로 햇빛 같은 자연적인 조건은 제외하고 부영양화와 수온, 유속 등에 대하여 검토해 보고자 한다.

- 녹조의 문제점 : 식물플랑크톤이 과다증식되면 동물성 플랑크톤도 증식

하여 산소 호흡을 하고 녹조가 수면을 덮어 햇빛이 차단되면 수생식물도 산소 호흡을 하며 공기차단으로 산소가 부족하면 '용존산소'가 적어져 물고기가 폐사한다.

녹조는 유기물 부하의 증가, 저질 내의 철과 망간의 용출, 맛과 악취가 나며 수질 악화가 되고, 남조류 중 마이크로시스티스·아나베나·오실라토리아·아파니조메논 등 4종은 사람이나 동물이 흡수할 경우 간세포나 신경계에 나쁜 영향을 준다.

가장 심각한 문제는 유독 조류가 생산하는 독소로 1878년 호주에서 처음으로 녹조로 인해 동물이 폐사한 사건이 보고되었으나 국내에서는 동물 피해는 일어나지 않았지만 앞으로 일어날 위험을 방지하기 위하여 독성물질을 생산하는 녹조를 제거하고 방지해야 한다.

▷ 큰빗이끼벌레 : 1mm 안팎의 작은 개체들이 모여 한 덩어리를 이루는 외래 태형동물苔形動物(이끼 동물)로 유속이 정체된 호수의 돌, 수초 등에 붙어 서식하며, 원산지는 북미 지역이고 전 세계에 약 5,000여 종이 있으며, 우리나라에는 1990년대 초반 유입되었고 약 120여 종이 서식하는 것으로 알려져 있다.

2014년 금강, 영산강, 낙동강 등 4대강 공사가 진행된 유역에서 큰빗이끼벌레가 잇따라 모습을 드러내며, 일부 환경단체는 이 벌레가 죽어 부패하면서 암모니아를 배출해 수질을 악화시킨다고 녹조와 함께 환경오염의 상징으로 주장하기도 한다.

정부와 일부 환경 전문가들은 혐오감을 주는 외양과 달리 독성은 없고, 유기물을 섭취하기 때문에 일시적으로 수질 개선 효과까지 있다고 맞서고 있다.

• 녹조에 대한 대책

(1) 부영양화를 줄이는 방안 : 남조류 증식을 줄이는 직접적이고 절대적이며 인위적 요인으로 부영양화의 주요 물질인 질소와 인의 사용량을 자제하고 하천 유입을 줄이는 방안을 마련하여야겠다.

질소의 20%를 차지하는 축산분뇨는 바이오 처리 등을 마련하여 무단방류를 줄이고, 70%를 차지하는 질소 비료는 세계 평균의 10배를 사용하는 양을 줄이며, 하천 변에는 '물이용부담금'으로 습지 등의 수변공간을 조성하여 연꽃과 부레옥잠 등에 의해 1차 처리 후 내보내는 시설이 필요하다.

인은 녹조 발생에 질소의 5배의 영향을 미치는바 인의 60%를 차지하는 세제사용을 줄이든지 인이 없는 친환경 세제의 사용을 권장하며 집안의 세탁기는 지정장소에 설치하여 오수관에 연결하도록 하여야 한다.

생활폐기물을 줄이고 수거하여 하천 유입을 줄이며 유입된 쓰레기는 부패 전에 빠르게 수거하고 호수 내 갈대, 수초 등의 제거도 필요하다.

오·폐수 처리장은 용량을 늘리고 질소와 인을 처리할 수 있는 기술개발과 3차 처리 시설설치로 하천 방류를 최소화하여야 한다.

(2) 수온과 오염농도 및 유속문제 : 보의 설치로 수심이 깊고 저수량을 크게 하면 수온과 오염원의 농도가 낮아져, 소양강댐과 18,000여 개의 저수지와 한강 등에서는 녹조 문제가 별로 일어나지 않는 것 같이 보에 의한 정체성 즉 유속문제는 없다고 주장하기도 한다.

정체된 호소는 여름철 물의 성층현상成層現象(물이 상·중·하층이 형성됨)으로 상부 수면의 온도가 올라가 녹조가 증식할 수도 있고, 수문을 개방하여 유속이 빨라지며 물이 혼합되면 오히려 남조류가 햇빛과 영양분을 골고루 받아 조류가 30% 더 증식한다는 이론도 있다.

조류경보의 78%를 차지하며 녹조 문제가 심각한 유역으로 인구 1,300만 명이 거주하고 강변에 230곳의 산업단지가 조성된 낙동강 중·하류 유역과 많은 도시와 축산농가가 많은 대청댐 상류가 있는가 하면 보의 개방은 조류의 하류 이동에 불과하지 증식감소가 일어난다는 직접적인 이론 규명이 안 되어있다는 주장 등으로 보아 간접적인 요인인 유속은 남조류 증식의 직접적인 요인에 복합적으로 작용하여 조류증식 여부의 명확한 관련성을 아직 규명하지 못하고 있다.

(3) 상수원과 농업용수 사용 시의 문제 여부 : 대부분의 녹조는 햇빛이

비치고 수온이 높은 수면의 상류부에 살고 있다. 취수장의 취수구取水口는 녹조도 없고 갈수기에도 취수가 가능한 최저수위에 설치하고 수면에는 녹조를 밀어내는 설비와 녹조 유입 방지용 차단막을 설치 운용하여 녹조 유입을 막고 있다.

정수시설에서는 녹조를 활성탄소와 염소로 처리하여 음료로 사용하는 데에는 문제가 없으나 감성적인 문제는 그대로 있다.

(4) 발생 된 녹조를 줄이는 기술개발 : 현재 조류의 번식을 막거나 죽이는 방법으로, 수면에 파장을 보내어 햇빛의 70%를 반사 차단하여 광합성과 수온 상승을 막으며 산소를 공급하는 기술은, 현재 부분적으로 사용하고 있다. 녹조를 죽이는 박테리아나 곰팡이의 개발, 오존 이용, 황토사용, 미역 종류의 수생식물 식재 등 다양한 연구가 현재 진행 중으로 빠른 기간 내에 좋은 성과가 있기를 기대해 본다.

(5) 녹조의 재활용기술 개발 : 발생 된 녹조는 바이오 에너지로 전기생산, 비료, 사료, 화장품 등 다양한 방면으로 활용방안의 연구가 진행 중으로 좋은 성과가 있기를 기대해 본다.

마. 보의 기능에 대한 오해

• 홍수증가와 수압상승으로 제방 붕괴 유발 : '보의 개방과 철거' 논의에서 보시설은 가뭄대책으로 저수용 시설이고 홍수 시는 수문을 개방하여 홍수 예방과 전혀 관계없는 시설이다. 다목적댐의 홍수 예방과 혼동하여 홍수 예방 효과가 없다고 주장하기도 하고 차량 병목현상을 예로 들며 수위 상승으로 홍수를 유발하여 철거를 주장하는데, 관수로의 '베르누이 정리'나 개수로의 '연속방정식과 에너지 방정식'에 의하여 홍수 시 수문을 개방하면 보 시설물이 있어도 유속이 빨라져 통수에는 전혀 문제가 없다.

수위 상승에 의한 제방 붕괴와 범람 발생을 주장하려면 보에 의한 back water(수면 상승)를 계산하던지 못하면 모형실험으로 수면 상승 값을 제시하여야 함에도 요란한 주장만 있을 뿐이다.

혹시 상승한다 하여도 4대강 사업은 보통 2m 이상을 파내어 배수 용량이 늘어났고 수위가 낮아져 제방의 안정성 증가는 물론 여러 불확실을 고려한 제방의 여유고餘裕高까지 있어 4대강 사업의 보시설과 홍수 관련 논의는 무의미하다.

- 보시설의 용도와 위치의 문제점 : 보시설은 '나. 가뭄 예방'에서 언급하였듯이 물을 저류 하여 가뭄 피해 예방의 가장 큰 목적과 도시 및 관광지에 인공 호수공원도 설치하듯이 친수 위락시설을 종합적으로 검토하여 설치하였다.

운하시설의 설치 우려는 없으나 실제 가뭄 피해지역에 물 공급의 경제성만을 고려하여 위치의 부적정성을 비난하는 예도 있다.

- 녹조 발생과 보에 의한 유속 감소 관련 여부 : 녹조 발생이 4대강 보라면서 개방과 철거를 주장하나 '라. 녹조 발생의 진실과 오해' 의 '녹조 발생 요인'에서 언급하였듯이 물의 정체성과 녹조 발생 여부는 직접적이며 확실한 이론을 제시 못 하고 모니터링한 데이터를 자기 기존 주장에 아전인수 격으로 해석하여 쌍방 간에 요란한 주장만 있을 뿐이다.

- 유지관리에 따른 경제성 : 보시설의 경제성 평가는 기후변화에 대응한 가뭄 예방에 따른 물의 절대적 가치와 친수 공간 확보 등의 SOC 시설로 오랜 기간을 고려하여 종합적으로 평가하여야 할 것이다.

- 종합의견 : 보시설의 철거 여부의 결정은 장래 조류의 증식 상태를 예측하는 '환경영향평가'를 하여야 하는데, 조류의 증식량 추정은 햇빛 일수와 폭염 강도, 보에 의한 수심과 수량 크기에 따른 수온 변화, 오염원의 농도 변화, 유속이 미치는 영향 등을 종합한 '모델식'이 없으며 '4대강 보 철거 용역'을 발주하였으나 세 차례 응찰자가 없어 발주를 취소(2019년 5월)하였다.

대통령 직속 국가 물관리 위원회는 '보시설의 처리는 오랜 기간 보시설의 운용에 따른 모니터링으로 지역 여건과 지역 주민의 의견을 고려하여 주민, 환경단체, 전문가와 함께 결정하기로 함'은 피치 못할 차선책으로 그나마 다행이며 앞으로는 요란한 주장보다는 전문적이고 결정적인 연구 검토를 기대해 본다.

14장

🌐

생활 속 술 이야기

술의 개요

가. 술이란

'백약百藥의 장長이요 백독百毒의 두령頭領'이라고도 하고, '야누스(로마문의 신)의 두 얼굴'이라고 한다. 인생의 묘약으로 알코올은 진정제며 말초신경을 흥분시켜 일탈과 망각으로 기분이 좋아지고 인간관계를 원활화하며 노동의 효율성도 증대시킨다. 적당히 마시면 심장병 예방의 효과 등이 있는 발효음식으로 인류의 역사이며 과학인 신의 선물이다.

- 술은 주세법으로 알코올 1도 이상의 음료를 말한다.

- 알코올 : 아라비아어 Kohl(숯)에서 유래된 것으로 원래는 눈썹 화장용 숯가루를 가리키는 말로, 양조주를 처음 증류할 때 이와 비슷한 과정으로 만들었다 해서 Al-kohl이라 부르게 된 것이 오늘날의 Alcohol의 어원이다.

- 에틸알코올
  - ▷ 주정은 곡류를 발효해서 만들고
  - ▷ 소독약은 화학반응으로 제조한다.

- 메틸알코올
  ▷ 메탄으로 공장에서 만들어 공업용으로 사용한다.

나. 술의 어원

범어에서 '수라'는 쌀로 빚은 술의 의미이고 고려 시대에 '수블水火/수블'은 물속에서 술이 보글보글 익는 모습으로 표현하였다. 한자에서 유酉는 닭, 별, 서쪽, 발효의 의미이고 갑골문자에서는 술 담는 그릇을 나타냈다.

다. 술의 시작

술을 처음 빚은 것은 원숭이가 저장해둔 과일이 우연히 발효된 것을 사람이 먹어보고 술맛을 알게 되었다고 한다.

구약 성경에는 노아의 홍수 때 포도나무 재배법과 포도주 제조법을 배우고 제사 때 술을 사용하였으며 일찍이 메소포타미아 문명의 수메르인과 이집트인들이 술을 마시었다.

우리나라 기록은 부여의 영고 제사 때 술과 음식을 올리었다. 고구려의 시조 주몽의 탄생설화에는 물놀이하던 유화라는 여인이 술에 취해서 해모수와 관계를 갖고 아들을 낳았는데, 이가 주몽이라고 한다. 소주는 고려 때 원나라에서 들어오고 맥주는 구한말 일본 삿포로가 들어왔다.

술의 과학, 발효

가. 발효식품

발효식품이란 신이 주신 선물로, 젖산균이나 효모yeast, 酵母(늑 곰팡이) 등 미생물이 혐기적 환경(산소가 없는 상태)에서 자신이 가지고 있는 효소(단백질 촉매제)를 이용하여, 유기물(탄소화합물늑 포도당)을 분해한 식품으로 영양가와 맛과 향이 높아지고 저장성이 뛰어나다.

'젖산발효'는 당糖을 '젖산균'이 분해하여 김치(국가무형문화재), 된장, 고추장, 치즈, 요구르트, 빵을 만들고, '알코올발효'는 포도당 같은 당을 '효모'가 분해하여 에탄올과 물 이산화탄소와 에너지를 생산하는 대사 과정을 의미한다.

'초산발효'는 초산균이 공기의 공급을 받아 산화 반응을 하여 에틸알코올에서 초산이 생기는 발효 현상으로 식초食醋를 제조한다. 1857년 파스퇴르가 발효를 젖산균의 작용 때문에 젖산발효가 일어난다는 것을 과학적으로 밝혔다.

- 부패腐敗 : 발효의 한 형태로 미생물에 의한 유기물, 특히 단백질의 분해로 악취 물질이 생성되는 과정으로 변질이 일어나 먹을 수 없게 되는 현상을 말한다.
- 숙성熟成 : 음식을 자연상태에서 수동적으로 그대로 두어 화학적 작용 때문에 식품이 특유한 맛과 향기를 갖게 만드는 일을 말한다.

나. 발효의 조건

음식별로 발효시키는 유산균과 효모가 다르며 원하는 해당 균이 가장 잘 자라는 적정 온도가 중요하고 적정습도를 유지하여야 한다. 음식 제조 방법이 각 지방 또는 집안마다 달라 손맛에 따른 음식 맛의 특성이 존재한다.

술의 종류

가. 제조 방법에 따른 분류

'양조주'醸造酒(발효주)는 발효한 술로, '곡주穀酒'는 전분澱粉 : 綠末에 효모 (누룩)로 과당화하여 발효한 맥주, 막걸리 등이다. '과실주果實酒'는 과일의 당분을 껍질 속의 이스트가 발효한 술로 포도주wine 등을 말한다.

'증류주'는 양조주를 증류하여 알코올 도수를 올린 소주燒酎, 위스키, 브랜디, 등이 있다. '혼성주'混成酒는 소주를 원주原酒로 하여 여기에 과실과 당분을 섞어 과실의 맛·향기·색소·산 등을 추출시킨 술을 말한다.

- 증류주蒸溜酒, 燒酎 : BC 3000년 8세기 메소포타미아 지방에서 개발하여 이슬람이 7세기에 복원하였으나 종교적으로 금주하였다. 십자군 전쟁(12세기) 시는 유럽에 전파하고 13세기는 칭기즈칸이 동아시아에 전파하였다.(에틸알코올은 78.5℃에서 기화된다.)

나. 술을 거르는 방법에 따른 분류

'청주'는 용수 박고 뜬 술로 동동주라고도 부르며 한산 소곡주, 경주법주 등이 있고, '탁주'는 청주 거르고 난 술을 물을 안 타고 거른 술로 빛깔이 탁하다고 하여 탁주라 부른다.

'막걸리'는 원래 술에 물을 타서 만든 술로 탁주와 구분하기 위해 막 걸렀다 하여 막걸리 상표를 붙여 팔아 생긴 말로, 지금은 탁주류의 대표하는 술이 되었다.

다. 나라별 대표설

- 우리나라의 술
  ▷ 막걸리 : 찹쌀·멥쌀·보리·밀가루 등을 쪄서 누룩과 물을 섞어 발효

시킨 한국 고유의 청주清酒를 떠내지 않고 적당량의 물을 섞어 다시 거른 6~13도의 술로, 고려 이규보는 청주清酒는 성인聖人이고 탁주濁酒(白酒 : 막걸리)는 현인賢人이라 하였다.

▷ 소주燒酒 : 일본에서 1920년에 처음 생산하여오다 중일전쟁으로 생산 중단하고 1965년 박정희 대통령이 쌀을 아끼기 위해 고구마 등의 주정酒 精 : 95%에 물과 감미료를 탄 희석주稀釋酒를 말한다.

▷ 모주母酒 : 제주도 막걸리로 광해군 때 인목대비 어머니가 제주에서 살기 위해 팔던 술로 술지게미에 약초 넣고 물을 타 데워서 알코올이 날아간 술

▷ 가양주家釀酒(민속주)는 제사와 명절차례, 손님 접대, 농사일 등 필요 때문에 빚어지고 집안마다 꼭 갖추어야 할 상비 음식이면서 동시에 하나의 관습으로 전수하여 경주 교동법주(경주 최씨), 경주법주(박정희 대통령이 건배 주로 제조 허가), 한산 소곡주, 안동소주, 이강주梨薑酒(전주 소주에 배와 생강을 혼합), 문배주(평안도 끈기없는 메조와 찰수수로 제조하여 문배 나무 향이 난다), 두견주(당진 진달래꽃), 홍주(진도 지초 뿌리), 이화주梨花酒(배 꽃필 때 마시는 요구르트 같은 탁주) 등이 있다.

• 영국 : 위스키whisky(생명의 물)로 곡물주인 맥주를 증류한 술로 스카치위스키, 발렌타인, 시바스 리갈, 조니워커가 대표적이다.

• 프랑스 : 브랜디brandy(구운 포도주-네덜란드어)로 코냑 지방의 신맛 포도가 맛이 없어 운반비 줄이고 맛까지 내어 네덜란드에 판 코냑이 대표적이며, 라인강과 알프스산맥 남쪽은 포도주이고 북쪽은 맥주가 유명하다.

▷ 샴페인 : 프랑스 샴페인 지방 포도로 거품이 나도록 만든 포도주 Sparkling Wine

• 독일 : 맥주beer(마시다)는 맥아麥芽와 홉을 물로 추출한 맥아즙에 효모를 넣어 발효시킨 다음, 숙성, 여과 과정을 거친 술로 4도 정도로 물과 차 다음으로 3번째로 많이 마시는 음료로, 수도사들이 금욕기간에 '액체의 빵'이라 하고 마시고 팔아 수도원 수입원으로 발전하였다.

- 러시아 : 보드카는 밀, 보리, 호밀 등 각종 곡물로 만든 술을 자작나무 숯으로 거르고 증류한 술이다

- 중국 : 마오타이주는 수수(고량)를 9번 찌고 8번 누룩을 넣고 발효시킨 후 7번 술을 받아내는 방식으로 이것이 10개월 정도 소요되며, 숙성을 3~4년 정도 하여 최소 5년의 세월을 걸쳐 완성된 귀주성 마오타이진의 특산 증류주로 기원전 130년대 한 무제도 마시었다.

  ▷ 고량주高粱酒 : 수수로부터 만든 증류주로 빼갈(배갈白乾, 白干)이라고도 한다.

- 일본 : 사케さけ(日本酒)는 쌀을 누룩으로 발효시킨 후 여과하여 맑게 걸러낸 술로 '정종'은 상표 이름이다.

- 중앙아메리카 : 럼은 사탕수수로 만든 증류주로 해적의 술이라고도 한다.

술과 의례

가. 관례冠禮

남자들이 15~20세가 넘으면 성인식에 해당하는 유교 의례로 상투를 틀어 갓을 씌우는 의식 중에 초례醮禮라는 술을 마시는 의례 절차가 있다.

나. 혼례婚禮

합근지례合巹(술잔 근)之禮로 신랑과 신부가 표주박 잔에 술을 서로 교환하여 마시며 이 술을 합환주合歡酒라 한다.

- 허니 문honeymoon : 고대 노르웨이에서 신랑과 신부에게 매일 꿀로 만든 술 주는 이 30일 동안의 기간을 말한다.

다. 상례喪禮

초상, 소상, 대상, 담제, 길제의 모든 제사 시에 술을 올린다.

라. 제례祭禮

제례의 기본은 음식과 술을 조상신에 올리고 혼은 향불로 부르며 백은 모사茅沙(모래에 띠풀 묶음을 꽂는다)에 술을 따라 부르고 제사를 지낸 후 음복하여 선조의 덕을 기린다.

술 문화의 단상

• 향음주례鄕飮酒禮 : 세종 때에 중국의 주례周禮에 따라 향촌의 선비·유생들이 향교·서원 등에 모여, 학덕과 연륜이 높은 이를 주빈主賓으로 모시고 술을 마시며 잔치를 하는 향촌의례鄕村儀禮이다.

• 주법문화酒法 文化
  ▷ 자작自酌 : 서양 사람들은 자기 스스로 술을 따라 마신다.
  ▷ 대작對酌 : 중국이나 러시아 사람들은 술을 자신이 따르고 잔을 마주쳐 건배하며 마신다.
  ▷ 수작酬酌 : 우리나라만의 술잔을 주고받으면서 마신다.
  ▷ 환배還杯 : 유목민의 나라 몽골은 대포 잔에 술을 가득 채워 일동이 차례로 돌려 가며 자유롭게 마신다.
  ▷ 대포 잔 : 조선의 관청마다 한 말들이 대폿잔을 만들어 두고 돌려 마시며 공동체 의식을 다지는 의식이 제도화돼 있었다. 사헌부司憲府의 대포는 아란배鵝卵杯(거위 알 모양), 교서관校書館(책과 제사 담당)의 대포는 홍도배紅桃杯, 예문관藝文館의 대포는 벽송배碧松杯(왕이 3년마다 푸른 소나무를 상으로 주었다)란 대폿잔 이름이 붙어있었다.
  ▷ 대포지교大匏之交 : 생사고락을 함께한 보부상들의 우정 관계를 말한다.

- 우승배優勝盃, trophy : 고대 그리스 로마의 트로피는 패배의 의미로 적진에 승전 기념비를 전리품으로 세우다가, 18세기 영국 앤 여왕이 승마우승자에게 우승 기념으로 술 마시는 술잔을 주어 시작되었다.

- 계영배戒盈杯 : 고대 중국에서 과욕을 경계하기 위해 하늘에 정성을 들이며 비밀리에 만들어졌던 '의기'儀器에서 유래되었다고 하며 공자가 제齊나라 환공 사당에서 찾았다며 사이펀siphon이란 액체를 기압 차와 중력을 이용하여 쉽게 다른 곳으로 이동시킬 수 있는 연통관連通管을 말한다.

- 술 한 잔의 크기 : 술의 맛, 향, 알코올 도수, 나라별 음주 습관에 따라 한잔의 크기를 순수 알코올 양으로 7~14g으로 한다.
  ▷ W.H.O.기준 술 표준 잔 크기는 순수 알코올 양으로 10g
  ▷ 우리나라는 7g을 기준으로 한다.

- 술의 도수 : 알코올 양을 프랑스는 부피로 하고 독일은 무게로 하여 %(도)로 표시하며 미국은 Proof(물과 알코올 50%에 화약이 폭발하여 이때가 100 proof)라 하여 우리나라 도수의 2배 값과 같다.

- 디캔팅decanting : 와인 병의 찌꺼기를 거르며 산소와 접촉하게 하여 온도를 변화시켜 어린 와인의 향이 더 좋아지고 부드러워진다.

- 블렌드Blend : 다른 포도품종, 포도원, 빈티지Vintage(생산연도) 등 여러 다른 요소들을 더욱더 좋은 와인을 만들기 위해 혼합하는 것.

- 주령구酒令具 : 나무 14면체 주사위로 통일신라 시대의 음주 시 벌칙이 기록되었다.

- 유상곡수流觴曲水 : 포석정鮑石亭(전복 모양)과 창덕궁 옥류천의 유배거流杯渠의 흐르는 물에 술잔 띄우고 술을 마셨다.

- 박카스Bac·chus : 그리스 술의 신 '디오니소스'의 로마 이름

- 술집 이름
  ▷ 주막酒幕 : 술집과 식당과 여관을 겸한 영업집으로 19세기 후반에는 촌

락 10~20리 사이에는 1개소 이상의 주막이 있었다.

▷ 요정料亭 : 유흥업 종사자를 두고 주류와 음식물을 판매하며 가무歌舞를 행할 수 있는 접객업소로 8 · 15광복 전 서울에는 명월관明月館 · 국일관國 一館 · 송죽관松竹館 등이 있어 정치운동가 · 기업인 · 상인들이 주로 출입하였다.

▷ hof집 : 생맥주를 주로 파는 술집.

▷ bar : 긴 스탠드 앞에 의자를 늘어놓고 바텐더가 여러 손님을 상대한다.

▷ pub(public house) : 영국 길에서 흔히 볼 수 있는 캐주얼한 선술집

▷ café : 커피나 음료, 술 또는 가벼운 서양 음식을 파는 집

• 술병의 과학

▷ 소주병은 소주가 증류주로 햇빛 영향이 없으나 모든 소주 업계가 같은 모양의 녹색으로 착색하여 깨끗한 이미지를 주고 재활용을 쉽게 하며 병마개 톱니는 정삼각형이 7개로 21개이다.

▷ 맥주병은 맥주가 발효주로 자외선 영향이 커서 많은 제품이 자외선을 80% 정도 차단하는 갈색 병을 사용한다.

▷ 막걸리병은 운반 시 발효하여 탄산가스 폭발 우려가 있어 페트병이며 병의 모양과 바닥이 꽃 모양인 것은 내열 및 내압 시 변형을 방지하기 위해서이다.

• 막걸리병 마개의 비밀

▷ 생막걸리는 운반 및 보관 중에 발효하여 마개에 숨구멍이 있는 부직포 마개를 개발하여 세워서 보관하여야 한다. 유통 기간도 짧으며 흔들면 가스가 발생하여 병 중간부위를 3~4번 눌러 가스를 뺀 후 병을 45°로 눕혀 천천히 열면 넘치지 아니한다.

▷ 살균 막걸리와 유통 기간을 늘린 생 막걸리병은 완전 밀폐형 마개를 사용한다.

• 러시아 정교회는 이슬람교의 금주禁酒 교리로 키에프 러시아의 지배자 블라디미르 대공이 988년 그리스 정교를 국교로 받아들여 시작하고 성탄절

은 그레고리력을 기준으로 삼아 1월 7일이며 주현절主顯節 침례세례행사를 추운 1월 19일 꽁꽁 언 얼음을 깨고 얼음 욕조를 사용한다.

- 술 관련 언어
  ▷ 酒-술 주
  ▷ 酎-기장 술 주로 도수 높이기 위해 여러 번 주조한 술
  ▷ 酬-술잔 줄 수
  ▷ 酌-술잔 되돌려 줄 작
  ▷ 醉-술 취할 술에 취하면 죽을 졸자
  ▷ 酋長(추장)-닭 유에 8자는 제사장, 술 만드는 우두머리
  ▷ 醫-아파 앓는 소리에 유는 환자치료에 술을 이용
  ▷ 발효와 관련 있는 글자는 초酢 · 순醇 · 초醋 · 장醬

음주와 건강

가. 술과 건강

술을 적절히 마시면 기분이 좋아지고 긴장이 풀리며 신진대사에도 공헌하고 단백질의 낭비나 비타민의 소모량도 조절할 수 있고 알코올의 효용성을 높여 주지만 술의 양이 많아지면 행동에 문제를 일으키고 간 질환, 심혈관질환, 암과 같은 신체적 질병은 물론 각종 사건 사고 발생률을 높인다. 술 마시는 양과 사망률을 비교해 보면 'U'자 형으로 술은 과음과 안 마셔도 수명이 짧아지고 2~3잔/주는 심장병에 좋아 오히려 장수한다.

- 술의 대사代謝(분해) 작용원리 : 술의 주성분인 에틸알코올은 20%는 위에서 80%는 소장에서 흡수된 다음 간문맥 혈관을 통해 간으로 들어간다. 알코올 탈수소화 효소(ADH)가 아세트알데히드acetaldehyde(1급 발암물질)로 분해하면 이를 알데히 탈수소화 효소(ALDH 1,2형)가 식초산(아세트

산)으로 분해하여 에너지, 이산화탄소, 물로 변하는 일련의 사이클을 말한다.

그리고 과음을 하게 되면 알코올이 위에서 혈액 내로 직접 흡수되고 위 내부의 술의 농도가 높으면 유문幽門(위와 십이지장의 경계) 마개가 닫혀 점점 마신 술은 계속 위 내에 머물다가 유문부가 경련을 일으켜 구토하게 된다.

뇌는 흡수된 알코올 성분으로 처음에는 기분 좋은 이완 상태를 느끼다가 차차 말이 많아지고 자제력이 떨어지기 시작한다. 이런 상태에서 술이 더 들어가면 청력도 둔감해지고 발음도 부정확해지며 물체도 흐릿하게 보인다. 뒤이어 시야가 가물가물해지고 몸의 균형을 잃으며 잠시 후에는 의식을 잃게 된다.

• WHO 위험 음주군 : 성인의 1일 적당한 음주량은 순수 알코올 10g을 기준으로 하며 저위험 음주량은 표준 잔 기준으로 1회 남자는 4잔 40g 이하이고 여자는 2잔 20g 이하이나 우리나라 위험 음주군은 남자는 5잔 이상으로 44% 여자는 3잔 이상으로 51%가 과음한다.

▷ 술에 함유된 순수 알코올 양(g)은 술의 용량(ml) × 술의 도수(%) × 알코올 비중(0.7947) / 100으로 계산한다.

▷ 알코올 1g 7cal(지방은 9cal, 단백질은 4cal)며 영양분은 없어 직접 살은 안 찌나 먼저 소비하여야 하므로 간접적으로 비만을 일으킨다.

▷ 칼로리(cal) : 열량의 단위로 1기압에서 물 1g을 14.5℃에서 15.5℃까지 1℃ 올리는 데 필요한 열량을 말한다.(4.1855줄 : J oule)

• 발효주가 숙취가 심한 이유 : 숙취宿醉란 술에 몹시 취한 뒤 수면에서 깬 후에 특이한 불쾌감이나 두통, 또는 심신의 작업 능력 감퇴 등이 1~2일간 지속하는 일로 원인은 분명하지 않으나 아세트알데하이드설說이나 불순물설不純物說 등이 있으며 발효주인 적포도주나 막걸리, 청주가 불순물이 있으며 반면 증류주인 소주, 위스키, 보드카 등은 알코올 도수가 높아도 불순물이 적어 숙취가 덜 하다.

숙취 해소를 위하여는 물, 이온 음료를 충분히 자주 마시고 비타민과 미네랄, 포도당이 풍부한 과일 또는 과일 주스를 섭취하는 것이 좋으며 수면 시간을 충분히 갖고 휴식을 취해야 한다.

- 낮술은 아비도 몰라 본다 : 활동량이 많은 아침이나 낮의 시간에 마시는 술은 몸에 영향을 주고 밤술은 뇌에 영향을 미치며 술자리가 보통 저녁으로 어쩌다 하는 낮술은 몸이 잘 적응하지 못하고 낮술은 혈중알코올농도를 빨리 증가시키는 반면 저녁술은 서서히 증가시키는 것으로 밝혀졌다.

- 폭탄주 빨리 취하는 이유 : 폭탄주는 미국 부두노무자와 탄광 광부 등이 탄산수와 섞어 빠르게 취할 목적으로 마시었다. 우리나라는 1960년대 군사문화로 들어왔고, 알코올은 소장에서 80% 흡수되는데 탄산이 함유되거나 알코올 도수가 13~17도이면 위 하부 유문을 빨리 열어 내려보내고 술이 약한 듯 부드러워 많이 마시고 빨리 취하게 된다.

- 술 마시면 얼굴이 빨개지는 사람 : 빨개지거나 심장이 뛰는 사람은 아세트알데하이드 탈 수소화 효소(aldh) 1,2형 효소가 적거나 혹은 없으며 시스템에 문제가 동양인에게만 나타나며, 한국인의 30~50%가 해당하여 될 수 있는 대로 알코올 섭취를 자제하여야 한다.

- 술에 대한 경고
  ▷ 성경
  · 잠언 23장 20절 : '술을 즐기는 자와 고기를 탐하는 자와 더불어 사귀지 말라 술 취하고 탐식하는 자는 가난하여질 것이요 잠자기를 즐기는 자는 해어진 옷을 입을 것임이니라'
  · 에베소서 5장 18절 : '술에 취하지 말라 이는 방탕한 것이니 성령의 충만을 받으라'
  ▷ 불경 - 법화경 : '처음에는 사람이 술을 마시고, 그다음에는 술이 술을 마시고, 마지막에는 술이 사람을 마신다'
  ▷ 탈무드 - '아침술은 돌, 낮술은 구리, 저녁 술은 은, 3일에 한 번 마시는 술은 황금'

15장

❀

재미있는 음식 이야기

우리는 지금 100세 시대에 살면서 가장 큰 바람은 건강하며 즐겁고 행복하게 살아가는 것이라 하겠다. 의식주는 인간이 살아가는 기본 요소로 건강과 가장 직접적인 관련된 음식은 우리 몸을 만드는 성분이다.

우리 몸을 움직이는 에너지원으로 맛있는 음식을 즐겁고 맛있게 먹을 수 있다면, 어느 욕구보다 행복할 것으로, 건강과 음식의 문화·역사적 배경에 대하여 알아보고자 한다.

인체의 구성 물질

인체의 구성 원자는 5000억 개이며 그 원소의 종류는 13가지로 비율은 산소 65%, 탄소 18%, 수소 10%, 질소 3%, 칼륨 1.5%, 인 1%, 나트륨 0.15%, 기타로 구성되어 있고, 구성 물질은 물 66%, 단백질 16~18%, 지방 12~13%, 무기질 4% 무기 염류 0.6%, 기타 0.4%로 구성되어 있다.

인체 구성에 필요한 필수 영양소

가. 음식이란

사람이 먹고 마시는 것을 모두 가리키며 음식의 종류는 지역의 특성에 따라 다르며 좋은 음식은 식품 재료, 부엌세간, 화력, 양념의 네 요소가 잘 조화될 때에 비로소 좋은 음식을 얻을 수 있다.

그러나 음식에 있어 이보다 더 중요한 것은 음식을 만드는 사람의 마음가짐으로 정성과 사랑 그리고 봉사의 마음으로 즐겁게 만든 음식은 가족은 물론 사회를 건강하게 지켜나갈 수 있는 원동력이 된다.

나. 필수 영양소

인체 구성에 필요한 5대 영양소는 탄수화물, 지방, 단백질, 비타민, 무기질이다.

- 탄수화물 : 인체에 가장 중요한 에너지원으로 당류는 혈액에 가장 빨리 흡수되어 에너지로 전환되며 전분은 곡류, 감자, 콩류 등 식물에 많이 들어있고 우리가 하루에 섭취해야 할 총열량 중에 약 55~60%는 탄수화물에서 섭취하는 것이 바람직하지만 과잉 섭취하면 에너지원으로 사용하고 남은 탄수화물을 간 또는 근육에 글리코겐 형태로 저장되며, 적정량이 초과 되면 우선 지방간으로 저장하고, 더 초과 되면 중성지방이 남자는 복부에, 여자는 엉덩이와 허벅지의 지방세포에 체지방으로 저장되어 비만을 일으킨다.

- 단백질 : 단백질은 많은 수의 아미노산이 결합해 만들어진 유기물로서, 체내에서 생성할 수 있는 11가지 불필수 아미노산과 체내에서 합성할 수 없는 9가지 필수아미노산으로 구분된다.

  단백질은 근육, 피부의 탄력을 유지해주는 콜라겐, 우리 몸이 세균이나 바이러스 같은 외부 침입에 맞서 싸우는 면역시스템의 중추적 역할을 하는 항체이며, 몸 곳곳에 산소를 운반하는 적혈구의 혈색소 등을 구성하는 것이 단백질의 대표적인 기능이다.

또한, 단백질은 체내에서 탄수화물이 부족하면 탄수화물 대신 에너지를 생산하기도 하고, 머리카락이나 손발톱을 자라게 하고, 호르몬이나 효소를 만드는 등 수많은 중요한 일을 담당하고 있어 인체 구성 비율이 물 다음으로 많다.

단백질의 1일 권장 섭취량은 자신의 몸무게(kg) x 1g(65세 이상은 1.5g)이고 섭취 비율은 총열량의 20~25%로 동물성과 식물성 단백질을 균형 있게 매일 적정량 섭취가 중요하며, 과다 섭취하면 단백질은 저장이 안 되어 배출되거나 지방으로 저장되고 과소 섭취하면 근 감소증을 유발한다.

• 지방 : 지방은 생체 내에서 이용할 수 있는 에너지원이면서 몸에서 사용되지 못한 여분의 에너지를 저장하는 역할도 수행하고 있다. 에너지를 공급하는 지방은 지용성 비타민 A, D, E를 운반하여 특히 체내 지방조직은 기관을 보호해주고 추위를 막아준다.

특히 체내에서 합성되지 않는 필수지방산을 섭취하기 위해서는 생선 지방과 식물성 지방으로 총열량의 15~20%를 섭취하는 것이 좋다.

▷ 포화지방 : 모든 탄소가 수소와 결합한 상태로 보통 동물성 지방으로 체온 유지, 외부의 충격으로부터 우리 몸을 보호하는 등의 역할을 하나 과다 섭취할 경우 지방간 위험을 높이고, 혈중 콜레스테롤과 중성지방을 증가시켜, 심혈관계 질환으로 뇌졸중과 심근경색과 비만을 유발한다.

▷ 불포화지방 : 체내에서 합성할 수 없어 반드시 외부로부터 섭취하여야 하는 필수지방산으로, 주로 식물성 기름, 등푸른생선, 견과류 등에 많이 함유되어 있고, 뇌, 신경세포, 망막 등을 이루며, 뇌세포의 생화학반응에도 관여하는 물질이다.

▷ 트랜스 지방 : 불포화지방산을 함유한 액체의 식물성 기름에 부분적으

로 수소를 첨가하여 고체인 쇼트닝, 마가린 같은 경화유를 만드는 과정에서 생기는 인공 지방산으로, 혈중 LDL 콜레스테롤을 상승시키고, HDL콜레스테롤을 감소시켜 심혈관 질환의 위험을 높이기 때문에 마가린, 쇼트닝 오일, 전자레인지용 팝콘, 도넛, 케익류, 튀김용 냉동감자, 초콜릿 가공품, 비스킷류 등의 섭취를 줄여야 한다.

• 비타민 : 비타민은 인체의 세포나 조직 내에서 이루어지는 필수적인 대사 기능과 성장 유지, 항산화제, 노화와 암 예방, 면역력 증강을 돕는 유기물질로 적은 양이 요구되기는 하지만 체내에서 효과적으로 합성되지 못하기 때문에 반드시 음식물을 통해 섭취해야만 한다.

비타민은 발견된 순서에 따라 A, B, C, D, E 등의 순으로 명명되었으며 특히 수용성은 쉽게 배출되나 지용성 비타민은 쉽게 배설되지 않아 체내에 축적되어 독성을 나타낼 수 있어 적정량 섭취가 중요하다.

음식의 단상

• 한정식韓定食 : 한국의 반상 차림을 일제 강점기 이후 요정문화에서 서양의 코스 요리인 정찬正餐처럼 시간 전개형으로 격식을 갖추어 차려내는 음식으로 전채前菜, 곡물 위주의 주식과 부식(반찬) 및 후식으로 구성된 상차림을 말하며 정식의 유래는 러시아의 추운 지방에서 늦게 오는 손님을 위해 따스한 음식을 서비스하기 위한 코스 요리가 프랑스에서 발전하였다.

• 고명 : 시각적으로 아름답게 꾸며 식욕을 돋우려는 목적으로 음식 위에 뿌리거나 얹는 식품으로 '웃기' 또는 '꾸미'라고도 하며 한국 음식과 고명의 색깔은 오행설五行說에 바탕을 두어 붉은색, 녹색, 노란색, 흰색, 검은색의 다섯 가지 색이 기본이다.

• 교자상交子床 : 우리나라는 일상적으로 반상飯床의 독상 문화지만 명절날 · 축하연 · 회식 등 많은 사람이 함께 모여 식사하는, 한 상 가득 차린 양

반집의 접대문화로 발전한 대개 장방형 상이다.

- 사리 : 국수나 새끼같이 긴 물건을 헝클어지지 않게 빙빙 돌려서 동그랗게 포개어 감은 뭉치라는 순우리말이다.

- 수라水刺 : 임금의 진지를 가리키는 말로 원나라의 지배를 받던 고려 시대 몽골어 '술런'에서 온 것으로 본다.

- 뷔페buffet : 여러 그릇에 음식을 담고 접시와 포크·냅킨을 따로 놓고 먹을 사람이 마음대로 덜어 먹을 수 있도록 하는 식사 방식으로 바이킹의 후예인 스칸디나비아 지방의 풍습을, 18세기 프랑스 황실에서 시작하였으며 일본에서는 '바이킹 레스토랑'이라 부른다.

  ▷ 바이킹 : 8세기 말~11세기 초 스칸디나비아에서 덴마크에 걸쳐 살던 노르만족(북 게르만족)으로 해상으로부터 유럽·러시아 등에 침입한 해적이나 남녀 간과 신분 간 평등한 문화였으며 블루투스는 덴마크까지 통일한 왕 '하랄 블로탄왕'이 블루베리를 좋아해 '푸른 이의 왕'으로 불리러 스웨덴 전자회사가 무선연결 기술로 통합을 바라면서 'blue tooth'라 하였고, 수요일은 이들이 숭배하던 전쟁의 신(Odin·Wotan), 목요일은 천둥의 신(Thor), 금요일은 풍요의 신(Frey)에서 따왔으며 지방의회의 선구자로 930년경 아이슬란드는 의회인 '알팅그'를 결성하였으며 아메리카 발견을 콜럼버스보다 500년 앞서 캐나다 해안에 상륙하였다.

- 전채前菜, appetizer
  ① 한입에 먹을 수 있도록 분량이 적어야 한다.
  ② 맛과 영양이 풍부하고 주요리와 균형을 이루어야 한다.
  ③ 타액 분비로 소화를 돕도록 짠맛, 신맛이 곁들여져야 한다.
  ④ 계절감과 지방색을 곁들이면 더욱 좋다.
  ⑤ 색감이 아름다우면 좋다

- 디저트dessert : 프랑스어의 치우다 의미나 마지막에 먹는 달콤한 무스, 아이스크림, 과자와 치즈 다음에 서빙되는 생과일을 모두 통칭한다.

- 후추 : 인도 남부가 원산지로 특유의 향과 맛 덕분에 음식을 더욱 맛있게 하고 불로장수의 정력제라 믿어, 유럽에서는 서기전 400년경 아라비아 상인을 통하여 전래하여 귀족들만 비잔틴 제국을 통해 후추를 수입하다, 이슬람제국으로 막히자 후추와 금 수입을 위해 인도 찾아 항해하다 서인도 제도를 발견하였다.

- 시래기 : 푸른 무청을 겨우내 말린 것으로 겨울철에 모자라기 쉬운 비타민과 미네랄 식이섬유소가 골고루 들어가 있는 건강식품이다.

  ▷ 우거지 : 푸성귀(배추 등 채소)를 다듬을 때 골라 놓은 겉대나 떡잎을 말한다.

- 식사순서
  ① 무조건 채소부터 먹는다.(버섯과 해조류 포함)
  ② 단백질 반찬을 먹는다.
  ③ 밥은 마지막에 먹는다.
  ④ 5분 이상 꼭꼭 씹으며 천천히 먹는다.
    · 혈당치의 급상승을 막는다.
    · 치매를 예방한다.
    · 과식을 예방한다. (30회 씹는다)

재미있는 음식 이야기

- 비빔밥 : 각 나라의 대표 음식으로 이탈리아는 파스타와 피자, 일본은 스시(초밥)와 사시미(생선회), 중국은 북경의 베이징 덕, 광둥의 탕수육과 팔보채가 있다. 한국은 불고기, 삼겹살과 함께 한식 기내식으로 유명한 웰빙 오채색의 비빔밥이다.

  비빔밥의 유래는 제사 기원설과 농번기 들밥설, 섣달 그믐날에 묵은해의 남은 음식을 없애기 위한 설 등이 있으며 색과 맛, 계절과 지역, 자연과 인간이 한데 어울려 조화와 융합을 이루는 것이 비빔밥 정신이며 채소와 고기의 비율이 8대2 정도로 아무리 여러 가지 재료를 넣었더라도 이 재료들이 자신의 맛을 잃어서는 안 되며 전주비빔밥, 경상도의 헛제삿밥, 돌솥 및 산채비빔밥 등이 있다.

- 국수

  ▷ 국수(면麵, noodles)의 어원 : 고려 중엽 평양 찬샘골 주막에 들른 백 세노인 장수 비결이 메밀이라는 이야기를 듣고 메밀국수를 만들어 팔기 시작하다가, 면을 삶아 찬물에 헹군 다음 동치미 국물에 말아 팔며 곡식 곡穀자에 물 수水를 붙여 '곡수'라 부른 후에 '국수'로 바뀌었고, '찬 곡수'는 평양냉면으로 이름을 날리게 되었다.

  ▷ 국수의 유래 : 밀小麥은 아프가니스탄이 원산지로 메소포타미아 지역에서 BC 15000년 전에 재배가 시작되었다. 국수는 2500년 전 실크로드의 신장 위구르 유목민이 밀가루 반죽이 잘 익도록 가늘게 만들어 먹기 시작하여, 유럽에서는 9~11세기 시칠리아를 지배하던 아랍인들이 관련 기술을 전수 하였다고 한다.

  우리나라는 밀이나 메밀과 같은 곡물가루로 만든 음식의 총칭으로 삼국 시대부터 먹기 시작하여 고려 시대에는 귀한 음식으로 왕족과 귀족들만 먹었다.

  사찰에서는 스님들이 좋아서 웃는다 하여 '승소면'僧笑麵(낭화浪花), 고려 시대 종묘제사상에는 소 돼지 대신 올려 '면생'麵牲이라 하고, 조선 시대에 들어서도 왕실의 제례에 두부로 만든 탕과 함께 국수를 올렸으며, 백성은 면이 길어 장수의미로 잔치 때에나 먹었다.

- 잔치국수 : 예전부터 마을 잔치의 대표 음식으로 쓰인 손님 접대용 음식으로 특히 결혼식 날에는 꼭 국수를 대접했는데, 신랑 신부의 인연이 오래도록 이어지기를 기원하는 뜻을 담고 있어, 결혼식에 가는 것을 '국수 먹으러 간다' 하고, 결혼 계획을 물을 때는 '언제 국수 먹여 줄 거냐'고 묻는 것이 우리의 오랜 풍습이 되었다.

▷ 건진국수(안동국시) : 밀가루에 콩가루를 섞어 만든 칼국수를 찬물에서 건져냈다 하여 붙인 이름이며 안동 양반들의 별식이다.

• 냉면 : 삶은 국수를 찬 육수에 넣어 양념과 고명을 얹은 전통적인 한국 국수 요리로 과거 음식물이 귀한 겨울철, 구황작물인 감자와 메밀 등을 이용해서 만들어 먹은 데서 시작된 것으로 전해진다.

계란은 물냉면의 경우 면발보다 계란을 먼저 섭취하면 메밀과 차가운 육수가 위벽을 불편하게 하는 것을 막을 수 있고 소화에도 도움이 되고, 비빔냉면의 경우 그 양념이 맵고 짜기 때문에 마지막에 계란을 먹으면 입안의 매운맛을 쉽게 없애는 데 좋다.

▷ 평양냉면 : 메밀과 감자 전분을 5:1로 넣은 면을 긴 무로 담근 동치미 국물에 적셔 먹는 물냉면으로 겨울 음식이며 면발이 두껍고 메밀의 함량이 높아 면이 잘 끊기는 것이 특징이다.

▷ 함흥냉면 : 감자나 고구마 전분으로 만든 면에 가자미회와 양념 등을 곁들여 국물 없이 비벼 먹는 냉면으로 일명 비빔냉면 또는 회를 무쳐 넣었다 하여 회냉면이라고도 한다.

▷ 진주냉면 : 녹두 전분과 메밀을 7:3으로 하다 요즘은 고구마 전분과 메밀을 8:2로 만든 면을 마른 명태 머리, 건새우, 건홍합, 표고버섯 등의 해물 육수를 우려낸 뒤 쇠고기 육전을 고명으로 올리는 것이 특징이다.

• 메밀국수(막국수) : 밀보다 메밀이 흔하여 메밀국수를 김칫국물에 말아 먹던 향토 음식으로 평양냉면과 사촌지간으로 막국수는 메밀 껍데기만 까서 막 갈고 즉석에서 막 만들어 먹는 국수 의미이다. 메밀 궁합 음식으로는 껍질 부분에는 살리실 아민과 벤질아민이라는 유해한 성분을 중화하고 메밀의 찬 성질을 보완하는 '무'를 함께 먹는다.

▷ 올챙이 국수 : 옥수수 묵을 체에 흘려 만든 국수가 올챙이 배 같아 부르며 산간지역 음식이다.

▷ 소바蕎麦(교맥 : 메밀そば) : 메밀가루를 100%에서 5:5까지 밀가루를 섞어 얇게 뽑아낸 국수를 차가운 간장 국물에 넣고 무와 고추냉이를 곁들여

먹는 일본의 대표 음식이다.

- 쫄면 : 인천에서 1970년대 초 냉면 공장 사출기 크기를 실수하여 생산한 가닥이 굵은 쫄깃쫄깃한 면을, 인근 '맛나 분식'에서 고추장과 채소 등을 넣고 비벼서 판매한 음식으로 인천이 원조이다.

- 당면唐麵 : 녹두·감자·고구마 등의 녹말을 원료로 하여 만든 마른국수로 탕 요리·전골 요리·잡채 요리 등에 두루 쓰인다.

- 짜장면(자장면) : 돼지고기와 양파, 호박, 생강 등을 다진 춘장(첨면장 : 대파 총장에 캐러멜을 섞다)과 함께 볶은 양념을 국수에 비벼 먹는 한국 식 중화요리로 한국식 짜장면은 임오군란 때 1883년 산동반도 노무자들이 들어와 1905년 인천 차이나타운 '공화춘'이라는 식당에서 최초로 만들어졌다. 일반 짜장면은 춘장, 전분, 물을 썩은 소스를 미리 만들어 두었다 사용하여 먹을 때 침에 의해 전분이 분해되어 물과 같이 국물이 나온다.
  ▷ 간짜장乾炸醬 : 주문과 동시에 춘장을 물과 전분 없이 재료를 볶아내며 면을 따로 내어주는 것이 일반적이고 조금 비싸며 전분이 없어 국물이 안 생긴다.
  ▷ 유니짜장肉泥炸醬 : 돼지고기, 야채 등의 재료를 갈아 넣은 짜장
  ▷ 유슬 짜장肉絲 : 고기를 실 같이 잘게 쓸어 넣은 짜장
  ▷ 삼선三鮮 : 해물 짜장 : 새우나 갑오징어, 건해삼을 넣은 짜장
  ▷ 기스면鷄絲麵 : 계사면 : 실絲처럼 가는 국수麵를 닭고기鷄 육수에 말아낸 음식

- 울면(원루멘溫卤面) : 국수에 버섯, 당근 등의 채소와 해삼, 새우, 오징어 등의 해산물, 달걀 등을 부재료로 쓰고, 옥수수 녹말로 걸쭉하게 만든 국물에 면을 말아 먹는 중국 음식으로 '고춧가루'를 사용하지 않는 하얀 짬뽕 또는 백 짬뽕이라고 부르기도 한다.

- 수타면手打麵(납면拉麵) : 국수 반죽을 소금과 소다수의 알칼리로 식물성 단백질(글루텐)을 탄성 및 점성 활성화로 쫄깃하게 하여, 양쪽에서 당기

고 늘려 여러 가닥으로 만든 국수다.

▷ 소면素麵 : 밀가루 반죽을 길게 늘여서 막대기에 감아 당긴 후 가늘게 만든 국수

▷ 압면押麵 : 국수 반죽을 구멍이 뚫린 틀에 넣고 밀어 끓는 물에 넣어 끓여 만든 국수

▷ 절면切麵 : 밀대로 밀어 얇게 만든 반죽을 칼로 썰어 만든 칼국수

* 유산슬溜三絲 : 류溜는 녹말을 끼얹어 걸쭉해진 것을, 산三은 고기, 해산물(해삼, 새우), 채소(죽순, 표고)인데, 슬絲은 가늘게 썬다는 뜻이다.

* 팔보채八寶菜 : 해삼, 새우, 오징어, 전복 등의 해물을 죽순, 청경채, 양송이 등의 채소菜와 함께 고추기름에 볶아 요리한 중국 음식이다.

* 깐풍기乾烹鷄 : 깐풍이란 국물 없이 마르게 볶은 음식을 가리키고 기는 닭고기를 의미한다.

* 우동うどん, udong, 饂飩 : 일본의 대표적인 면 요리로 통통한 면을 익히고 다양한 고명을 올려 먹으며 헤이안 시대平安時代(794~1185)에 중국으로부터 전해진 혼둔 또는 곤동混飩(얇은 밀가루 피에 고기소를 넣어 찌거나 끓이는 음식)에서 우동うどん으로 변화한 것이다.

* 짬뽕 : 메이지 시대 1899년 나가사키에 가난한 중국 유학생들을 위해 중국 식당에서 쓰다 남은 채소와 고기 토막 어패류 등을 볶아 중화 면을 넣고 끓여 만든, 양이 많고 영양도 넉넉한 요리를 고안해냈는데, 중국말로 'chi fan(샤번 : 吃飯)' 즉 밥을 먹는다는 말을 일본인들이 이를 짬뽕으로 들었다는 설이 있다.

* 라면 : 일본에서 1958년 국수를 증기로 익히고 기름에 튀겨 말린 즉석식품에 분말 수프를 넣어 먹으며 중국 '납면(라멘)'을 일본어로 '라멘,' 우리는 '라면'이라 한다. 박정희 대통령이 우리 입맛은 맵고 짠 것을 좋아하니 고춧가루를 넣어 보라 하며 혼분식 정책으로 성공하였다고 한다. 라면 한 가닥의 길이는 약 65cm 한 봉지에 보통 75가닥의 면발이 들어가 총

길이는 약 50m이다.

- 사시미さしみ, 刺身, 膾 : 생선회

  ▷ 선어회鮮魚膾 : 피와 내장이 제거된 채 유통된 횟감으로 살아있는 상태로 운반이 어려운 삼치, 참치, 민어, 방어와 같은 어종들은 크기가 크고 스트레스를 심하게 받아 금방 죽는다.
  저온에서 선어로 4시간 운반하여 1~4일간 숙성시켜 생선회로 먹으면 살코기가 얼어있는 냉동어 및 활어회보다 깊은 감칠맛을 느낄 수 있으며 일본 사람이 선호한다.

  ▷ 활어회 : 살아 있는 상태에서 잡은 생선회로 육질이 신선하여 쫄깃쫄깃하게 씹는 맛이 있는 게 특징이며 고등어, 갈치와 같이 부패가 빠른 생선은 산지에서 활어회로 맛보는 것이 가장 좋은 방법이다. 우리나라 사람이 선호하는데 감칠맛과 스트레스 및 운반비 등을 고려하여 선어회를 권장한다.

  ▷ 일식집과 횟집의 차이 : 일식집은 실내장식이 간결하고 일본풍이며 보통 코스 요리로 회 맛을 느낄 수 있도록 선어회가 먼저 나오고 쯔끼다시っきだし(곁들이 안주로 전채前菜)가 후에 나오며 식사로 초밥 등이 나오고 서비스가 고급이며 가격이 일단 비싸다.
  횟집은 실내장식이 한국풍이며 쯔끼다시가 먼저 나오고 활어회 중심으로 팔며 식사로 매운탕이 나오고 가격도 저렴한 편이다.

- 스시すし, 寿司(초밥) : 소금과 식초, 설탕으로 간을 한 밥 위에 얇게 저민 생선이나 김, 달걀, 채소 등을 얹거나 말아 만드는 일본의 대표 요리이다.

- 샤브샤브しゃぶしゃぶ : 팔팔 끓는 국물에 아주 얇게 썬 쇠고기를 살짝 익혀 새콤한 소스를 찍어 먹는 일본의 나베(냄비) 요리鍋料理이다.

- 징기스칸 요리 : 전용 냄비에 양파와 함께 양고기를 구워 먹는 홋카이도의 요리로 제2차 세계대전 당시 일본은 군복에 쓰일 양모를 공급하기 위해 사육한 많은 양을 처리하고자 고안된 요리다.

- 와사비ゎさび(고추냉이) : 일본의 초밥과 생선회에 **빼놓**을 수 없는 매운맛의 향료로 산골짜기 깨끗한 물이 흐르는 곳에서 자라는 고추냉이의 녹색 뿌리로 만든다.

- 겨자 : 냉면, 쌈, 채소 샐러드의 콕 찌르는 매운맛의 향신료로 겨자씨(갓 김치 씨앗 : 개자介子)를 가루로 만든 것이다.

- 고추 : 열대지역의 다년생 풀로 임진왜란 이후 1600년대 초반 일본으로부터 전래되었다.

  ▷ 피망 : 고추를 개량하여 매운맛을 줄이고 과육의 아삭한 식감은 살린 단 고추로 프랑스어이다.

  ▷ 파프리카 : 고추를 개량한 단 고추로 헝가리어이다.

- 파스타pasta(마케로니) : 파스타는 '반죽'을 의미하며 이탈리아의 대표 요리로 주로 밀가루와 물로 만든 반죽을 소금물에 삶아 만든 요리를 총칭한다.

  ▷ 스파게티spaghetti : 파스타의 한 종류로 '실처럼 가늘고 길게 생긴 면이 모여 있다.'라는 의미며 특수 강력분으로 만든 스파게티를 최고의 궁합인 '토마토소스'와 함께 이탈리아에서는 식사 첫 코스에 먹는 데 비해 다른 나라에서는 일품요리로서 주식으로 이용한다.

  ▷ 마카로니 : 스파게티를 만드는 면의 가운데에 '구멍'을 뚫어 잘 말려서 상품화한 파스타의 한 종류이다.

  ▷ 마카롱 : 주무르다 섞다 의미의 프랑스의 대표적 후식 과자로 메디치 가문이 프랑스로 시집갈 때 전파하였다.

  ▷ 피자pizza : 밀가루 반죽을 넓게 펴 만든 도우dough(밀가루 반죽) 위에 치즈와 소스, 그 밖의 다양한 토핑Topping을 올려 화덕이나 오븐에 구운 이탈리아 요리이다.

- 시리얼cereal : 로마신화의 농업의 여신 이름으로 요양원 환자식사용으로 개발하려다 만든 아침 음식으로, 단백질이 부족하고 설탕 같은 단순당의 비율이 높은 편으로 우유 외에 과일이나 견과류 등을 첨가를 권장한다.

- 커피

  ▷ 커피의 유래 : 아프리카 에티오피아에 사는 한 양치기는 염소가 열매를 먹고 비정상적으로 흥분하고 신경질적으로 행동하는 것을 보고 끓여 먹었더니 전신에 기운이 솟는 것을 느꼈는데 이 열매가 바로 커피였다.

  유럽의 커피는 홍해를 건너온 에티오피아 커피와 예멘 서부 산악지역의 커피가 아라비아반도 남단의 예멘 '모카'로 모여 팔려나갔고 처음에는 '아라비아의 와인'이라는 이름으로 유럽에 소개되면서 유럽인에게 인기를 끌었으나 이교도의 음료로 '악마의 유혹(검은 와인)'이라 하여 금지하다 1650년경 클레멘트 8세 교황이 허용하였다.

  ▷ 커피 어원 : 에티오피아의 'caffa(힘)' 또는 지명 '카파'kappa에 어원을 두고 있는 커피는 커피나무가 야생하고 있는 지역인 아랍어에서 유래되어 아라비아에서는 'gahwa : 콩으로 빚은 술', 터키의 'kahve', 유럽에서는 'café'로 불렸다.

  ▷ 커피 이름에 이탈리아어가 많은 이유 : 유럽인들은 핸드드립을 선호하였으나 성질이 급한 이탈리아가 에스프레소 기계를 세계 최초로 개발하면서 세계 커피 산업과 트렌드의 주도권을 쥐게 되었기 때문이다.

  ▷ 에스프레소espresso : 곱게 갈아 압축한 원두 가루에 뜨거운 물을 고압으로 통과시켜 뽑아낸 이탈리안 정통 커피로 카페인의 양이 적고, 커피의 순수한 맛을 느낄 수 있다. 사실 본고장 이탈리아에서는 에스프레소에 설탕을 잔뜩 넣어 먹는 것이 일반적이다. 커피를 마시고 나면 잔 바닥에 설탕이 남아있을 정도가 정상이다.

  ▷ 아메리카노Americano : 에스프레소 원액에 물을 타서 마시는 커피로 2차 세계 대전시 미군이 마시던 모습을 보고 이탈리아어로 '미국의 것.'

  ▷ 카페라테Caffe Latte : 에스프레소Caffe와 우유Latte를 결합한 메뉴로 아침에 식사대용으로 마시며 부드럽고 고소한 맛이 특징이다.

  ▷ 카푸치노Cappuccino : 에스프레소 위에 하얀 우유 거품 올린 커피로 부드러우면서도 진한 맛을 즐기고 싶을 때 마시며, 커피 위에 올리는 흰 거품이 프란체스코의 카푸친 수도사들의 수도복 색과 비슷하여 붙여진

이름이다.

▷ 비엔나커피 : 아메리카노 위에 하얀 휘핑크림whipping cream(생크림을 거품기로 강하게 휘저어 섞은 것)을 듬뿍 얹은 커피로 차가운 생크림의 부드러움과 뜨거운 커피의 쌉싸래함을 함께 맛볼 수 있다.

▷ 커피 벨트 : 남위 25~북위 25도의 평균 기온이 약 20℃로 연간 큰 기온차가 없으며, 강우량은 평균 1,500~1,600mm의 비옥한 토질의 지역을 말한다.

▷ 자카르타 사향 커피 : 가장 비싸고 희귀한 커피로 사향고양이가 섭취한 커피 열매 씨앗은 소화 과정에서 쓴맛이 줄고 특유의 맛과 향을 지닌 채 배설물로 나온 원두를 골라, 깨끗이 씻어 햇빛에 잘 말린 뒤 로스팅Roasting(볶음) 과정을 거쳐 생산한 커피로 진한 향과 깔끔한 맛이 일품이다.

▷ 스타벅스, 사이렌 : 소설 '모비딕'의 커피 좋아하는 일등 항해사 이름이며 상표 '사이렌'은 그리스 신화의 바다 신으로 반은 사람 반은 새인 마녀가 노랫소리로 뱃사람들을 유혹하여 바다에 침몰하게 한다. 손님을 유혹하여 많이 오게 하는 바람이 있으며 또한 프랑스 발명가가 위험을 알려주는 경보장치를 사이렌이라 불렀다.

• 치즈cheese : 소, 염소, 물소, 양 등의 동물의 젖에 들어있는 '단백질' 카세인casein(우유의 3%로 레닛으로 응고시킴)을 뽑아 응고·발효시킨 식료품이다.

　오래전에 중앙아시아의 유목민들이 시작하여 4천 년 전 아라비아 행상인 카나나Kanana가 사막을 횡단하면서 레닛rennet(반추 동물의 우유 소화용 효소 복합체)이 있는 양의 4번째 위로 만든 주머니에 염소의 젖을 넣어 두었는데, 염소젖이 끈적이는 흰 덩어리로 변화된 것을 발견한 데서 그 기원을 찾으며, 수도원에서 금육禁肉에 대비하여 단백질 보충제로 생산하여 발전하였다.

▷ 임실 치즈 : 1964년 임실성당의 벨기에 출신 지정환(디디에세스테베스) 신부가 산양 두 마리를 가난한 농민들에게 보급한 것으로 임실 치즈의

역사가 시작하였다. 1970년 국내 최초로 치즈를 생산하여 임실 치즈 마을과 치즈 과학고등학교는 군 특성화 학교로 대부분 조리 부사관 지원 학생들로 운영하고 있다.

▷ 모짜렐라 치즈 : 이탈리아에서 물소의 젖으로 만들지만, 요즘에는 젖소의 젖인 우유로 만들며 젤리처럼 말랑말랑하여 피자에 넣는 치즈로 유명하다.

• 버터butter : 우유 중의 '지방'을 분리하여 크림을 만들고 세게 휘저어 응고시켜 만든 유제품이다.

• 마가린margarine(진줏빛) : 나폴레옹 3세가 버터가 비싸서 대용품으로 만들도록 지시하여 만든 정제된 동식물성 기름과 경화유를 적당한 비율로 배합하여 대부분 '지방질'로, 유화제 · 향료 · 색소 · 소금물 또는 발효유를 가하여 잘 섞고 유화시킨 버터 상태로 인조 버터라고도 한다.

• 마요네즈mayonnaise : 식물성 오일과 달걀노른자, 식초, 그리고 약간의 소금과 후추를 넣어 만든 소스로 과일과 채소를 곁들인 샐러드에 사용된다.

• 햄버거hamburger : 간 쇠고기를 납작하게 빚은 패티patty를 그릴이나 직화로 구워 양상추나 토마토 등의 채소와 함께 빵 사이에 끼워 먹는 샌드위치의 일종으로 몽골인 타타르족들의 말안장 스테이크를 함부르크 상인들이 먹었으며, 제1차 세계대전 당시 함부르크 지방에 고립된 연합군들은 식량부족으로 부대에서 나오는 찌꺼기 고기들을 버리지 않고 갈아서 조리한 후에 빵에 끼워 먹었다. 1904년에 센트루이스 세계 박람회장 구내식당에서 일손이 적게 드는 간단한 요리로 햄버거를 만들어 팔아 널리 퍼졌다.

• 핫도그hot dog : 뜨겁게 익힌 소시지를 기다란 빵 사이에 끼워 넣은 음식으로 신문에 소시지 대신 개 그림을 그려 핫도그가 됐다.

• 샌드위치Sandwich : 얇게 썬 2쪽의 빵 사이에 육류나 달걀 · 채소류를 끼워서 먹는 간편한 대용식 빵으로 도박에 심취했던 샌드위치 백작이 중동여행 중에 착안하여 만들어 먹으며 게임을 즐겼다.

- 베이컨bacon : 돼지의 옆구리살을 소금에 절인 후 훈연시킨 가공품
- 햄ham : 돼지의 뒷다리 윗부분을 소금에 절인 후 훈연하여 만든 독특한 풍미와 방부성을 가진 가공식품
- 스팸spam : 돼지고기의 넓적다리 햄을 만들고 남은 부산물인 어깻살로 만든 햄의 상표며 광고가 많아 스팸 메일이 되었다.
- 하몬jamón : 돼지 뒷다리를 소금에 절여 건조 시킨 스페인의 생햄이다.
- 소시지sausage : 돼지고기나 쇠고기와 부산물을 곱게 갈아 동물의 창자 또는 인공 케이싱casing에 채운 고기 가공품
- 순대 : 소나 돼지의 창자 속에 숙주·우거지·찰밥 등과 돼지 선지를 섞어서 된장으로 간한 것을 채워서 삶은 음식
- 소고기 종류별 원산지 표시 구분
  ▷ 한우韓牛 : 한국 고유의 소 품종으로 기초, 혈통, 예비, 고등 등록으로 심사하며 외모에 따라 '황우(누렁이)', '칡소(얼룩소)', 제주 '흑우'로 구분한다.
  ▷ 육우 : 젖소 숫소, 젖소 거세우, 새끼를 낳은 경험이 없는 젖소 암소
  ▷ 젖소 : 새끼를 낳은 경험이 있는 젖소
  ▷ 육우(수입국 명) : 육우 생우로 검역계류장 도착일로부터 6개월이 경과된 소로 한우가 아니며(국내산 : 수입국 표시)
  ▷ 수입 소고기(수입국 명) : 냉동 수입 및 육우 생우로 수입 6개월이 경과되지 않은 소
- 소고기 등급 : 농림수산식품부는 육류별로 고기의 근내지방도(마블링 marbling : 대리석), 고기 색, 지방색, 조직감 등에 기초해 고기품질을 정하고, 그것을 라벨에 표기해 소비자가 고기를 좋고 나쁨을 쉽게 구별하도록 하였는데 1++등급을 받기 위해선 마블링이 15.6%이고, 1+는 12.3% 이상이면 고기 맛이 연하나, 이를 위하여는 곡식 사료를 6개월 이상 먹이며 운동을 시키지 아니하므로 지방에 의한 건강을 해치고 원가가 올라간다.

낮은 등급의 고기도 요즘은 저온(0~4℃)에서 21일을 진공 숙성하면 투풀(1++) 같은 맛을 내는 숙성 방법을 개발하였다.

- 고기 맛의 비밀 '마이야르 반응'Maillard reaction : 마이야르 반응은 130~200℃ 사이에서 음식의 조리 과정 중 격렬하게 일어나는 화학반응으로 색이 갈색으로 변하면서 표면에 향기가 나는 물질을 머금고 중심부에는 육즙이 담겨있는 부드러운 상태로 고기 맛을 즐기기 위해서는 불판을 130℃ 이상으로 가열 후에 고기를 굽기 시작하여 육즙이 보이면 뒤집어 익혀 육즙이 담기게 구어야 맛과 향기가 있다.

- 빵pain : pão : bread : 밀가루에 물과 소금을 넣고 반죽한 뒤 이스트로 발효시켜 다양한 모양으로 성형하거나 틀에 넣어 오븐에 구워낸 것으로 서양 사람들의 주식이다.

  ▷ 카스텔라 : 거품을 낸 달걀에 밀가루, 설탕 등을 첨가한 뒤 오븐에 구워낸 스펀지케이크의 일종으로 포르투갈에서 유래하였으나 현재는 일본 나가사기현의 특산품이다.

- 바게트baguette : 프랑스에서 유래한 껍질이 바삭바삭하고 윤기 있는 가늘고 길쭉한 몽둥이 모양의 프랑스 빵으로 나폴레옹이 병사들을 위해 행군 시 바지 주머니에 찔러 넣고 걷기 편하도록 고안했다는 설이 있다.

- 고로케 : 바삭바삭 소리 난다는 크로켓 프랑스 음식을 일본이 으깬 감자, 볶은 양파, 다진 고기를 섞어 둥글게 빚은 후 밀가루, 달걀, 빵가루를 입혀 기름에 튀긴 일본 음식으로 개발하였다.

- 케이크GÂTEAU, cake : 태양신에게 소망을 빌기 위한 제사 음식으로 시작하여 원형이며, 종교적 축일(성탄절, 부활절, 주현절, 성촉절)과 관련 있으며, 일종의 의식이나 상징적 특징을 지니며 세례, 생일, 결혼 또는 단순히 일요일 가족 식사 등 일반적인 가정의 대소사에서도 케이크를 맛볼 수 있었다

- 비스켓biscuit : 밀가루를 주원료로 하여 지방 · 우유 · 버터 · 달걀 · 당분 ·

향료 등을 섞어서 반죽하여 여러 모양의 틀에 구워낸 마른과자로 두 번 구운 빵 의미로 영국, 프랑스에서 부르며 부패 방지를 위해 군용 휴대 식량으로 많이 먹는다.

▷ 건빵乾빵, hard tack : 일본은 독일의 비스킷을 참조해 두 번 구운 빵이란 '중소면포'重燒麵包란 걸 만들어 우리는 건빵이라 부른다.

• 쿠키|cookie : 비스킷을 미국에서는 '작은 케이크'라는 뜻으로 쿠키라 부른다.

• 크래커cracker : 밀가루를 주재료로 하여 비스킷같이 얇고 딱딱하게 구운 과자로 크랙(부서지다)으로서 깨물 때 바삭바삭 부서지는 감촉이 특징이 며 단맛이 없어 커피나 차와 곁들여 주식 대용으로 쓰기도 한다.